버릴 관행, 지킬 원칙

한국의
저널리즘

버릴 관행,

취재 보도 바로 세우기

좋은 저널리즘 연구회 기획 | 김경모·김지현·김창숙·박재영·배정근·이나연·이완수·이재경 지음

지킬 원칙

이화여자대학교출판문화원

머리말

취재 보도 관행에 대한 성찰을 기대하며

언론의 활동은 뉴스를 수집·발굴하는 취재 행위와 그것을 선택·가공해 대중에게 공표하는 보도 행위로 크게 구분된다. 하지만 취재와 보도는 뉴스가 시작되는 기점부터 완성되는 종점까지 연속적 과정이며 취재가 보도 내용을 결정하는 인과적 관계이기에 단일 개념처럼 사용된다. 취재 보도 활동은 언론인과 언론사 조직의 동기와 목표, 취재 여건, 외부 환경 등 제반 사회적 요인들이 충돌하며 영향을 미치는 역동적 과정이지만 무엇보다 관행에 크게 의존한다.

관행routine이란 "미디어 종사자가 그들의 직무를 수행하기 위해 사용하는 일상화, 유형화되고 반복되는 습관적 행위 양식"으로 정의할 수 있다(Shoemaker & Reese, 1991). 뉴스 미디어는 언제 어디서 발생할지 모르는 뉴스의 불확실성을 통제하면서 시공간의 제약과 인력 등 자원의 제한 속에서 안정적이고 효율적으로 뉴스를 생산할 수 있어야 한다. 이러한 목적을 충족하기 위해 언론은 뉴스 수집에서 보도 방식에 이르기까지 전 과정에서 일상적으로 쉽게 반복할 수 있는 여러 관행을 정착시켜왔다. 객관주의 보도라는 거시적 양식부터 출입처 중심의 취재, 공인된 취재원 중시, 보도자료 의존, 역피라미드식 기사 쓰기 같은 양태들이다.

그러한 취재 보도의 관행들이 만들어내는 한국 저널리즘의 현주소는 어떠한가? 과연 언론의 존재 이유는 무엇이며, 이대로라면 한국 민주주의는 과연 지속 가능할까 하는 우려를 떨칠 수 없을 정도로 기능 장애가 심각하다. 디지털 뉴스 공간은 트래픽을 끌려는 선정적이고 자극적인 타블로이드형 뉴스로 뒤덮이고, 진영 논리에 빠져 사실과 주장이 뒤범벅된 기사를 양산하는 정파적 보도로 인해 여론은 분열되고, 언론의 신뢰는 추락하고 있다. 시민 누구나 믿고 의지할 수 있는 진실되고 공정하며 높은 수준의 품질을 구현하는 좋은 저널리즘은 찾아보기 어렵다.

좋은 저널리즘 연구회는 이러한 위기 상황을 타개하는 돌파구가 필요하다는 인식에서 한국 주류 언론을 대표하는 신문과 방송 기사의 품질을 객관적으로 진단하는 두 권의 연구서를 낸 바 있다. 국내 10개 종합 일간지와 3개 해외 유력지 기사를 비교분석한 『기사의 품질』(2018)과 국내 지상파와 종편 7개사와 3개 해외 방송사 저녁 종합뉴스 기사를 비교분석한 『텔레비전 뉴스의 품질』(2020)이었다. 이 작업은 어떠한 기사가 좋은 기사인지에 대한 명료한 기준을 제시함으로써 시민에게는 뉴스를 비교평가하는 안목을, 언론에게는 기사 품질 향상의 구체적 지표를 제공하려는 목적이었다(이재경, 2018).

그럼에도 기사의 내용 분석을 통한 품질 평가는 최종 뉴스 상품의 수준을 확인할 수는 있지만 그러한 결과물이 나오게 되는 뉴스 생산의 내막은 파악할 수 없는 한계가 있다. 이런 문제의식에서 이번에 한국 언론의 취재 보도 관행을 탐색하는 단행본을 기획하게 되었다. 한국 언론의 품질을 결정하는 요인에는 무엇보다 취재 보도 관행이 크게 작용하기 때문이다. 관행은 행위의 목적보다는 과거부터 반복해온 관성에 더 의존하기에 저널리즘의 원칙을 잊어버린 채 단순히 관성의 트랙 위를 질주할 경우 역효과를 초래할 수 있다. 한국 언론의 잘못된 취재 보도 관행의 민낯을 그대로 드러낸 2014년 세월호 참사는 그런 점에서 많은 교훈을 남겼다. "배운 대로, 해온 대로, 동가식서가숙하며 취재했지만 돌아보니 어느 순간 기레기가 되어 있었다"는 당시 취재 기자들의 방담은 뉴스 생산에만 매몰된 성찰 없는 취재 보도 관행의 위험성을 절절하게 증언했다(엄지원, 2014).

이 책은 2019년과 2020년 사이 좋은 저널리즘 연구회 회원들이 한국언론진흥재단에서 발행하는 월간 『신문과 방송』에 '버려야 할 관행, 지켜야 할 원칙'이라는 주제로 돌아가며 기고했던 원고와 『언론중재』에 실렸던 글들을 중심으로 구성했다(필자들의 글 중에 이 두 간행물에 실렸던 글의 경우는 그 출처를 이 책의 참고문헌 뒷부분에 정리해두었다). 그러나 당시 다뤄지지 않았지만 중요한 관행들을 포함시키기 위해 새롭게 추가한 원고도 적지 않다. 책의 구성은 먼저 대주제로 '저널리즘 원칙과 윤리', '사실 확인과 검증', '취재원과 인용', '뉴스 기사와 영상', '분야별 보도'의 5가지 영역을 정하고 그 아래 세부적인 취재 보도 관행들을 42개의 소주제로 다루었다. 사실과 의견의 분리, 투명한 취재원 인용, 방송 영상의 변조처럼 중요한 저널리즘 원칙에서 크게 이탈하고 있는 관행들은 보다 집중적으로 살펴보았다. 그러다 보니 소주제별로 다루는 내용이 일부 중복되거나 비슷한 주장과 문헌들이 등장하는 경우가 있지만, 같은 주제를 조금씩 다른 관점에서 바라보는 글들이 오히려 논의의 깊이와 범위를 넓히는 긍정적 효과도 기대한다.

언론의 취재 보도 관행을 전문적으로 다룬 학술 연구는 국내외 마찬가지로 매우 드문 편이다. 이론적 토대와 해석에 더해 실제 취재 보도가 이뤄지는 현실의 역동성을 충분히 이해하고 기자사회와 언론사 내부 시스템에 대해서도 밝아야 하기 때문이다. 그런 점에서 이 책이 낡은 관행을 떨쳐내고 우리 사회가 필요로 하는 좋은 저널리즘을 실천하려는 현장 기자들에게 길잡이가 되는 동시에 언론의 관행에 대한 학술적 연구에도 기여할 수 있기를 기대한다.

이 책이 나오기까지는 서암 윤세영 재단과 한국언론진흥재단의 후원이 있어 가능했다. 그동안 한국 저널리즘의 수준을 높이는 작업에 아낌없는 후원을 해온 윤세영 재단은 이화여자대학교 저널리즘 교육원을 통해 이번 출간 비용을 지원해주었다. 또한 한국언론진흥재단은 신문과 방송에 게재됐던 원고를 책에 사용할 수 있도록 흔쾌히 허락해주었다. 두 기관에 깊은 감사를 전하고 싶다.

2021년 10월

좋은 저널리즘 연구회를 대표하여

배정근

차례

2장 사실 확인과 검증

3장 취재원과 인용

4장 뉴스 기사와 영상

5장 분야별 보도

1장

저널리즘 원칙과 윤리

탈진실 사회와 저널리즘의 역할

이재경

조국 법무장관 후보자를 둘러싼 커뮤니케이션 생태계의 모습을 보며 이제 한국도 탈진실 사회가 되었다는 느낌을 강하게 받는다.

post-truth society를 번역한 말이 탈진실 사회다. 옥스퍼드 사전에 따르면, 탈진실post-truth이란 표현은 1992년 스티브 테지치Steve Tesich라는 세르비아계 미국 작가가 『네이션*The Nation*』이라는 잡지에 기고한 에세이에서 처음 사용했다(www.wikipedia.org).

이 표현은 주로 정치 행위와 미디어의 상호작용을 묘사하는 상황에서 사용되어왔다. 이 개념의 핵심적인 구성 요소는 발화자의 말과 그 말이 지칭하는 현실 세상의 관계가 완전히 독립적일 수 있다는 인식이다. 다시 말하면, 누가 무엇인가를 말하거나 주장하는 내용과 그 말의 진실성, 또는 그 말이 지칭하는 현실에 대한 정확성은 관계가 없다는 의미다. 현실은 현실로 존재하지만, 언어 표현을 통해 드러나는 현실에 대한 인식은 같은 생각을 공유하는 사람들끼리 마음대로 구성한다는 뜻이다. 이러한 인식을 공유하는 사람들은 현실을 다르게 인식하는 집단에 대해서는 적대감을 드러내기도 한다. 현실의 실체에는 관심이 적고, 자신들이 공유하는 인식에만 집착하기 때문이다.

한 매체의 기자가 걸어온 전화 때문에 이러한 생각이 촉발됐다. 전화의 내용은 온라인에서 벌어지는 실검 전쟁에 관해서였다. 저널리즘 연구자 관점에서 이 현상을 어떻게 보고 있는가가 질문의 요지였다. 이 기자가 제시한 검색어들은 "조국 힘내세요," "조국 사퇴하세요", "근조 한국 언론", "가짜뉴스아웃", "한국 언론 사망", "정치검찰 아웃" 등이었다.

기자의 얘기를 듣고 들여다본 온라인 세상에서는 조 후보자를 지지하는 세력과 그의 임명을 반대하는 세력이 서로 여론의 흐름을 주도하기 위해 그야말로 치열한 상징적 전쟁symbolic war을 벌이고 있었다. 안타까운 현실은 대부분의 주요 매체들이 이러한 수사적 전쟁에 끼어들어 같이 전투의 판을 키우고 있는 점이었다. 포털 사이트를 중심으로 벌어지는 전쟁판에 지상파 방송과 주요 일간지, 디지털 매체가 예외 없이 상징 전쟁의 하부 행위자 역할을 자임하고 있었다. 언론의 이러한 행태는 주로 특정인이 무슨 말을 했는가를 전하는 방식으로 드러났다. 박용진 의원, 원희룡 지사, 유시민 씨, 어느 조국 후보자의 친구 등이 개인 SNS에 써올린 말이나 방송 대담에서 했던 말들이 검증 없이 주요 매체를 타고 확산됐다.

이는 매우 위험하고 실망스런 상황이었다. 기자의 역할은 전개되는 사건event의 뿌리를 의심하고, 질문하고, 파고들어, 무엇이 그러한 상황을 만들어내는지를 밝히는 일이다. 또 그렇게 드러낸 현실의 뿌리는 무엇을 의미하는지도 독자들에게 설명할 수 있어야 민주적 의사결정제도가 작동할 수 있다. 그러나 실검전쟁을 다루는 기자들에게서는 그러한 문제의식을 찾아보기 어려웠다. 그들은 그저 실검 전쟁이라는 흥미로운 현상을 표피적으로 최대한 빨리 전달하는 데만 몰두하고 있었다. 이성적 토론이 가능한 사회가 아니라 극단적 진영 세력들에게 원초적 격정을 촉발하는 보도가 주류를 이루고 있었다.

그 모습을 보며, 우리 사회가 탈진실 사회로 가는 데, 안타깝게도 저널리즘이 강력한 기여를 하고 있다고 판단하게 됐다. 질문한 기자에게 불편할 수 있는 답을 두 가지로 나눠 건넸다. 첫째 답은 실검 논쟁을 기사로 다루지 말라는 부탁이었다. 그렇게 할 경우, 실검 작업을 주도하는 세력의 상황 논리를 언론이 무비판적으로 수용하는 게 되기 때문이다. 두 번째 답은 탐사 보도에 대한 부탁이었다. 기자들이 실검 전쟁이 어떻게 기획되고 수행되는지를 추적해 기사로 써달라고 당부했다. 어디서, 누가 이 일을 시작했는지, 동원된 사람은 몇이나 되는지, 혹시 인공지능이 사용되지는 않았는지, 매크로 프로그램이 동원된 것은 아닌지, 포털에서는 이러한 여론 조작 활동에 대해서 어떻게 대응하는지도 취재해 보도해달라고 부탁했다. 그러나 지금 같은 언론 환경에서 이러한 보도가 실현되기는 긴 시간이 걸릴 것으로 판단한다.

무엇이 우리 사회의 탈진실화를 부추겨왔는가? 지난 30여 년, 현업과 학계를 오가며 정리해온 생각을 따라가 보면, 크게 세 가지 요인이 한국 사회의 탈진실화를 부추겨온 것으로 판단된다.

첫째 원인은 권력을 행사하는 정치 지도자들의 도구적 언론관이다. 한국의 대통령들은 예외 없이 신문과 방송을 홍보의 도구로 여겨왔다. 권력을 잡으면, 가장 먼저 하는 일 가운데 하나가 공영방송의 사장을 자기 사람으로 임명하는 일이다. 정부의 직접적 영향력 하에 있는 연합

뉴스와 서울신문 등의 경영진을 선거 과정에서 도움을 주었던 사람으로 교체하는 것도 같은 맥락에서 벌어지는 일이다. 민주화 이후만 보더라도, 이러한 행태는 정부가 보수적 성격이건, 진보적 성격이건 다르지 않았다. 지난 30여 년, 그러한 과정이 반복되며, 관변 매체에서 일하는 기자들은 독립적 판단의 기능을 키울 수가 없었다. 신문 독자와 방송 시청자들도 마찬가지였다. 정부쪽 매체들의 친정부 편향성을 감안하고 뉴스를 소비해야 했다. 결과는 매체 지형 편향성의 구조화다. 이러한 구조적 조건은 독립적 매체의 존재를 불가능하게 한다. 그리고 이러한 미디어 운영 관행은 기자의 뉴스에 대한 판단이 구조적으로 편향적일 수밖에 없다는 대중적 인식을 고착시켜왔다.

우리 사회를 탈진실화로 끌고 가는 두 번째 원인은 민주화와 함께 극심해진 언론의 정파화 추세다. 권위적 군사정부 시대가 지나며, 한국 언론계는 진보와 보수의 양극화 시대가 지속적으로 강화되어왔다. 조,중,동 대 한,경,대, 지상파 대 종편 등 매체의 소유 구조에 따라 보도 성향이 극명하게 진보와 보수로 갈라져, 남북 문제와 노동 문제, 정치 개혁과 경제 쟁점 등 거의 모든 사안에 대해 지극히 갈등적인 보도 양태를 유지해왔다. 신문은 사설과 칼럼 등 오피니언 면에서 각자의 색깔을 최대한 강력하게 드러내는 편집 전략을 취해왔고, 텔레비전은 시사 프로그램의 패널을 초청하는 과정에 진보와 보수의 논객들을 고정적으로 배치시킴으로써 거의 모든 사안이 두 개의 극단적 관점으로 논쟁되는 논의 구조를 일상화시켰다. 민주화 이후 30여 년, 이러한 사회적 토론 구조가 유지된 결과가 현재 우리 사회가 직면하게 된 탈진실 사회가 아닌가 한다. 우리 사회를 구성하는 대부분의 사안이 좌와 우, 진보와 보수로 상대화됨으로써 모든 시민이 동의하는 현실에 대한 통일된 인식은 거의 구조적으로 불가능하게 되어버린 느낌이다.

세 번째 원인은 디지털 미디어와 모바일 매체의 급격한 보급이다. 이러한 매체 구조의 변화는 언론의 수익 창출 구조를 트래픽 중심으로 바꿔버렸다. 포털이나 언론사를 가릴 것 없이 커뮤니케이션 사업에 종사하는 모든 기업은 이제 방문자를 많이 확보해야 수익을 안정적으로 올리는 시장 구조에서 생존을 건 투쟁을 하는 처지다. 그리고 그동안의 데이터 분석 결과를 보면 온라인 사이트에 방문자를 끌어들이는 가장 손쉬운 매개체로는 자극적인 뉴스만한 게 없다는 것이 일반화된 인식이다. 이러한 매체 수익 구조의 변화는 필연적으로 낚시성 뉴스의 폭증 현상을 불러왔다. 다시 말해, 기사를 쓰는 과정에서 그 기사가 대중의 관심을 자극할 수 있는 내용과 형식적 특성을 갖추었는지가 가장 중요한 고려사항으로 자리 잡았다는 말이다. 거기에 앞에서 예시한 실시간 검색어 전쟁같이 디지털 세상에서만 가능한 여론 조작 시도가 추가된다.

디지털 세상의 뉴스 문법은 기사의 완결성, 정보의 진실성 등을 중요하게 고려하지 않는다. 그보다는, 지금 쓰고 있는 기사가 얼마나 읽는 사람의 호기심을 자극하는가, 정파적 관심을 부추기는가가 훨씬 더 중요한 고려 사항이다. 조국 법무부 장관 후보자를 둘러싼 뉴스의 흐름을 보면, 위에 제시한 세 가지 요인이 고르게 작동하고 있는 것을 확인할 수 있다. 다음은 중앙일보 김진국 대기자가 2019년 9월 3일 신문에 쓴 "상식이 무너지고 있다"는 칼럼의 시작 부분이다.

> 조국 인사청문회에서 진실이 의미가 없어졌다. 비난하는 쪽이나 반박하는 쪽이나 서로 '진실fact'을 외친다. 하지만 더는 진실에 관심이 없다. 편을 갈라 어떻게든 이기겠다는 목표뿐이다. 말꼬리를 잡고, 약점을

후벼 파고, 상대측의 신뢰를 공격한다.

탈진실 사회의 단면을 이보다 잘 설명하기 어렵다. 김진국 기자는 이어서 말한다. "조 후보가 임명되고 말고는 그리 중요한 문제가 아닐지도 모른다. 더 큰 문제는 우리 공동체가 공유하는 상식, 가치체계가 무너지고 있다는 점이다."

그렇다. 진실이 무시되는 커뮤니케이션 생태계는 공동체를 유지할 수 없다. 만인의 만인에 대한 무제한의 다툼이 있을 뿐이다. 패트릭 모이니헌Patrick Moynihan 전 미국 상원의원은 "우리는 각자의 의견을 가질 자유가 있다"고 말했다. 그는 그러나 "우리는 각자만의 사실을 가질 자유는 없다"고 분명하게 말했다. 어느 집단이던 생각과 별도로 존재하는 현실을 마음대로 정의할 수는 없다는 뜻이다. 이는 "의견은 자유지만, 사실은 신성하다"고 말한 영국의 언론인 C. P. 스콧Scott의 생각과도 일맥상통한다.

저널리즘은, 이러한 생각의 줄기를 따라가면, 모두가 발을 딛고 설 수 있는 진실의 바닥을 제공하려는 노력을 본령으로 삼아야 한다. 특정 집단의 집단사고를 마치 현실인 양 확대 재생산하는 일에 몰두하게 되면, 우리의 공동체는 영원한 갈등의 늪에 갇히게 된다. 특히 국가 안보에 관한 내용이나, 반일 감정 등에서 드러나듯이 국제관계를 다루는 기사가 진영 사고의 틀을 벗어나지 못하면, 우리 사회는 순식간에 지극히 위험한 처지에 빠질 수도 있게 된다. 탈진실 사회의 소용돌이에 빠져 있는 한국 언론과 기자들이 너무 늦지 않게 각성할 수 있기를 기대한다.

윤리적 기사의 조건

개별 행위보다 중요한 한국 언론 구조의 문제들

이재경

저널리즘에서 가장 중요한 요소는 기사다. 공동체의 구성원에게 정보를 전하는 매개체이기 때문이다. 가짜뉴스 또는 허위 조작 정보가 문제가 되는 이유도 불특정 다수 공중에 미치는 영향 때문이다. 저널리즘 윤리는 이러한 전제를 바탕으로 강조되어왔다. 혼자 읽는 개인의 일기라면 사회가 그 내용이나 표현법에 대해 간섭할 이유가 없다. 동호회에서 생산하는 회의록도 내부 인사가 문제를 제기하지 않으면, 그 내용이나 기록 방식에 대해 공개적으로 비판을 받을 이유가 없다.

기자가 쓰는 기사는 불특정 다수의 공중이 읽는다는 사실을 전제로 한다. 발행 부수가 적거나 시청자가 몇 안 돼도 이 전제는 유효하다. 종이 매체나 디지털 매체 모두 예외 없이 이러한 원리를 바탕으로 뉴스를 전달한다. 언론에 대한 사회적 감시와 윤리적 요구를 정당화하는 근거다.

한국 기사에서 나타나는 윤리적 문제들을 보면서 이런 의문이 생겼다. 한국 기사는 왜 해외 선진 매체들이 생산하는 기사들에 비해 더 많은 윤리 문제를 담고 있는가? 한국 기자들이 외국 유수 매체 기자들에 비해 윤리의식이 크게 뒤지는가? 한국 기자들의 자질이 해외 엘리트 기자들과 비교할 때 지적 기반에서 많이 뒤떨어져 그러한 상황이 만들어지는가? 딱히 개인적 자질의 차이가 아니라면 무언가 다른 원인이 있는가? 이러한 질문을 하는 과정에 현실 언론계에서 몇 가지 중요한 상황들이 벌어졌다. 그리고 그 상황들이 이 질문들에 대한 답을 찾는 데 좋은 길잡이가 되어주었다.

"많은 이들이 보는 가운데, 공개적으로 윤리적 결정을 내려야 하는 사람은 드물다. 법률가나 의사 등 모든 전문직은 때로 윤리적 실수를 하지만, 오직 언론인만이 불행하게도, 또는 용기가 많아서, 그러한 실수를 공중들에게 드러내야 한다. 그러한 윤리적 실수가 노출될 경우 공중의 반응은 매우 신속하고, 또 혹독하다." 필립 패터슨Phillip Patterson과 리 윌킨스Lee Wilkins 교수가 쓴 『미디어 윤리: 쟁점과 사례들』(1991)이라는 책 첫 장에 나오는 단락이다. 기자 직업이 어떻게 다른 전문직들에 비해 더 윤리 문제를 날카롭게 인식해야 하는 환경에 놓여 있는지를 강조하는 내용이다. 이러한 근원적 조건은 국가나 사회 문화적 맥락에 크게 구애받지 않고 대부분 자유 언론제도를 유지하는 나라에서는 비슷하게 적용되는 것이 현실이다.

패터슨과 윌킨스 교수가 지적하듯이, 기자는 취재하는 과정이 공개되는 경우가 많고, 기사를 출고하는 순간, 만들어낸 상품은 곧바로 공중의 심판대에 오르게 된다. 기레기라는 오명은 이러한 직업적 특수성이 만들어낸 한국 언론의 부정적인 자화상이다. 그런데 이러한 현실이 모두 개개인 기자들의 부족함이나 잘못된 윤리적 판단의 결과로 만들어진다고 이해되는 것이 맞을까? 개별 기자들이 문제를 인식하고 취재와 글쓰기 과정을 고쳐나가면 윤리 문제는 모두 해결될 수 있을까?

안타깝지만 한국 언론계에는 기자로 하여금 윤리적이기 어렵게 하는 두 가지 구조적 요인들이 강력하게 자리 잡고 있다. 이들은 한국 언론의 생태적 특징이라고 할 수 있다. 하나는 한국형으로 고정된 언론사 비즈니스 모델이고, 다른 하나는 권력을 잡은 통치 세력이 언론을 대하는 자세, 그리고 그러한 권력을 대하는 언론의 대응 방식이다.

2019년 말 MBN이 설립 자본금을 조성하는 과정이 언론계 주요 뉴스로 등장했다. 수사 결과 일부 자금이 문제 있는 방식으로 조달된 사실이 드러났다. 회장을 비롯한 경영진이 물러났고, 직접 관여한 간부들은 사법 처리의 대상이 됐다. 초기 자본금 3,000억 가운데 500억 정도가 문제였다. 이 뉴스에 주목하는 이유는 이러한 현실이 대다수 한국 언론사의 경영 구조와 규모를 대표하기 때문이다. 서울신문도 한 건설회사가 지분을 매입하는 문제로 오랜 기간 동안 혼란을 겪었다.

좋은 기사를 생산하려면, 경영의 안정은 필수적 조건이다. 재정적 안정뿐 아니라 언론사의 특성에 걸맞은 경영 철학도 견고하게 준비되어 있어야 한다. 그러나 한국 언론의 경영 현실에서는 이 두 가지 요건을 갖춘 회사를 찾기가 어렵다. MBN이나 서울 신문은 이 시점에서 어느 회사에서나 발생할 수도 있는 경영상의 문제를 노출하고 있을 뿐이다.

경영의 불안정과 저널리즘 철학의 부재는 자연히 뉴스 생산 체제에 영향을 미치게 된다. 지난 30여 년 현장 관찰과 해외 유수 매체와의 비교 연구를 통해 도달한 결론은 한국 매체의 뉴스 생산 방식은 최소한

<그림 1> 일주일 평균 기사 작성건수(단위: 건)

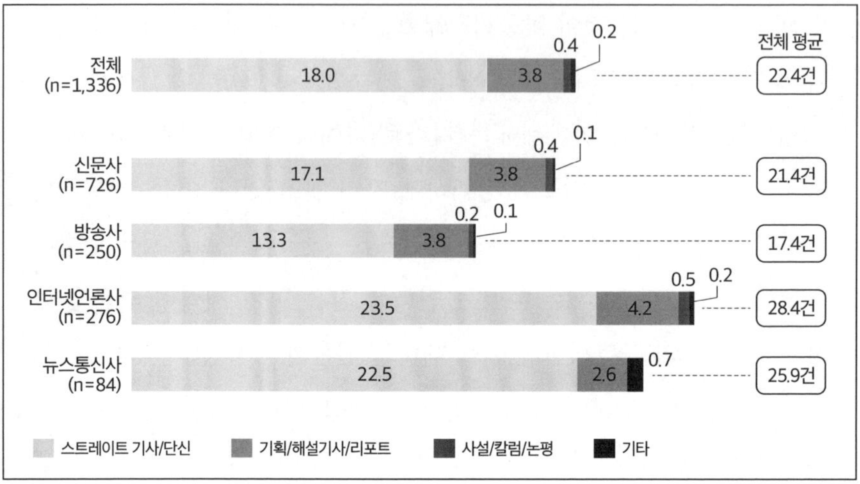

* n = 최근 일주일간 기사를 작성한 기자

출처: 한국언론진흥재단 언론인 의식조사(2017)

의 기자 인력으로 그날그날의 뉴스 수요를 맞춰나가는 방식이라는 점이다. 이러한 뉴스룸 운영 모델은, 위의 <그림 1>을 보면, 기자들의 혹독한 근무 여건으로 현실에서 구현되고 있음을 확인할 수 있다.

이 그림은 한국언론진흥재단에서 2018년 발간한 <언론인 의식조사> 보고서에서 가져왔다. 2017년 전국 언론 매체에서 일하는 기자 1,527명을 조사한 결과다. 이 자료를 보면, 한국 기자들은 일주일에 평균 22건의 기사를 생산한다. 5일 근무로 환산하면, 하루 4.5개의 기사, 6일 근무로 하면, 하루 3.7개의 기사를 생산하는 셈이다. 신문이 상대적으로 적어, 5일 근무 시 하루 4건 정도인 데 비해 통신사와 인터넷 매체들은 하루 다섯 건 이상의 기사를 출고하고 있는 것으로 조사됐다.

이러한 노동 강도는 당연히 부족한 취재 인력 구조가 원인이다. 한국 신문 가운데 편집국 인력이 300명을 넘는 회사는 거의 없다. 중앙 일간지 가운데도 실제 현장에 투입하는 취재 인력이 100명이 안 되는 회사가 여럿이다. 1,600명 편집국을 운용하는 뉴욕타임스, 2,000명이 넘는 취재 인력을 보유한 아사히나 요미우리 등 일본 대표 신문의 인력 구조와는 현격하게 대비가 되는 현실이다. 뉴욕타임스 기자들의 경우 일주일에 평균 한 건 내외의 기사를 출고한다. 백악관처럼 기사가 많은 출입처 기자는 예외적으로 일주일에 두세 건의 기사를 써낸다. 이러한 상황과 비교하면, 한국 기자들은 하루에 뉴욕타임스 기자가 일주일에 생산하는 기사보다도 많은 양의 기사를 써내는 셈이다. 윤리적 검토는 고사하고, 기사에 필요한 기본 정보의 사실 확인도 제대로 하기 어려운 업무 강도라 할 수밖에 없다.

조국 전 법무부 장관 사태를 지나며, KBS는 많은 내, 외부 갈등을 겪었다. 라디오 편집팀이 지역 부서로 이동 발령을 받았고, 법조 출입 기자들도 심각한 갈등 끝에 인적 구성에 변화가 있었다. 모두 권력 핵심부와 관련된 기사의 취재와 방송 내용에 관한 기자들의 결정에 대한 외압이 만들어낸 상황이었다. 박근혜 정부 당시, 문화방송은 의식 있는 기자들 다수를 교육을 핑계로 보도부서 밖으로 퇴출했던 일이 있다. 그리고 임원과 주요 출입처 기자들은 친정권적 인사로 대폭 교체했다. 그 후 MBC 보도국은 철저하게 집권 세력과 호흡을 맞춰가며 세월호 사고 보도를 비롯한 많은 사안들을 집권 세력 구미에 맞게 왜곡 보도했다.

KBS에서 지난 2019년 10월 일어난 일들은 과거 정권의 행태가 정권이 바뀐 뒤에도 근본적으로 전혀 변화가 없다는 사실을 확인해주는 사례로 볼 수 있다. 태생부터 군사정부의 기획이었던 한국의 공영 방송은 거의 40년을 공영 방식으로 운영해오고 있으나, 실질적으로는 집권 세력이 임명하는 경영진이 특히 보도의 방향을 권력의 이해관계에 맞춰 운영해오고 있는 것이 현실이다.

이러한 구조에서 현장에서 일하는 기자와 에디터들은 권력 측에서 보내오는 신호에 민감할 수밖에 없다. 중요 사안을 잘못 판단하면, 언제라도 인사 조치의 대상이 되기 때문이다. 정치권력의 언론 통제는 특히 박정희 시대 이후 지속돼온 한국 언론의 현실이다. 권력으로부터의 독립이 자유언론의 가장 중요한 교과서적 가치임을 고려하면, 이러한 예속적인 권력과의 관계는 윤리적 저널리즘을 불가능하게 하는 제약 조건일 수밖에 없다.

한국적 언론 경영 행태와 정치 문화는 현장 기자 수준에서 극복하기가 매우 어려운 장애 요소다. 물론 기자는 취재와 기사 쓰기 과정에서 항상 윤리적 고려를 최우선 가치로 생각해야 한다. 독자는 기자가 양심에 따라 독립적으로 판단해 기사를 생산했고, 그렇게 전달되는 내용은 사실 확인을 위해 최선을 다한 노력의 결과물이라는 전제를 바탕으로 기사를 읽기 때문이다. 그러나 앞에 얘기한 한국 언론의 구조적 현실은 윤리적 취재와 양심에 따른 보도를 격려하는 조건이 절대로 아니다. 그러한 구조적 조건에 눈을 감으며, 저널리즘 윤리를 강조하는 일은 그 자체가 도덕적 모순일 수 있다. 한국 기자들의 비윤리성을 감시하는 일 못지않게 언론계를 관통해온 윤리의 구조적 모순을 사회가 함께 개선해나가는 학문적, 제도적 노력이 절실히 필요하다.

언론인의 윤리 실천과 이해충돌 문제

배정근

"이 법은 공직자의 직무 수행과 관련한 사적 이익 추구를 금지함으로써 공직자의 직무수행 중 발생할 수 있는 이해충돌을 방지하여 공정한 직무 수행을 보장하고 공공기관에 대한 국민의 신뢰를 확보하는 것을 목적으로 한다."

2021년 5월 제정된 '공직자의 이해충돌 방지법'의 제1조 목적 조항의 문안이다.[1] 법안 내용으로 보면 이해충돌은 공직자가 직무를 수행하는 과정에서 사적 이익을 추구함으로써 공정성을 상실하는 상황을 가리키는 것임을 알 수 있다. 같은 논리를 언론에 대입해보면 이해충돌은 언론인 또는 언론사의 사적 이해가 보도의 공정성을 훼손하는 현상

1 2013년 김영란법으로 불리는 '부정청탁 및 금품 등 수수의 금지에 관한 법률'과 함께 발의됐으나 국회 문턱을 넘지 못하다가 한국토지주택공사(LH) 직원들의 땅투기 의혹으로 국민적 분노가 폭발하자 여론에 떠밀려 입법에 이르렀다.

이 된다. 학술적으로도 언론의 이해충돌은 "언론인들이 그들의 책무 범위 밖에 있는 이해관계에 의해 판단과 행동에 부당하게 영향을 받는 것"으로 정의된다(Borden & Pritchard, 2001). 국내외 언론 윤리 규범들이 이해충돌conflict of interest 문제를 매우 중시하며, 상세한 규정들을 두고 있는 이유가 바로 이 때문이다.

사실 언론은 수많은 이해관계들이 충돌하고, 자신의 이해관계를 반영하려는 싸움터라고 해도 무방하다. 그 한복판에서 언론이 지켜야 할 유일한 이해가 있다면 그것은 시민의 알권리를 충족하고 독자들에게 진실을 전달하는 일이다. 그래서 이해충돌이란 언론의 독립적이고 독자적인 뉴스 판단과 여기에 영향을 미치려는 일체의 이해가 마찰하는 현상이다. 미국 기자협회Society of Professional Journalists 윤리강령은 "언론인들은 공중의 알권리를 제외한 어떠한 이해 의무obligation to any interest로부터도 자유로워야 한다"고 선언하고 있다.[2]

한국 언론을 믿지 못하는 시민의 낮은 신뢰는 기능보다는 도덕성에 대한 불신에 기인한다고 보아야 한다. 한국언론진흥재단에서 매년 조사하는 언론수용자조사 결과를 보면 언론인에 대한 평가에서 도덕성과 신뢰성은 사회적 영향력과 전문성에 비해 늘 크게 낮은 평가를 받는다. 2020년 조사에서는 5점 척도를 기준으로 사회적 영향력(3.82)과 전문성(3.57)은 상대적으로 높았지만 도덕성(2.99)과 신뢰성(2.98)은 큰 격차를 보였다. 언론 전반에 대한 인식(5개항)에서는 언론 자유도(3.57), 전문성(3.50), 신뢰성(3.22), 정확성(3.19)에 비해 공정성(3.05) 평가가 가장 낮았다. 별개의 문항이지만 공정성과 도덕성, 신뢰성에 대

2 https://www.spj.org/ethicscode.asp

한 낮은 평가가 상호 연관이 있을 개연성을 암시한다.

언론사와 언론인이 이해충돌에 빠질 소지는 너무도 많다. 먼저 언론사 측면에서는 이윤 추구를 목표로 하는 사기업의 특성상 경영적 이해가 공익과 진실이라는 언론 본연의 이해에 부정적 영향을 미칠 개연성이 상당하다. 특히 디지털 기술로 인한 미디어 생태계의 지각변동으로 매체가 난립하고 광고 수입 감소로 인한 재정 악화에 허덕이고 있는 국내 언론사들은 저널리즘 이해보다 상업주의 이해를 우선하는 행태를 노골적으로 드러내고 있다. 온라인 공간에서는 기사 유입량(트래픽) 증가가 언론사 조직의 지상목표가 되고 있으며, 오프라인 공간에서는 광고와 협찬을 매개로 은밀하게 기사를 거래하는 관행이 광범위하게 퍼져 있다. 정부 부처나 공공기관, 기업들이 언론에 광고·협찬비를 지불하고 홍보성 기사를 내보내는 것이 이미 일상적 관행이 되었다(박형재, 2018).

이런 음성적 관행이 얼마나 심각한지는 국내 언론을 대표하는 종합일간지 대부분에서 이러한 일들이 행해지고 있으며 메이저 신문에 오히려 집중되는 경향을 보인다는 점을 통해 알 수 있다. 또한 국가기간통신사로 정부로부터 막대한 지원을 받는 연합뉴스마저 홍보대행사와 계약을 맺고 보도자료를 기사 형식으로 바꿔 포털에 전송한 것으로 드러나 논란이 된 일도 있다(금준경·정민경, 2021). 신문사들은 이렇게 광고·협찬과 연결된 기사를 본 지면에 게재하기보다는 '광고 특집'이라는 별도 섹션으로 제작한다. 이들 기사는 아무리 일부 뉴스성이 있다고 하더라도 광고 수입을 높이려는 부차적 이해에 의해 광고주에게 편향되게 만들어진 기사이기에 공정하지도 않고, 신뢰하기도 어렵다.

이런 관행이 언론 윤리에 어긋난다는 사실은 누구보다 기자들이 잘 인식할 것이다. 그러나 이를 거부하기에는 회사 사정이 너무 어렵고, 현실적으로 조직의 지시를 따를 수밖에 없다는 점으로 인해 내적 갈등이 뒤따른다. 2천 명에 가까운 기자들을 대상으로 조사한 '2019 한국의 언론인'에 따르면 언론인의 사회적 역할에 대한 중요도와 실행도 평가에서 '기업 활동에 대한 비판 및 감시'는 그 격차가 가장 컸다(한국언론진흥재단, 2019). 중요하지만 제대로 그 기능을 수행하지 못하고 있다는 인식을 반영하는 것이다. 특히 매체 유형별로 보면 신문사(1.24)가 방송사(1.04), 인터넷언론사(0.86), 뉴스통신사(1.15)보다 높았고, 신문사 내에서는 경제일간지(1.55)에서 특히 격차가 심했다. 그렇지만 기업의 광고·홍보 목적의 협찬 기사의 필요성에 대해서는 필요하다는 응답(34.8%)이 필요하지 않다는 응답(31.2%)보다 많았다. "저널리즘보다는 생존이 먼저"라는 기자들의 현실 순응적 태도를 엿볼 수 있다.

상업주의 이해가 저널리즘 이해를 압도하는 또 다른 대표적 현실은 디지털 공간에서 뉴스의 '타블로이드화' 현상이다. 포털 뉴스에 노출되는 기사의 트래픽을 높이기 위해 자극적이고 선정적인 기사를 쏟아내고, 여러 형태의 어뷰징 행위를 일삼는 행태는 갈수록 도를 더해가고 있다. 특히 언론사마다 '이슈대응팀' 같은 별도 조직을 만들어 이러한 타블로이드형 기사를 양산하고 있어 언론사 스스로 시민의 불신을 조장하고 있다. 포털 공간에 이런 뉴스를 가장 많이 공급하는 것도 대형 언론사들이다.[3] 한국적 언론 현실에서 언론의 신뢰를 추락케 하는 책임

---

3 기자협회보가 2020년 1월부터 10월까지 네이버에서 '많이 본 뉴스' 6개 카테고리 각 30위에 든 뉴스 5만 2,740개를 수집해 분석한 결과, 전반적인 연성화, 저질화 경향이 뚜렷했고, 상위 순위를 차지한 언론사들은 대형 언론사들이다. URL: http://www.

은 기자보다는 언론사 조직에 있다고 할 수 있는 이유다.

언론인의 이해충돌은 언론인이라는 지위를 활용해 사적 이득을 취하거나 취재 보도로 얻은 정보를 사적 용도로 이용하고, 뉴스 판단에 사적 이해를 개입시키는 행위가 주로 문제가 된다. 취재 보도 활동과 관련해 금품을 받는 사례가 대표적 유형으로, 과거처럼 출입처 기자단을 대상으로 이른바 '촌지'로 불리는 현금을 배포하는 조직적 관행은 사라졌지만 술자리와 골프, 선물 같은 향응과 자녀 취업 같은 불공정한 특혜 수혜는 종종 문제가 되곤 한다. 한국 사회에 광범위하게 퍼져 있는 접대 문화와 연고주의 문화로 인해 이런 관행에 대한 언론인들의 문제의식도 적은 편이라고 할 수 있다.

그러나 언론 윤리에 민감한 해외 저명 언론사에서는 윤리강령을 통해 실제 여부와 무관하게 조금이라도 시민들의 오해를 살 수 있는 이해충돌 행위를 자제하도록 강력히 규제하고 있다. 워싱턴포스트의 윤리강령은 "우리는 어디에서든 어떤 경우에서든 최대한 이해충돌과 이해충돌처럼 '보이는 것appearance'을 피하기로 맹세한다"고 적고 있다.[4] 해외 언론들이 이해충돌로 금지하는 행위 가운데 국내에서는 별로 문제가 되지 않는 관행 하나를 예로 들면 자신의 취재 대상이 되는 공공기관이나 기업, 단체 활동에 참여하는 것이다. 정부를 감시해야 할 언론이 정부 활동에 간여하는 것은 상식적으로도 모순이다. 워싱턴포스트의 윤리강령은 정부와 연결되는 것을 '가장 반대한다most objectable'고 강조한다. 그럼에도 국내에서는 정부기관이나 공기업, 지방자치단

---

journalist.or.kr/news/article.html?no=48464

4 ttps://www.washingtonpost.com/news/ask-the-post/wp/2016/01/01/policies-and-standards/

체 등의 자문위원회에 해당 분야를 취재하는 언론인들이 참여하고, 주요한 의사 결정에 개입하는 광경을 어렵지 않게 볼 수 있다. 예를 들어 경찰 조직을 총괄하는 국가기구인 경찰위원회에는 매기마다 현직 언론인이 1명씩 참여하는 것이 관행이며, 검찰총장 후보자를 추천하는 중요한 임무를 맡는 추천위원회에도 법조 경력이 많은 언론인이 들어가곤 한다.[5] 권력을 감시해야 할 언론인이 우리 사회에서 가장 강력한 권력인 검찰과 경찰의 의사 결정에 참여하는 행위는 전형적인 이해충돌이다.

해외 저명 언론에서는 언론인의 대외활동과 관련 정치 모임이나 시위, 정치인이나 정당 활동에 대한 개인적 기부 행위도 편향성 시비가 일 수 있다며 엄격히 금지한다. 문화와 스포츠 분야에서는 자신이 취재하는 분야의 시상에 간여하는 것도 금기사항이다. 미국의 저명한 언론사들은 자사 기자들이 영화제나 문학상, '토니상' 같은 저명한 뮤지컬상 심사는 물론 스포츠의 경우 야구의 '명예의 전당', 대학 미식축구 최고 선수에게 주는 '하인즈먼트로피' 투표에 참여하는 것도 명시적으로 금하고 있다. 이런 심사에 협조하는 것도 회사의 독립성에 의문을 야기할 수 있다는 논리에서다.[6]

공직자 이해충돌 방지법은 비슷한 취지로 시작된 '부정청탁 및 금품 등 수수의 금지에 관한 법률'과는 달리 언론인을 포함시키지 않았다. 다행스러운 일이지만 법적 규제는 없다고 하더라도 언론이 높아진 사

5 2021년 3월 윤석열 전 검찰총장의 후임 후보자를 추천하는 검찰총장후보추천위원회 위원으로 위촉된 한겨레 논설위원은 소속 언론사가 정치적 중립성 논란에 휘말리는 것을 꺼려 중도에 사퇴했다. 경향신문 2021년 3월 15일 보도.

6 https://www.nytimes.com/editorial-standards/ethical-journalism.html

회의 가치 기준과 도덕성 요구에 부합하기 위해 이해충돌 방지에 노력해야 하는 윤리적 의무까지 면제되는 것은 아니다. 오히려 더 적극적으로 이해충돌 방지를 제도화하고 실천해서 도덕성을 회복해야만 언론에 대한 신뢰 회복도 가능하다.

저널리즘 원칙,
기자의 '지적 양심' 일깨우는 각성제

박재영

2019년에 한국 언론은 독자의 힘을 실감했다. '조국 사태'와 관련하여, 독자들은 언론이 어떻게 보도해도 기자와 언론사에 항의 전화나 문자 폭탄을 퍼부었다. 충성 독자는 더 민감하게 반응해 기사가 자기 마음에 들지 않으면 신문 구독이나 재정 후원을 중단하겠다고 위협했다. 언론은 옴짝달싹 못 했고, 기사는 점점 더 독자의 구미에 맞춰졌다. 독자가 원하는 것을 좇았던 이 경험은 나쁘지 않다. 그간에 언론은 말로만 독자가 최고라고 했지 실제로 그들을 상전으로 모시지는 않았다. "독자가 원하는 정보를 제공한다"라는 말은 토를 달기 어려울 정도로 좋게 들리지만, 그것은 언론이 수행해야 할 임무의 절반에 불과하다. 나머지 절반은 "독자에게 필요한 정보를 제공한다"이다. 이 둘의 균형이 저널리즘의 고민거리다. 이들을 어떻게 조화할 것인지는 진실 혼돈의 시대를 헤매는 요즘의 한국 언론에 매우 긴요하다. 독자가 원하는 정보를 제공하자는 결정은 손쉽고 편하다. 독자에게 필요한 정보도 제공하려고 하면, 문제는 복잡해지고 결정은 어려워진다. 이때 방향을 잡아주고 의지할 수 있는 것이 '원칙'이다. 마침 몇몇 신문사가 이 원칙을 정비했다.

2020년 초에 한겨레는 취재 보도 준칙을 개정했으며 한국일보는 취재 보도 준칙을 신설했다. 한겨레 준칙은 1만 3,000자 분량으로 상당히 구체적이며 한국일보 준칙은 6,000자 분량으로 다소 선언적이다. 두 준칙 모두 저널리즘 원칙을 망라한다. 예를 들어, 한겨레는 첫 번째 준칙인 '검증과 정확한 보도'의 제2항에 '정확성 우선'을 강조했으며 한국일보는 취재 보도의 다섯 번째 기준으로 '사실 보도와 정확성'을 제시했다. 한국일보는 "사실을 사실대로 정확하게 보도함으로써 진실을 추구한다"라고 부연했는데, 이 문구는 저널리즘의 본질을 꿰는 대원칙이라 할 만하다. 누구나 알고 있고, 말했을 법한 단어가 '정확성'이다. 하지만, 이 단어의 의미와 함의를 깊이 생각해본 사람은 많지 않은 것 같다. "정확하게 보도한다"라는 말은 과연 무슨 뜻일까?

인물 기사에서 정확성은 나이나 주소를 틀리지 않게 보도하는 데 그치지 않는다. 인물을 정확하게 보도하는 것은 그의 전모, 즉 명암을 보여주는 것이다. 이것은 말처럼 쉽지 않다. 1980년 존 레논John Lennon이 불의의 피격으로 사망하자 뉴욕타임스는 그의 부음을 보도했다. 존 레논은 비틀스의 멤버로 1964년 '브리티시 인베이전British Invasion'[7]의 주역이었고, 1970년 그룹 해체 후 솔로로 활동하며 부인 오노 요코小

7 비틀스를 필두로 영국 출신 밴드들이 미국 팝 시장의 높은 벽을 넘어 선풍적 인기를 끈 현상.

野洋子와 앨범을 만들기도 했다. 뉴욕타임스 부음 기사는 비틀스 이후 그의 음악에 대해 "상업적으로 성공하기는 했지만, 청년기의 표현 양식을 지겨울 정도로 재활용한 대표적인 사례였다. 그 노래들은 진실하기는 했지만 지향성이 없었고, 록 음악과 전혀 어울리지 않는 가정적 행복에 지나치게 집착하는 경향이 있었다"라고 썼다(McDonald, 2016/2019: 512쪽).

존 레논의 음악 생애에는 흰색도 있었고 검은색도 있었다. 아니, 파란색과 빨간색도 있었을 것이다. 레논뿐 아니라 모든 인간이 다면적이다. 조지 오웰의 말처럼 인생의 75%는 굴욕이다. 위대한 인물은 더 굴욕적일 수 있다. 산이 높으면 그림자도 크다고 하지 않았던가? 온 세계가 레논을 추앙하고 그의 노래를 찬양할 때, 뉴욕타임스는 용기 있게도 그를 혹평했다. 하지만, 그것은 딱히 용감해서가 아니라 정확성 원칙을 지킨 것일 뿐이다. 유달리 망자에게 후한 우리로서는 뉴욕타임스처럼 보도하기 쉽지 않다. 생존 인물이라면, 팬이 무서워서 그렇게 하지 못할 것이다. 그렇다면, 인물의 정확한 보도는 요원하다. 한국 언론이 언제까지 BTS의 음악이나 봉준호의 영화를 지금과 같이 보도할지 지켜볼 일이다. 그래도 인물은 어느 정도 정확하게 보도할 수 있는 취재 대상이다. 대상이 사건이면, 정확한 보도는 사실상 불가능해진다.

어떻게 하면 '태극기 집회'를 정확하게 보도할 수 있을까? 군중이 몇 명이고, 그들이 어떤 구호를 외쳤으며 어디까지 어떻게 행진했는지가 정확성의 전부는 아닐 것이다. 태극기 집회를 관찰했던 대학원생들은 현장이 언론 보도와 상당히 다르다고 말했다.[8] 거기에는 다양한 군상이 있으며 양상은 시시각각 변한다. 그래서 누구도 단번에 태극기 집회를 정확하게 보도할 수 없다. 기자들은 바로 이 점, 즉 "누가 보도해도 제대로 보도할 수 없다"라는 점을 들어 자기의 보도를 정당화하지만, 그런 불가능성을 자기방어의 논리로 활용할 일은 아니다. 그것이 불가능할 정도로 어려우므로 더 충실하게 보도해야 한다고 스스로 다그쳐야 한다. 정확성은 한 인간으로서 기자의 지적 한계 또는 지적 양심intellectual conscience을 일깨우는 각성제다. 양심적인 기자는 무엇이든지 조심스럽게 보도하며 단정하기보다는 열어두며 일면이 아니라 다면을 보여주려고 노력한다. 이처럼 정확성은 가장 기본적인 원칙이기에 저널리즘의 어디에나 적용될 수 있는 대원칙이다. 예를 들어, 정확성은 피의사실공표죄 문제와도 연관된다.

언론의 검찰발 보도에 대해 '받아쓰기'라고 비난하면, 언론은 정치적 공격이라고 반박하면서 알권리를 들이댄다. 하지만, 이 논쟁은 저널리즘의 핵심에서 한참 비켜났다. 참고로, 미국에는 피의사실공표죄와 관련한 논란이 별로 없는데, 법규와 수사 체계의 차이뿐 아니라 기자들이 취재 보도 원칙을 지키기 때문이다. 미국 기자는 검사에게 들은 말만으로 기사를 쓰지 못한다. 그런 식으로는 기사가 안 되기 때문이다. 검사의 말을 검찰 외부에서 검증하거나 최소한 검사에게 "그래서 피의자는 뭐라고 하던가요?"라고 물어서 답변을 기사에 넣어야 한다. 이것이 삼각확인triangulation 원칙이다. 한국의 검찰 담당 기자들도 평

---

8 언론 보도가 사건의 실제를 온전히 옮기지 못한다는 것을 밝혀낸 기념비적인 실증 연구가 있다. 랭과 랭(Lang & Lang, 1953)은 제2차 세계대전의 영웅인 맥아더 장군이 1951년 4월 26일 미국 시카고에서 개선 퍼레이드를 했을 때, 이를 중계 방송한 영상과 실제 현장은 많은 부분에서 차이를 보였다고 보고했다. 장도영(2009)은 랭과 랭의 연구 세팅을 국내 행사인 2009년 건군 제60주년 국군의 날 기념 퍼레이드에 그대로 적용하여 방송 영상과 실제 현장에서 현저한 차이를 발견했다.

소에 이렇게 하지만, 정작 중대 사안을 다룰 때는 특종 경쟁과 속보 압박에 짓눌려 이 원칙을 무시한다. 중요한 국면에서는 검찰의 움직임이나 수사 방향 자체가 워낙 큰 뉴스이므로 검찰 쪽 내용을 알고 있는데 안 쓰기는 정말 어렵다는 것이다. 그러나 바로 이런 난감한 상황에 대비해 만들어둔 것이 원칙이므로 원칙은 이럴 때 더 잘 지켜야 한다. 한겨레 준칙도 "정확성은 신속성보다 우선한다. 여러 취재 방법을 통해 복수의 근거를 확보해 교차 확인한 뒤, 이를 보도한다. 속보 또는 특종 경쟁 등을 이유로 확인되지 않은 정보를 보도하지 않는다"라고 했다. 삼각확인 원칙을 지키면 검찰 받아쓰기는 원천적으로 불가능하며 피의사실공표죄 논란도 있을 수 없다. "싱글 소스single source로는 안 된다"라거나 "(주인공 인물 외) 지인을 취재하라"라는 주문도 삼각확인 원칙의 다른 표현이다. 검사의 말을 그대로 옮기는 보도는 정확한 보도가 아니라 오히려 부정확한 보도다.[9] 이제 피의사실공표죄와 관련한 논란의 본질은 분명해졌다. 언론은 검찰의 말을 그대로 옮김으로써 부정확하게 보도해놓고도 사람들이 그것을 검찰 받아쓰기나 피의사실 공표라고 비판하자 오히려 정치적 공작이라거나 언론 탄압이라고 반박했다. 언론이 자기 잘못은 모른 채 방어에만 급급했으니 애처롭기 이를 데 없다.

학술 논문 가운데 일반 시민이 보면 기겁할 것 같아서 금서로 지

9 뉴스타파의 2021년 탐사기획물 '죄수와 검사'는 왜 '검찰 받아쓰기'가 부정확한 보도로 귀결되는지 분명하게 보여준다. 이 기사에서 검사들은 자기에게 불리하거나 검찰 조직에 해로운 수사는 하지 않으며 그런 부작위를 절대로 말하지 않는다. 그러나 그 반대의 수사는 기자들에게 적극적으로 알리며 심지어 거짓 정보를 흘려서 여론을 호도하기도 한다. 기자가 검사의 말을 믿고 기사를 쓰면 위험천만일 수 있음을 적나라하게 드러낸 이 보도는 『죄수와 검사』(심인보 · 김경래, 2021)라는 단행본으로도 나왔다.

정해야 할 것들이 가끔 있다. 최근에 종합 일간지 6개의 기자와 에디터 24명을 조사한 김창숙(2019)의 학위 논문도 그랬다. 이 논문에 기자는 의도를 정해놓고 그에 맞춰 취재하고, 기사를 작성할 때는 사실과 의견을 혼용하며 에디터는 애초의 의도를 강화하는 쪽으로 기사를 첨삭한다고 돼 있다. 『사실 확인인가, 사실 만들기인가』가 논문 제목이다.

한국 기자들의 입에 붙어 있는 "팩트! 팩트를 챙겨라"라는 말의 의미는 무엇일까? 기자들이 떠받드는 팩트는 과연 어떤 팩트인가? 인물의 대조적인 양면을 보여주거나 집회의 상반되는 양상을 전달하거나 검찰의 말과 그에 대한 반박을 함께 담으려 하면, 당장 기자들은 주제가 흔들린다고 말한다. 체질상 서로 다른 것들을 도저히 한 기사에 못 담는 것이다. 하지만, 어떠한 사건도 한 방향으로 설명되지 않으며 한 색깔로 규정되지 않는다. 여론조사에서도 찬성 또는 반대 입장을 뚜렷하게 밝히는 사람은 소수이며 입장이 뚜렷하지 않은 '색깔 없는' 사람들이 대다수를 차지한다. 수적 열세의 사람들뿐 아니라 이런 회색지대의 '침묵하는 대중reticent public'이 진정으로 목소리를 잃은 사람들이다. 이들을 여하히 보도할 것인가 역시 정확성의 문제다.

정확성은 미국 언론에서 신성불가침이다. 조지프 퓰리처Joseph Pulitzer는 저널리즘의 어떤 원칙보다도 정확성을 우선시해 뉴욕월드New York World 편집국의 온 벽을 "정확, 정확, 정확!"이라고 쓴 카드로 도배했다. 19세기 말의 일이다. 그의 혜안처럼 정확성만 잘 지켜도 저널리즘의 많은 문제는 해결된다. 이론적으로도 정확성은 사실성과 객관성의 토대이다. 정확한 보도는 최대한 균형적이며 최다수가 동의할 수 있을 정도로 공정하며, 따라서 기자가 수행할 수 있는 최대한의 객관성을 보장해준다. 정확성을 달성하면 여타 원칙도 덩달아 달성된다.

한겨레와 한국일보는 원칙을 만들었으니 이제 관건은 지키는 것이다. 만일 사전 토론이 없었다면, 지금이라도 어떻게 하면 이 원칙을 잘 지킬 수 있는지, 장벽은 무엇인지, 어떻게 장벽을 해소할 수 있는지 등을 숙고하고 토론해야 한다. 그리하여 두 신문의 실험과 경험이 전체 한국 언론에 청량제가 되기를 기대한다.

도덕적 저격의 조건, 투명성

이재경

트럼프 전 미국 대통령이 걸리기는 하지만, 선진 사회일수록 더 윤리적이라는 명제는 대체로 진실이다. 저널리즘 윤리도 마찬가지다. 디지털 환경은 저널리즘 생태계를 혁명적으로 바꾸고 있다. 주로 전화에 의지하던 취재 도구가 CCTV, 핸드폰 녹음과 영상, 카카오톡, 유튜브, 텔레그램, 인스타그램 등 각종 디지털 통신 서비스로 확장하며, 전에는 생각하기 어려웠던 윤리적 딜레마 상황을 자주 만들어낸다.

가짜뉴스가 기승을 부리는 현실도 정보의 가공과 전파를 쉽게 만들어준 디지털 혁명의 결과임을 부정할 수 없다. 전통적 매체인 신문과 방송사들이 과점적으로 유지해오던 게이트 키퍼 기능을 빼앗긴 바탕에도 소위 말하는 디지털 파괴digital disruption 현상이 자리한다.

코바치와 로젠스틸(Kovach & Rosenstiel, 2014)은 언론에 대한 시민의 신뢰가 추락한 근본 원인 또한 이 현상에 있다고 진단한다. 그래서 그들이 『저널리즘의 기본원칙*The Elements of Journalism*』이라는 책에서 강조하는 개념이 투명성transparency이다. 코바치와 로젠스틸은 기자들에게 기사를 어떠한 경로를 거쳐 취재했는지를 자신이 작성하는 기사 안에서 밝혀 써주라고 주문한다. 그래야 독자가 기사를 신뢰할 수 있게 된다고 말한다. "소시지를 먹게 하려면, 소시지가 어떻게 만들어졌는지를 보여주라." 이들이 책에서 투명성 개념에 대한 독자의 이해를 돕기 위해 사용하는 비유 가운데 하나다.

뉴욕타임스나 워싱턴포스트 등 미국의 엘리트 신문들은 이미 여러 해 전부터 이러한 투명성의 원칙을 가장 중요한 가치 가운데 하나로 지켜오고 있다. 특히 2003년 제이슨 블레어Jayson Blair 기자가 30여 건의 기사를 날조해 회사의 명성을 실추시킨 일이 있은 뒤, 뉴욕타임스는 취재 보도 관행을 근본적으로 바꿔 독자의 신뢰를 회복할 수 있었다. 이 원칙에 따라 뉴욕타임스는 취재원을 최대한 실명으로 보도한다. 부득이하게 익명을 사용하는 경우, 이 신문은 어떠한 이유로 실명을 밝힐 수 없는지를 예외 없이 기사 안에서 설명한다.

워싱턴포스트의 마틴 배런Martin Baron 편집인은 보스턴 글로브의 탐사보도 조직인 스포트라이트 팀이 그 지역 천주교구에서 오랫동안 지속돼온 성직자들의 성범죄 행위를 폭로할 수 있도록 지휘했던 언론인이다. 2014년 워싱턴포스트의 편집 책임자로 옮겨간 그는 2017년 캘브 리포트Kalb Report라는 TV 프로그램에 뉴욕타임스의 딘 베케이Dean Baquet 편집인과 함께 출연해 독자의 신뢰를 얻기 위해 신문은 어떻게 해야 하는가를 자세하게 설명했다. 배런의 핵심 주장도 투명한 보도로 집약된다. 그는 언론사는 기사 속에서 "우리가 누구인가를 설명해야 한다"고 말한다. 또 기사의 배경background을 최대한 정확하게 설명해야 하고, 특히 인터넷 상에서는 기사에 사용된 문서나 음성녹음 등도 기사와 함께 제공해 독자가 기사의 진실성을 검증할 수 있게 해주면 좋다고 말했다. 그는 이와 함께 독자가 어떻게 신문사에 연락을 취할 수 있는지도 정확하게 제시해야 한다고 말했다.

안타깝지만, 한국 저널리즘 현실은 뉴욕타임스나 워싱턴포스트가 강조하는 투명성 기준과는 너무 거리가 멀다. 거의 모든 주요 매체가 가장 무책임한 익명 수준인 "A씨에 따르면," 같은 표현을 자주 사용한다. 과거 "김모 씨", "김 아무개 씨" 종류의 익명성에서도 한참 더 나빠졌다. 이는 권력집단의 비리를 파고드는 탐사 보도 종류의 기사에서 더 강하게 드러나는 현상이다. 한국 신문과 방송 보도에서 기사가 제시하는 가장 중요한 정보를 이야기하는 이들의 이름이나 정체를 왜 제시하지 못하는가를 설명하려는 시도는 찾아보기가 거의 불가능하다. 기사가 짧아서 공간이 없기 때문일 수도 있다. 그러나 기사가 만들어지는 취재와 편집 과정에 그러한 고려가 전혀 자리 잡지 않았기 때문이라는 쪽의 설명이 더 설득력이 강한 게 우리의 현실이다.

결과적으로, 한국 기자들은 익명 취재원으로 가득한 기사를 읽는 독자들이 가려진 취재원에 대한 의심을 거두고, 기사의 진정성을 믿어주기를 희망한다. 가짜뉴스가 난무하는 현실에서 설득력을 지니기 어려운 접근법이다. 더 안타까운 일은 전혀 익명일 필요가 없는 내용들에서도 습관적으로 취재원을 밝히지 않는 기사가 자주 발견된다는 사실이다. 소송에 대한 두려움 때문에 나타나는 방어기제로 보이지만, 수용자의 신뢰를 강화하는 보도 자세는 아니다. 독자가 떨어져나갈 수밖에 없는 취재 관행이다.

디지털 세상에서 나타나는 또 다른 심각한 문제는 기사를 위한 정보를 얻게 된 경로를 제대로 밝히지 않는다는 점이다. 해킹과 매크로 프로그램의 활용, 수사 당국의 디지털 압수수색 등이 광범위하게 등장하는 요즘 현실에서 이 문제는 과거 어느 때보다 중요해졌다.

2019년 2월 <뉴스타파>는 홍보대행사인 "뉴스컴" 대표 박수환 씨의 문자파일을 토대로 8회에 걸쳐 박대표와 유력 신문사 기자들이 주고받은 문자 메시지 내용을 분석해 보도했다. 주로 조선일보의 편집책임자들과 동아일보, 한국경제신문 책임자들과의 부적절한 청탁과 향응, 기사거래 내용이 폭로됐다. 기자와 경영진은 모두 실명으로 거론됐고, 같은 내용은 KBS와 MBC 등 방송과 <미디어 오늘>에도 보도됐다. 문자에 나타난 부적절한 거래행위는, 그 내용이 모두 진실이라면, 분명히 윤리적으로 해서는 안 되는 행동들이었다. 이 글은 문자에 등장하는 기자들을 두둔하려는 의지가 전혀 없다. <뉴스타파>가 언론인들의 비윤리적인 행동을 드러내 비판하는 기사를 제작한 결정은 미디어 간 상호비평이 활발하지 못한 한국의 현실에서 칭찬받을 일이기도 하다.

그러나 뉴스타파 기사를 자세히 살펴보며, 이 자료를 어떻게 확보했는지를 확인할 수 없어 답답했다. 다음 인용문에는 뉴스타파가 기사를 출고하며 제시한 자료의 내용과 습득 경로에 대한 설명이 나온다.

> 뉴스타파는 지난 수개월간 언론과 기업의 부적절한 공생관계를 취재해왔다. 그 과정에서 둘 사이의 관계를 노골적으로 보여주는 방대한 자료를 입수했다. 바로 '로비스트' 박수환의 휴대폰 문자 파일이다. 2013년 1월부터 2015년 7월까지 박수환의 휴대폰에 저장됐던 것으로 총 2만 9,534건에 달한다(강현석, 2019).

2019년 3월 4일에는 보도된 문자 메시지 자료들을 데이터 베이스로 만들어 기자 개개인이 박수환 대표와 어떠한 내용의 메시지를 교환했는지를 검색해 볼 수 있는 프로그램을 홈페이지에 올려놨다. 마틴 배런이 강조하는 자료의 공유를 실천한 드문 사례로 볼 수 있다.

이렇게 문자 대화 자료가 공개된 기자들은 심각한 상처를 입을 수밖에 없다. 이 기자들은 스스로가 했던 부적절한 윤리적 판단이 가져온 결과를 받아들일 수밖에 없다. 그러나 관찰자 관점에서 여전히 남는 질문은 결코 가볍지 않다. 뉴스타파는 3만 건 가까이 되는 문자 파일을 "입수했다"고만 밝혔다. 어떻게 입수했을까? 누군가가 회사로 보내줬을까? 해커를 고용해 파일을 확보했을까? 아니면 박수환 씨로부터 전화기를 넘겨받았을까? 수사당국이 압수한 자료를 뉴스타파에 흘려줬을까?

어느 쪽이 진실인지는 모르지만, 어느 경로라도 독자에게는 정확한 설명이 필요하다. 수사와 재판이 진행되는 상황에서 이 보도가 갖는 영향력은 강력할 수밖에 없기 때문이다. 권력기관이 비판 언론을 견제하기 위해 뉴스타파를 이용한다는 오해를 받게 된다면, 이 또한 뉴스타파의 정당성에 도움이 되지 않는다. 누군가를 도덕적으로 저격하는 일은 스스로의 도덕성을 바탕으로 하지 않으면 당당하기 어렵다. 뉴스타파는 이 점에서 좀 더 투명한 설명을 수용자들에게 빚지고 있다.

컬럼비아대학교 저널리즘 스쿨의 새뮤엘 프리드먼Samuel Friedman 교수는 2018년 11월 14일 서울 프레스 센터에서 열린 강연에서 기자의 "지적 정직성intellectual honesty"에 대해 강조했다. 그가 "다마스커스의 게이 걸Gay Girl In Damascus" 사례를 소개하며 한 말이다. 프리드먼 교수에 따르면, 다마스커스의 게이 걸은 전쟁으로 접근이 어려운 시리아 내전에 관한 내부 정보를 이러한 필명으로 블로그에 올리는 사람의 이야기다. 서방 기자들은 이 사람이 실제로 존재하는 성소수자로 믿고 그가 올리는 정보를 기사에 활용했었다. 그러다 누군가가 그가 시리아 당국에 구속됐다는 정보를 포스팅했다. 그러자 기자들은 그의 석방을 다방면으로 탄원하다가 그가 실제로 존재하는 인물이 아니라는 사실을 알게 됐다. 이 부분에서 프리드먼 교수가 강조하는 내용은, 직업이 기자라면, 블로그 포스팅 내용을 기사에 사용하기 전에 그러한 정보를 포스팅한 인물이 누구인지, 실제로 존재하기는 하는지를 반드시 먼저 확인했어야 한다는 점이었다. 디지털 텍스트가 얼마나 현혹되기 쉬운지, 그러한 환경에서 기자의 임무가 무엇인지를 다시 돌아보게 만드는 사례다.

한국 언론은 아직 진정한 프로페셔널 문화를 정착시키지 못하고 있다. 게다가 정파성 요소들도 여전히 강력하게 취재 보도 현장에 영향력을 행사한다. 이러한 생태계에서 기자가 스스로를 지키고, 자존감을 유지하며, 독자의 신뢰를 확보할 수 있는 거의 유일한 방법은 워싱턴포스트 편집인 마틴 배런이 강조하는 보도 투명성의 생활화다. 이제 한국 독자들도 소시지가 어떻게 만들어졌는지를 알고 싶어한다.

취재원과 기자의 건강한 긴장 관계

배정근

"뉴스는 누가 만드는가?" 언뜻 보기에 답이 자명해 보일 수도 있는 이 질문은 저널리즘의 본질이 무엇인지를 돌이키게 하는 난해한 물음이기도 하다. "뉴스는 신문인이 만드는 것이다"라는 언론학자의 정의(Gieber, 1964; Schudson, 2014 재인용)처럼 뉴스 가치라는 전문적 판단에 따라 언론인이 뉴스를 만든다는 사실은 의문의 여지가 없다. 그러나 "뉴스는 기자가 생각하는 것이 아니라 취재원이 말하는 것"이라는 또 다른 정의(Sigal, 1986)는 언론인의 뉴스 선택에 미치는 취재원의 강력한 힘을 강조한다.

"○○에 따르면"이란 구절이 빠지지 않는 뉴스 양식은 기사 내용이 취재원이 제공하는 정보나 의견이며, 기자는 이를 전달할 뿐이라는 책임 소재의 논리가 깔려 있다. 그렇다면 기자가 각기 다른 의견과 이해를 가진 취재원 가운데 누구를 취사선택하고, 얼마나 정확하고, 정직하게 또는 공정하게 이를 재현하는지가 저널리즘의 핵심 이슈가 된다. 다시 말해 정확성, 객관성, 공정성 같은 저널리즘 가치가 모두 취재원과 연관돼 있다.

뉴스를 매개로 형성되는 기자와 취재원의 관계는 그야말로 숙명적이다. 기자는 취재원이 없으면 뉴스의 소재를 구할 수 없고, 기사에 등장하는 취재원은 해당 기사에 사실성을 뒷받침하고 권위를 부여한다. 취재원에게도 기자는 자신을 세상에 알리거나 유리한 여론 조성을 위해 각별히 관리하고 잘 활용해야 할 대상이다. 그래서 양자는 서로를 필요로 하는 공생적 관계에 있으면서도 동시에 서로 다른 이해를 자신에게 유리한 방향으로 이끌어가려는 갈등이 교차하는 역동적 관계를 맺는다. 언론 현장에서 나타나는 양자의 관계는 상황에 따라 다를 수밖에 없으며, 한쪽 극단에 유착 관계가 있다면 다른 끝에는 적대 관계가 있는 연속선 사이 어딘가에 위치하게 된다.

2020년 7월 이동재 전 채널A 법조팀 기자가 금융 사기로 복역 중인 취재원에게 여권 인사에 대한 비위 사실을 내놓으라고 위협한 혐의로 구속된 사건은 취재원과 기자의 사이에 적절한 '사회적 거리'가 무엇인지 생각하게 한다. 이 사건은 기자 본인의 행위보다 그 과정에서 윤석열 검찰총장의 측근으로 통하는 검사장과 공모했다는 이른바 '검언유착' 의혹이 더 뜨거운 쟁점이 됐다. 여기에다 KBS는 검사장과 기자가 나눈 대화 녹취록을 근거로 두 사람의 공모 정황을 "확인했다"고 보도했다가 다음날 오보를 인정하고 사과 방송을 했다. 기사 내용과 달리 KBS는 보도 당시 녹취록을 확보하지 못한 상태였으며, 법조팀이 취재원들로부터 전해들은 얘기라는 것이 추후에 KBS가 밝힌 보도 경위다(정민경, 2020).

여러 정치적 해석의 거품을 걷어내고, 기자와 취재원 관계에서만 본다면 두 사안은 검찰 취재 보도 관행의 뒤틀린 이면을 그대로 드러낸 사건이다. 정부 기관 같은 이른바 출입처라고 불리는 제도적 취재원에 크게 의존하는 취재 방식은 국내 언론의 독특한 관행의 하나다. 출입처 기자들은 대개 출입처에 마련된 기자실을 거점으로 삼아 취재 활동을 펼치고, 출입처에서 제공하는 보도자료와 취재원 취재가 매우 중요하기 때문이다. 해외 언론에서도 출입처 기자beat reporter라는 개념이 있지만, 주로 취재 영역을 가리키는 의미일 뿐 우리처럼 상주하는 물리적 공간의 의미는 거의 없다.

수많은 출입처 가운데 검찰은 한국 사회에서 검찰이 차지하고 있는 위상만큼이나 특별하다. 검찰은 언론사들이 가장 중요시하는 비중 있는 출입처다. 뉴스 가치가 높은 대형 사건이나 권력의 스캔들, 정치인 및 재벌 소유주에 대한 수사 등 신문 1면을 차지할 사안들을 주로 다루기 때문이다. 그런 만큼 언론사들이 회사 자존심을 걸고 치열한 기사 경쟁을 펼치는 전쟁터 같은 출입처라는 것이 또 다른 특징이다. 언론사는 사내에서 취재 능력이 출중하다고 인정받는 유능한 기자들을 법조팀에 배치하는 것이 관례다.

그런데 검찰이 다른 출입처와 차별화되는 진면목은 따로 있다. 바로 출입처에서 수시로 제공하는 보도자료 같은 공개 정보가 거의 없다는 점이다. 이는 기자들이 취재하려고 하는 사안이 대부분 수사가 진행 중인 형사사건이고, 검찰이 이에 대한 정보를 공개하면 자칫 형법상 피의사실 공표죄에 해당할 수 있기 때문이다. 간단한 수사 정보 하나로도 대단한 특종이 될 수 있는 핫이슈인데도 공식으로 제공되는 정보는 전혀 없는 사막 같은 취재 환경에서 기자가 의지할 수단은 바로 익명의 취재원이다.

자신이 필요할 때 연락하고 정보를 얻거나 사실 여부를 확인해줄 수 있는 취재원이 많아야 유능한 검찰 기자가 될 수 있다. 그래서 기자 입장에서 검찰 취재는 이른바 '빨대'라고 부르는 자신만의 은밀한 취재원을 확보하는 싸움이다(박영회, 2009) 기자들은 학연, 지연 등 연줄에 의존하거나 일과 외에도 식사, 술자리를 통해 취재원과 개인적 친분을 맺으려고 노력한다. 취재원과 신뢰 형성은 기사 경쟁에서 앞서려는 개인적 동기도 중요하지만, 검찰 내부가 어떻게 돌아가는지를 정확히 파악하는 감시 기능 차원에서도 필요하다. 수사에 대한 외압이나 잘못된 검찰권 행사에 대한 내부 고발도 이런 채널을 통해서 가능하다.

그러나 조직이론에 의하면 의존과 권력은 역함수 관계다. 수사 정보에 대한 칼자루를 검찰이 쥐고 있는 기울어진 운동장에서 그들 입장에 반하는 기사를 쓴다면 양자 관계가 악화되고 향후 취재가 어려워지는 위험을 감수해야 한다. 검찰은 특종 기사를 갈망하는 기자들의 심리를 이용해 특정 기자나 언론사에 수사 정보를 흘려주면서 여론을 자신들에게 유리한 방향으로 이끌어가는 언론플레이를 한다. 다시 말하면 검찰 기사 생산 방식이 기자와 취재원 사이 밀착을 부르고 검찰에 편향된 기사를 피하기 어려운 구조 속에 있다는 것이다.

또한 검찰 취재원 입장에서 기자에게 수사 정보를 알려주는 일은 많은 위험을 동반하기 때문에 최소한의 정보만 알려주거나 모호하게 표현해야 한다. 기자들은 그렇게 들은 한두 마디에 살을 붙여 기사를 써야 하므로 오보의 위험성이 상존한다. 또한 수사가 진행 중인 사항을 확정된 범죄 사실처럼 기사화하는 관행으로 인해 리스크는 더욱 커진다. 검찰 수사 단계에 과도하게 집중된 국내 언론의 취재 보도 관행을 재판 중심으로 바뀌야 한다는 주장이 설득력이 있는 이유다.

기자 사회에는 취재원을 대할 때 가져야 할 바람직한 자세를 일깨워 주는 명언이 있다. 바로 '불가근불가원不可近不可遠'의 관계다. 취재원에게 너무 멀어지면 제대로 취재하기 어렵고, 너무 가까워지면 객관성을 유지하기 힘들다는 의미일 것이다. 결국 개인적 친분이 기사에 영향을 미치는 이해충돌conflicts of interest이 발생하지 않도록 일정한 '저널리즘적 거리', 즉 건강한 긴장 관계를 잃지 말아야 한다. 이해충돌은 기사의 공정성에 치명적 악영향을 미칠 수 있는 중대 사안이기에 개인적 노력에만 맡겨둘 수는 없다.

뉴욕타임스는 그런 취지에서 2004년 편집국 구성원이 취재 보도 과정에서 이해충돌을 피하기 위해 지켜야 할 행동 강령을 담은 『윤리적 언론*Ethical Journalism*』 핸드북을 만들었다. 이 가이드라인은 먼저 취재원들을 공정하게 공개적으로 대한다는 원칙을 제시하면서 협조의 대가로 우호적인 보도를 약속해서도 안 된다고 지침을 제시한다. 또 취재원과의 개인적 관계는 실제적 또는 외견상 편향을 방지하기 위해 극도로 신중해야 함을 강조하면서, 특히 출입처 기자beat reporter들은 취재원과의 개인적 친분이 편애favoritism로 발전하지 않도록 주의하도록 당부한다. 가이드라인은 기자들이 취재원과 비공식적으로 만나 식사를 하거나 술을 마시는 것은 취재상 필요하다는 점을 인정하면서, 중요한 것은 정당한 업무와 개인적 친분의 차이를 잊지 말아야 한다고 지적한다. 또한 취재원과 애정 관계romantic involvement는 더욱 편파성 문제를 낳을 수 있기 때문에 반드시 상사에게 알려야 하며, 필요한 경우 취재 임무에서 빠지거나 담당 분야를 바꾸도록 구체적으로 권고한다.

언론 환경이 아무리 바뀐다고 하더라도 언론을 언론답게 하는 기본적 조건은 취재 대상으로부터의 독립성이다. 그러기 위해서는 기자와 취재원 사이 독립적 관계도 중요하지만 뉴스룸의 독립성, 더 나아가 언론사의 독립성이 더욱 중요하다. 국내 언론들이 정치적으로는 진영 논리에 빠지거나 특정 정파에 우호적인 정파성을 보이고, 경제적으로는 수익을 극대화하기 위해 선정적 기사와 광고주에 편향적 기사를 양산하는 현실은 시민이 언론을 불신하는 이유다. 따라서 이 문제는 기자 개인보다는 언론사 차원에서 일체의 취재 대상으로부터 독립성을 지키겠다는 확고한 원칙을 표방하고 이를 실천하는 구체적인 행동에 나서야 한다. 예를 들면 보도에 영향을 미칠 수 있는 모든 이해관계를 최대한 투명하게 공개하는 원칙이 필요하다. 또한 뉴욕타임스 사례처럼 취재원과의 이해충돌을 피하는 세부 지침을 담은 취재 보도 준칙을 만드는 것도 하나의 방법이 될 수 있다.

데스크 칼럼, 선진 언론에 없는 돌연변이

박재영

사실과 의견의 분리는 언론인과 언론학자에게 영원한 고민거리다. 의욕적인 학자는 이것을 이론적으로 풀어보려고 덤벼들지만, 오히려 둘의 관계를 더 모호하게 만들 뿐이다. 아무리 깊이 논의해봐도 인간의 말과 글에서 의견을 배제하는 것은 불가능하다는 결론에 이르게 된다. 이론적인 논의는 헛바퀴 돌리기 같아서 언론인에게 유용한 지침을 주지 못한다. 이 사안은 실무적으로 접근해야 쉽게 이해되고, 무엇을 해야 하는지도 명료해진다. 일상에 매몰돼 좀처럼 성찰하지 못하는 한국의 언론인에게는 더욱 그렇다. 한국 언론인은 사실과 의견의 분리를 숙고해볼 좋은 기회를 여러 번 가졌지만 놓쳤다. 그중 하나는 신문의 지면 순서page order 변경이다.

사설이 신문의 끝에 배치되는 현재의 지면 순서는 2003년 초에 시작했다. 그전까지 사설은 신문 중간에 있었으며 현재의 사설 위치에는 사회면이 있었다. 중앙일보가 사설을 사회면 위치로 옮기려 한다는 말이 나돌자, 조선일보는 부랴부랴 세계의 신문을 뒤적이며 대응에 나섰다. 서구의 신문이 사설을 신문 끝에 둔다는 것을 모르지 않았지만, 막상 그렇게 하려니 큰 걱정거리가 나타났다. 그것은 '사회면의 약화'였다. 신문의 맨 마지막 면을 고가의 전면광고로 채울 수 있었던 것은 그 직전 면이 사회면이었기 때문이다. 그런데 거기에 사설이 오면 사회면은 신문 중간으로 이동해 주목도가 떨어질 수 있다. 무엇보다도, 사설의 주목도가 사회면만큼 높지 않으면, 맨 마지막 면에 있는 전면광고의 가격도 낮아질 수밖에 없다. 이것이 신문사의 고민이었다. 결국 지면 순서는 지금과 같이 바뀌었고, 중앙일보는 그것을 "일본 신문의 지면 배치를 따라왔던 우리 신문사의 100여 년 관행을 깨는 신호탄"이라며 "글로벌 기준에 맞는 신문 형태로 거듭난다"라고 자평했다. 한국 신문은 사설의 후진 배치를 사회면 약화나 광고 가격 하락과 같은 현실적인 걱정거리로 받아들였지만, 거기에는 사실 기사와 의견 기사의 구분이라는 근본적인 고민이 숨겨져 있다.

처음으로 사설이 신문의 끝에 배치되었을 때는 1970년이다. 뉴욕타임스는 사설과 독자 편지를 한 면에 모아서 싣고, 그 맞은편 면에 칼럼을 실었다. 전자가 '에디토리얼 페이지Editorial Page'이며 후자는 'OP-ED 페이지Opposite the Editorial Page'이다. 사설은 신문사의 가치나 사주·경영진의 철학을 담는 곳이며 칼럼은 신문사 외부의 시각을 소개하는 곳이다. 이 시각은 신문사와 일치하든 그렇지 않든 상관없지만, 신문사와 다른 시각이 칼럼의 본래 취지에 더 맞다. 그래서 지면 명칭도 '다른 쪽'이나 '반대편'이라는 뜻의 'opposite'이다.[10] 이처럼 뉴욕타임스는 상반되는 의견을 함께 보여줌으로써 공론장 형성에 이바지하고자 했다. 사설과 칼럼은 의견 기사이며 그 외의 모든 기사는 사실 기사다. 미국 신문이 의견 기사면과 사실 기사면을 완전히 분리한 것은 의견과 사실의 구분, 즉 사실 기사에 의견을 담지 않겠다는 원칙을 스스로 재확인하고 독자들에게 천명한 것이다. 이 둘의 구분이 신문 지면을 물리적으로 분리하는 정도에서 끝날 수 있는 일이라면, 여기서 이렇게 장황하게 논의할 필요가 없을 것이다. 이미 한국 신문도 사설과 칼럼이 실리는 면을 '오피니언'이라는 면머리[11]로 구분하고 있어서 하는 말이다. 미국 신문이 사실 기사와 의견 기사를 구분하려는 노력은 상상 이상으로 집요하다. 그것을 보여주는 좋은 예는 편집국과 논설위원실의 관계다.

대개 미국 신문사의 편집국과 논설위원실은 멀찍이 떨어져 있다. 두 조직을 서로 다른 건물에 둔 신문사도 많다. 이 둘은 서로 만날 필요 없으며 섞여도 안 되므로 아예 만나지 못하도록 하자는 취지다. 우리로서는 황당하기 그지없는 이 상황을 보충 설명해줄 몇 가지 사례가 있다.

뉴욕타임스는 2019년 9월 27일에 트럼프 대통령의 탄핵을 옹호하는 사설을 내면서 온라인판에 제임스 베넷James Bennet 논설위원실장 Editorial Page Editor의 글을 실었다. 아침에 신문에서 그 사설을 본 독자가 항의를 했는지, 그에 답하는 형식이었다. 베넷은 이 글에 "뉴욕타임스 논설위원실은 뉴욕타임스 편집국을 대변하지 않으며 논설위원들과

10 언제부터인가 국내 일간지는 외부 인사의 칼럼 마지막에 "본 칼럼은 필자 개인의 의견으로 본지의 편집 방향과 일치하지 않을 수 있습니다"라는 문구를 붙였고, 지금은 이것이 모든 신문에 통용되고 있다. 이 문구는 한국 신문이 칼럼의 의미를 전혀 모른다는 방증이다. 자기의 논조에 부합하지 않는 주장을 용감하게 싣지도 못한다는 점에서 비겁한 문구이기도 하다.

11 신문 지면의 맨 위에 적어 놓은 그 면의 명칭.

옥스-설즈버그Ochs-Sulzberger 가문[12]의 신념을 반영한다"라고 썼다. 이 말을 상세하게 부연해줄 또 다른 사례가 있다. 2000년 미국 대통령 선거 때의 일이며 선거 때마다 반복하는 일이기도 하다.

미국 신문은 정치적 지지 표명political endorsement을 할 수 있다. 뉴욕타임스는 2000년 대선 당일인 11월 7일 '이번 선거의 선택'이라는 사설에서 선거의 의미를 설명한 다음에 뉴욕타임스가 지지하는 후보 15명의 직책과 이름을 적었다. "대통령 앨 고어, 부통령 조 리버만, 뉴욕주 상원의원 힐러리 클린턴, 뉴저지주 상원의원 밥 프랭크…." 법상 이렇게 하지 못하는 우리로서는 그저 놀라울 따름이다. 뉴욕타임스의 사설 2주 전에 워싱턴포스트도 그와 유사한 사설을 냈다. 1,496단어의 이 사설 제목은 '앨 고어를 대통령에Al Gore for President'였다. 이 사설은 경쟁 후보인 조지 부시를 칭찬하면서도 "고어가 대통령이 될 역량을 갖추고 있으며 자기 역량을 펼칠 기회를 얻기 바란다"라고 끝맺었다. 아무리 법적으로 문제없다 하더라도 이런 사설에 항의하는 미국 독자가 왜 없겠는가? 실제로 항의가 있었는지, 워싱턴포스트는 사흘 후 답글을 냈다. 편집인 레너드 다우니 주니어Leonard Downie Jr.가 직접 썼다.

> 일부 독자는 워싱턴포스트 기자들도 워싱턴포스트의 사설이 지지하는 후보가 당선되기를 원할 것이기 때문에 뉴스에서도 그 후보를 우호적으로 보도할 것으로 믿겠지만, 전혀 그렇지 않다. 어느 후보를 지지할

---

12 옥스-설즈버그 가문은 1896년 뉴욕타임스를 인수한 이후 120년 넘게 경영을 이어오고 있다.

> 것인지는 오직 논설위원실과 사주 도널드 그레이엄Donald Graham이 결정하며 나와 나의 지휘를 받는 워싱턴포스트의 기자와 에디터는 사설에 나타난 정치적 표명이나 의견과 아무런 관련이 없다. 그리고 논설위원실장과 논설위원은 대통령 선거를 포함한 뉴스 보도에 어떠한 개입도 하지 않는다. 이렇게 워싱턴포스트의 뉴스 보도와 사설의 의견은 '정교분리separation between church and state'처럼 완전히 분리되어 있다. … 개인적으로 나는 투표를 하지 않는다. 워싱턴포스트의 최종 의사결정자로서 또한 한 개인으로서 어느 후보가 더 좋은 대통령이 될 수 있는지, 그리고 이 사안에 대해 내가 어떠한 입장을 취해야 하는지 결정하기를 거부한다. 나는 나의 마음이 모든 입장과 가능성에 완전히 열려 있기를 바란다.

미국 신문사에서 사실 기사와 의견 기사를 구분한다는 것은 이런 의미다. 그렇다면, 한국은 어떠할까? 한국의 논설위원실과 편집국은 과연 어떤 관계일까?

한국 신문사에서 논설위원실과 편집국은 멀리 떨어져 있지 않다. 거리가 가까워서 그런지 마음도 가깝다. 이 두 조직에 종종 발생했던 걱정거리는 "기사와 사설이 따로 간다"라는 것이다. 기사의 톤tone과 사설의 논조가 일치하지 않으면, 독자가 혼란스러울 수 있으며 자사 기자들도 의아해한다는 것이다. 몇몇 신문사는 이런 일을 예방하고자 논설위원 한 명을 편집국에 옵서버observer로 파견해 편집회의를 참관하게 했다. 편집회의에 올라온 사안과 취재 방향을 논설위원실에 전달하고, 논설위원실의 분위기를 편집국에 알려주는 역할이다. (이런 관계는 미국 신문 입장에서는 엉뚱하기 이를 데 없다. 한국 신문은 어쩌면 이토록 미국과 정반대일까?) 한국의 신문사는 편집국과 논설위원실이 동행해야 한다고 믿으며, 그렇게 되도록 애를 썼다. 편집국과 논설위원실의 인적 교류도 그런 차원에서 이뤄졌다.

원래 논설위원실은 편집국을 '졸업'한 기자가 가던 곳이다. 논설위원이 되면, 이제 더는 기자 일을 하지 않았다. 즉 은퇴할 때까지 의견 기사만 썼다. 그러나 언제부터인가 편집국의 중견 기자를 논설위원실에 보냈다가 2~3년 후 편집국으로 복귀시키고 있다. 이 관행은 다목적이다. 고령인 논설위원실에 '젊은 피'를 수혈하려는 목적도 있고, 편집국에서 유능하다는 기자가 얼마나 회사의 지향에 잘 따르는지 검증하는 목적도 있다. 이런 목적 자체야 탓할 수 없지만, 문제는 이들이 편집국으로 복귀해 다시 기사를 쓴다는 점이다. 말하자면, 어제까지 회사의 입장에 서서 정치 사설을 쓰던 사람이 오늘은 정치 현장을 취재해 기사를 쓰게 된다. 하기야 이보다 더한 기현상도 매일 벌어지고 있다.

신문의 데스크 칼럼은 편집국 부서장인 에디터editor가 오피니언 면에 쓰는 칼럼이다. 에디터는 원래 기자로서 줄곧 기사를 썼으니 글을 쓰고 싶은 욕망이 늘 있다. 자기가 맡은 지면을 잘 만드는 것 외에 글을 잘 쓴다는 평가도 받고 싶어 한다. 회사도 에디터의 글이 외부 인사의 글보다 더 좋으므로 데스크 칼럼을 권장한다. 칼럼 쓰기는 에디터 평가의 주요 요소이기도 하다. 에디터는 자기의 급에 맞게 대통령이나 재계 거물을 심판하고 정책에 훈수를 두는 묵직한 칼럼을 선호한다. 매일 전국의 모든 신문에서 볼 수 있는 장면이다. 현장 취재 기자도 덩달아 칼럼을 쓴다. 사회면에 800자 정도로 실리는 '기자수첩'이나 '기자의 눈' 같은 글이 그것이다. 신문사마다 이런 문패를 내걸어놓고, 현장을 누비는 젊은 기자들에게 칼럼 쓰기를 부추긴다. 현장 기자도 취재

잘한다는 것에 더해 글 잘 쓴다는 평가까지 받으면 최상이다. '기자수첩'을 안 쓸 이유가 없다. 요즘에는 차장도 안 된 기자들이 벌써 '기자수첩'은 후배에게 넘겨주고 데스크 칼럼을 노린다.

사회부장이 칼럼을 쓰면, 독자는 그가 무슨 생각을 어떻게 하고 있는지 알게 되고, 그런 선입견으로 사회면 기사를 보게 될 것이다. 사회부장이 나서서 독자에게 편견을 심어주는 꼴이다. 정치부장이나 문화부장의 칼럼도, 현장 취재 기자의 '기자수첩'도 이런 역효과를 내기는 마찬가지다. 데스크 칼럼이나 '기자수첩'을 읽다 보면 "이 좋은 내용을 기사로 쓰지 왜 칼럼으로 썼을까?"라는 생각이 들 때가 종종 있다. 기자는 기사를 쓰는 사람이지 칼럼을 쓰는 사람이 아니다. 신문의 정수는 기사이지 칼럼이 아니다(박재영, 2020). 신문은 기사로 승부를 내며 좋은 기사로 독자를 모은다. 칼럼은 준비와 작성에 시간이 많이 들기 때문에 에디터에게 큰 부담이다. 좋은 기사를 만드는 데 들여야 할 에너지를 칼럼에 뺏기는 셈이다. 독자에게 편견을 주는 것까지 고려하면, 데스크 칼럼은 이중으로 손해다. 미국 신문이 이런 짓을 할 리가 없다.

미국 유수의 신문사에서 에디터나 기자는 칼럼을 쓰지 않는다. 그것이 금지되어 있다기보다 아예 그런 생각 자체가 머릿속에 없다고 보는 편이 맞을 것이다. 에디터나 기자가 칼럼을 쓰는 것은 저널리즘이 아니라는 인식이 그들에게 확고하다. 미국 신문사에서 칼럼은 논설위원실이 전담한다. 외부 인사에게 맡기거나 논설위원이 직접 쓴다. 논설위원 중에는 사실상 외부 인사라고 해도 무방할 정도로 자사와 인연이 없는 사람들이 많다. 예를 들어, 2020년 뉴욕타임스 논설위원실은 실장을 포함하여 14명인데, 절반은 뉴욕타임스에서 한 번도 일한 적이 없다. 뉴욕타임스에서 일하고 타 언론사에서도 일해본 사람은 5명이며 뉴욕타임스에서만 일한 사람은 2명이다. 전자 5명은 뉴욕타임스를 거쳐 타 언론사에서 일하다가 뉴욕타임스 논설위원으로 영입됐다. 후자 2명은 줄곧 뉴욕타임스 기자로 일하다가 논설위원으로 승진했다. 뉴욕타임스 논설위원 14명 가운데 이 2명만 한국 신문사에서 논설위원이 되는 일반적인 경로를 그대로 밟았다. 뉴욕타임스가 동종교배를 피하면서 다양하고 상이한 경험과 시각을 얼마나 중시하는지 알 수 있다. 뉴욕타임스 논설위원이 다른 언론사로 가서 기자 일을 할 수 있겠지만, 뉴욕타임스에서 편집국 기자로 발령받아 기사를 쓰는 일은 없다.

앞에서 워싱턴포스트 편집인 레너드 다우니 주니어의 독자 답글을 소개했는데, 한국 신문사의 편집인은 이런 글을 쓰지 않는다. 누구도 편집인이 그런 자질구레한 일을 하는 사람이라고 생각하지 않는다. 하지만, 미국 신문사에서는 편집인이 그런 일을 한다. 이것도 사실 기사와 의견 기사의 구분과 연관된다. 미국의 대형 신문사에서 편집인Executive Editor은 뉴스의 총책임자이며 기자들의 빅보스big boss다. 한국과 결정적으로 다른 점은 편집인이 매일 편집국 편집회의를 주재하면서 뉴스 아이템의 선정부터 취재 방향까지 신문 제작을 총지휘한다는 점이다. 편집국장Managing Editor은 편집인의 지시를 받아 실무를 이행한다. 뉴스의 모든 것은 편집인이 결정하며 책임진다. 그래서 독자의 질문에 편집인이 직접 답하며 항의에도 직접 대응하는 것이다. 이미 설명했듯이, 뉴스를 제외한 사설과 칼럼은 논설위원실장이 관장한다. 편집인은 사설과 무관하며 경영과도 무관하다. 그런데 한국 신문사에서는 편집인이 어정쩡하기 이를 데 없는 직책이다. 편집인이 말 그대로 편집을 책임지는 사람인지, 회사를 대표하는 '얼굴'인지 신문사 내부 사람들도 잘 모른다. 한국의 편집인은 서열상 사주나 사장, 발행인 다음이며 외부 행사에 회사 대표로 참석하기도 하므로 경영인인 것 같기도 하다. 편집인이 신문 편집을 책임지는 사람이라면, 기사뿐 아니라 사설·칼럼도 관장하는가? 그렇다면, 편집인과 주필(또는 논설위원실장)은 어떤 관계인가? 한국 신문사에서 편집인의 직무는 불분명하다. 한 논문은 그런 혼란스러운 실태를 적나라하게 보여준다.

2015년 이충재 한국일보 논설위원은 한국언론학보 논문에 "[한국] 신문사에서 편집인은 경영진에 속하고 경영진을 대리하는 역할을 [한다]"라고 썼다(이충재·김정기, 2015: 166쪽). 그의 2014년 10월 조사에서 10개 종합 일간지 가운데 발행인이 편집인을 겸하는 신문사는 5개이며 편집인이 주필이나 논설위원실장을 겸하는 신문사는 2개였다. 신문사 회장이 편집인을 겸하거나 사장이 발행인과 편집인을 겸하기도 했다. 신문사마다 발행인, 편집인, 편집국장, 논설위원실 책임자가 매일 모여 회의를 하는데, 편집국 편집회의와 논설위원실 회의에서 정한 지면 계획서를 놓고 사안에 대한 논조와 뉴스의 크기, 배치를 의논했다. 이충재가 인터뷰했던 한 편집국장은 "편집인이 논설위원실에서 쓰기로 예정된 사설과 칼럼을 몰고한 적이 몇 번 있었다"라고 밝혔다. 편집인이 곧 주필이고, 사장이 곧 편집인인 이 엉망진창인 상황을 어떻게 이해해야 하는가?

사정이 이러하니 기자들의 입에서 "정파적인 뉴스를 생산하는 것이 왜 문제냐?"는 말이 나온다. 기자들은 독자가 정파적인 뉴스를 좋아하니 그런 뉴스를 제공할 의무가 있다는 말까지 한다. 신문의 정파성은 사설을 두고 하는 말이지 뉴스를 두고 하는 말이 아니다. 정파성을 생각해야 할 사람은 논설위원이지 편집국 기자가 아니다. '정파성의 생산과 소비'에 대한 기자들의 감각은 마비 상태가 아닌가 싶다. 시민들이 정파적이므로 언론은 더욱더 비정파적이어야 함에도 오히려 더 정파적이다. 사실 기사와 의견 기사에 대한 완전한 무지가 낳은 비극이다.

한국의 신문사가 지면 순서를 바꿀 당시에 누구도 이런 것을 고민하지 않았다. 미국 신문과 비교하면 한국 신문은 이미 너무 멀리 가버렸고, 세계적 표준에서 너무 많이 벗어났다. 데스크 칼럼과 같은 현재의 관행을 우리의 독특한 언론 문화라고 우기기보다 기형적 돌연변이임을 자각할 필요가 있다. 현장 취재 기자의 칼럼은 당장 없애야 하며 데스크 칼럼은 점차 줄이면서 외부에 맡겨야 한다.[13] 오피니언 면의 수요가 증가하고 경쟁력이 있다고 생각한다면, 그쪽 인원을 늘려서 보강하면 된다.

제이슨 블레어Jayson Blair의 기사 조작 사건을 조사하던 시갈 위원회Siegal Committee는 뉴욕타임스 기사 가운데 기자의 주관이 개입됐다는 오해를 살 수 있는 기사에 배경색을 넣어서 편집하도록 제안했다. 주관적으로 비칠 수 있는 기사는 편집을 달리해서 독자에게 사실과 의견 구분의 경각심을 주자는 것이다. 그것은 기사에 의견이 개입되지 않는다는 뉴욕타임스의 자기 다짐이자 대외 홍보였다. 뉴욕타임스의 이런 조치를 한국 신문은 어떻게 볼지 궁금하다.

---

13 취재 기자가 쓰는 칼럼의 주제는 매우 좋아서 칼럼으로 내버리기에는 아깝다. 칼럼의 주제로 기사를 쓰면 좋은데, 기자들이 막상 그렇게 하려고 하니 번잡하고 귀찮아서 적당히 칼럼으로 처리하는 것 아닌가 하는 생각이 든다.

언론의 자사보도Self-coverage

공익 추구를 저버린 언론의 사익 추구

이나연

2019년 한 해를 장식한 국내 종합편성채널의 프로그램 중 히트작은 단연 TV조선의 '내일은 미스트롯'일 것이다. 국내 최초의 트로트 오디션임을 내세우며 지상파 방송을 압도하는 시청률을 올렸고 후속 프로그램인 '내일은 미스터트롯'도 "종편의 역사를 다시 쓴다"는 자평이 부끄럽지 않을 만큼 인기를 모았다. 이제는 '트로트 열풍'을 일으킨 주역이기에 거의 매일같이 다양한 매체에서 관련 기사를 접해도 이상할 게 없다.

하지만, TV조선의 모회사인 조선일보의 보도 양상은 좀 다르다. 해당 프로그램에 대한 기사를 훨씬 이전부터 다뤘기 때문이다. 방송이 시작되기 전에는 "트로트 차세대 스타 오디션"이라는 예고 기사로(2019년2월28일, B07면), 조금씩 인기가 높아지자 "종편역사 새로 쓴 미스트롯걸"(2019년4월6일 A29면), "목요일은 미스트롯 14.4% 시청률 동시간대 1위"(2019년4월27일) 등의 기사를 연달아 내보냈고, 마침내 시리즈 기사로 '트롯맨 열전'까지 연재하기에 이르렀다. 그 결과, 조선일보가 1년 동안 지면에 게재한 '미스트롯' 기사가 무려 116건에 이른다.[14]

국내 언론사가 자사 홍보에 뉴스를 활용하는 관행은 조선일보만의 문제는 아니다. 동아일보, 중앙일보, 매일경제 등 종편을 자회사로 둔 신문사의 지면에서 자회사 종편의 프로그램을 예고하거나 소개하며 홍보하는 기사를 찾는 일은 어렵지 않다. 이런 기사는 방송 프로그램을 주로 다루는 문화면에 그치지 않고, 종합면, 오피니언면, 심지어 사회면에 실린다. 자회사 종편의 프로그램뿐 아니다. 신문사에서 진행하는 각종 문화사업, 국제 세미나와 같은 수익사업 등을 홍보하기 위해 지면을 활용하는 것도 쉽게 발견할 수 있다. 이러한 관행에서 방송사도 자유롭지 못하다. KBS, MBC, SBS 등의 지상파 방송도 시청료문제, 중간광고 이슈 및 광고총량제 등 자사의 이익과 관련된 이슈를 보도할 때, 겉으로는 '시청자의 시청권' '공공의 이익'을 내세우면서도 실제로는 자신들의 이익에 부합하도록 보도한다는 것은 실증적 연구를 통해서도 밝혀진 바 있다(정낙원 외, 2016).

언론사가 자사 혹은 자사의 이해관계가 얽힌 이슈를 보도하는 '자사보도/자기보도Self-coverage'는 저널리즘에서 오랫동안 중요한 연구 주

---

14 조선일보 인터넷사이트에서 '미스트롯'을 검색어로 입력한 뒤, 날짜를 2019년 2월 28일부터 2020년 2월 28일로 정하고 지면기사만을 검색하면 116건이 나온다.

제로 다뤄졌다. 시민들은 언론이 자사보도 이슈를 어떻게 다루는지를 통해 시민들이 언론에 기대하는 역할, 즉 "언론의 보도는 공공의 이익을 위한 것"이라는 원칙의 준수 여부를 확인할 수 있기 때문이다. 언론의 자기보도의 문제는 넓은 의미에서 볼 때 언론사 차원의 "이익의 충돌"로도 볼 수 있다. 이익의 충돌이란 전문가가 사적 이익을 추구하기 위해 자신의 전문가적 지위를 이용하고 자신의 이익을 의무보다 우위에 놓을 때 발생하는 것으로 여겨진다(Wilkins, 1995). 이러한 정의에서 볼 때, 자기보도는 언론이 추구해야 할 공적 가치와 자사 이익 추구라는 가치가 충돌하는 지점이며 이익추구를 위한 자기보도는 언론이 공공의 이익보다 자사의 이익을 추구하는 것이기에 이익의 충돌로 볼 수 있다. 이익의 충돌이 중요한 이유는 전문가로서 반드시 지켜야 할 윤리일 뿐 아니라 시민들이 자사의 이익과 관련된 이슈에서도 언론이 자사의 이익보다 공공의 이익을 추구한다는 사실을 확인할 때, 언론에 대한 신뢰는 두터워질 것이기 때문이다.

최근 변화된 언론 환경은 언론사 차원의 자사보도 이슈 문제가 더욱 불거지도록 만들었다. 과거에는 자사보도가 언론사 소유주에 대한 보도나 언론사가 직접 운영하는 사업에 머물렀지만, 최근 들어 언론사가 새로운 사업 영역에 뛰어들고 여러 자회사까지 거느리면서 자사보도의 범위도 넓어졌다. 이에 따라, 언론사가 이윤 추구를 위해 다양한 사업에 진출하면서 '같은 소유 구조 안의 기업들에 대한 보도'로 자기보도의 범위가 확장되었고(Dailey et al., 2005; Panis et al., 2015; Santin & Rubira, 2014) 그만큼 자기보도의 이슈가 불거질 가능성도 높아진 것이다. 미국에서도 기업의 언론사 인수가 잇따르면서 자기보도의 문제가 더욱 주목받았다. 소유구조의 변화가 언론사의 보도 관행에 미치는 영향, 그리고 미디어간의 교차홍보cross-media promotion의 가능성 때문이다. 예를 들면, 기업이 언론사를 인수할 경우, 해당 언론사가 소유주인 기업을 비판적으로 보도할 수 있을 것인지(Turow, 1994), 혹은 영화 오락 등의 엔터테인먼트사가 언론사를 인수했다면 소유주 회사의 작품을 더 자주, 우호적으로 보도할 것인지 등의 문제가 본격화되었다(Williams, 2002).

국내에서도 주요 신문사가 종편에 진출하면서 자기보도가 늘어나고 있다. 신문사와 방송사의 자사보도 이슈를 본격적으로 다룬 연구는 많지 않지만 최근 진행한 연구를 통해 자사보도에서 공익보다는 자사이익을 추구한다는 점을 확인할 수 있다. 예를 들면, 필자가 국내 연구자 4명과 공동으로 진행한 연구의 결과, 신문사들은 자회사 종편의 프로그램을 경쟁사 프로그램에 비해 더 많이, 그리고 더 우호적으로 보도한 것으로 나타났다(Lee et al., 2018).[15]

구체적으로, 이 연구에서는 종편이 개국한 2013년 1월부터 2016년 6월까지 종편을 자회사로 보유한 조선일보 중앙일보 동아일보, 그리고 이들 신문과의 비교를 위해 경향신문과 한겨레 등 5개 언론사에 게재된 종편 프로그램 관련 기사 1,012건을 분석했다. 그 결과, 조선일보에 게재된 전체 종편 관련 프로그램 기사 256건 중 206건(80.5%)은 TV조선 프로그램이었으며, 중앙일보에 게재된 기사 354건 중 318건(89.8%)은 JTBC 프로그램이었고, 채널A에 게재된 기사 232건 중 181건(78.0%)은 채널A 프로그램인 것으로 나타났다(<표 1> 참조). 다

---

15 이 연구에서는 자사보도의 유형을 소유주에 대한 보도, 자회사에 대한 보도로 나눠서 분석했으며 소유주에 대한 보도에서도 자회사에 대한 보도와 동일한 패턴을 확인했다. 보다 자세한 내용은 다음의 연구를 참조하면 된다.

<표 1> 5개 신문사의 자사 및 타사 종합편성채널 프로그램 관련 보도건수(단위: %, 건)

구분	TV조선	JTBC	채널A	방송업계	기타	합계
조선일보	80.5 (206)	4.3 (11)	1.2 (3)	12.5 (32)	1.6 (4)	100 (256)
중앙일보	0.8 (3)	89.8 (318)	1.7 (6)	6.5 (23)	1.1 (4)	100 (354)
동아일보	2.2 (5)	7.8 (18)	78.0 (181)	12.1 (28)	0 (0)	100 (232)
경향신문	8.9 (7)	44.3 (35)	12.7 (10)	34.2 (27)	0 (0)	100 (79)
한겨레	11.0 (10)	25.3 (23)	5.5 (5)	51.6 (47)	6.6 (6)	100 (91)
합계	231	405	205	157	14	1012

시 말해, 자회사 프로그램을 타사 자회사 프로그램에 비해 압도적으로 더 많이 게재한 것이다.

더 나아가, 각 신문사는 자회사 종편의 프로그램에 대해서는 대체로 호의적이나 중립적으로 보도했고, 타 신문사가 소유한 종편의 프로그램에 대해서는 부정적이거나 중립적으로 보도한 것으로 나타났다. 예를 들면, 조선일보가 보도한 기사를 긍정적, 중립적, 긍정적 기사로 구분해보면, 긍정적 기사 195건 중 195건(100%)은 TV조선의 프로그램이었고, 부정적인 기사 12건 중 JTBC 프로그램이 10건(83.3%), 채널A 프로그램이 2건(16.7%)이었다. 이러한 경향은 중앙일보나 동아일보도 크게 다르지 않았다. 중앙일보의 긍정적 기사 287건은 모두 JTBC 프로그램에 대한 것이었으며, 부정적 기사 8건 중 채널A의 프로그램이 6건으로 대다수를 차지했다. 동아일보도 긍정적 기사 167건은 모두 자회사 채널A의 프로그램을 다뤘으며, 부정적 기사 25건 중 15건(60%)은 JTBC의 프로그램이었고 4건은 TV조선의 프로그램이었다(<표 2> 참조).

방송사들도 자사의 경영과 관련된 이슈에서 이익을 추구하는 경향을 보인 것은 크게 다르지 않았다. 2016년 한국언론진흥재단이 후원

<표 2> 신문사별 종합편성채널 프로그램 보도 논조(단위: %, 건)

구분		TV조선	JTBC	채널A	합계
신문사	논조				
조선일보	부정	0(0)	83.3(10)	16.7(2)	100(12)
	중립	84.6(11)	7.7(1)	7.7(1)	100(13)
	긍정	100(195)	0(0)	0(0)	100(195)
중앙일보	부정	12.5(1)	12.5(1)	75.0(6)	100(8)
	중립	6.3(2)	93.8(30)	0(0)	100(32)
	긍정	0(0)	100(287)	0(0)	100(287)
동아일보	부정	16.0(4)	60.0(15)	24.0(6)	100(25)
	중립	8.3(1)	25.0(3)	66.7(8)	100(12)
	긍정	0(0)	0(0)	100(167)	100(167)

한 '한국 언론의 자기보도 관행' 토론회에서 같은 연구자들이 발표한 '방송정책과 관련한 언론의 자사이기주의 보도 실태 분석'에 따르면 지상파 광고 규제 완화와 같이 지상파에 유리한 주제에 대해서는 KBS, MBC, SBS 등 지상파 3사의 보도에는 찬성논조의 보도가 압도적으로 많았다(찬성 96.5%, 중립 3.5%). 이에 비해 방송통신발전기금 유예, 황금채널 배정 등 종편에 유리한 정책에 대해서는 지상파 3사의 보도는 우호적인 보도가 단 한 건도 없이 92%가 부정적이었다(<표 3> 참조).[16]

언론은 입법·사법·행정부에 이어 제4부로 여겨질 만큼 민주사회에서 중요한 역할을 한다고 인식되었다. 한 사회에서 정보를 제공하는

16 자사에 유리한 방송정책에 대한 각 언론사의 보도 성향을 분석하기 위해 광고 총량제, 지상파 중간광고 허용, 종편 승인 후 3년 동안 직접 광고영업 허용, 방송통신발전기금 면제, 8VSB 방식 허용, SO로부터 수신료 징수, UHD 서비스, 700MHz 배분 등 8개 정책에 대한 기사를 지상파 3사, 종편 4사, 종편의 모회사인 조선일보 중앙일보 동아일보, 그리고 진보와 중도 성향 신문사 각각 2개사 등 모두 14개 언론사에서 검색했다. 종편 사업자 선정 시기를 감안해 분석 기간을 2011년1월1일부터 2016년 6월 30일로 정했으며, 이 기간에 보도된 기사 총 861건을 최종 분석에 포함했다.

<표 3> 방송정책에 대한 매체별 보도 논조(단위: 건, %)

			매체					합계
			지상파	종편	조·중·동	한겨레·경향	한국·서울	
지상파 광고 규제 완화	논조	찬성	138 (96.5)	0	0	0	0	138
		반대	0 0	37 (97.4)	155 (97.5)	19 (79.2)	13 (72.2)	224
		중립	5 (3.5)	1 (2.6)	4 (2.5)	5 (20.8)	5 (27.8)	20
	합계		143	38	159	24	18	382

다양한 주체들과는 다른 그 무엇을 추구한다는 믿음이 있었기 때문일 것이다. 그 무엇이란 전문직으로서 훈련받아 취재하고 보도하고 시민들이 공감하는 가치—불편부당 객관 중립 등—를 추구하며 이를 통해 공익에 기여한다는 것이다. 반대로, 이러한 믿음이 무너질 때 언론은 한 사회의 구성원들에게서 지지를 받지 못하며 생존도 어려울 것이다. 한 학자는 "언론의 정통성legitimacy은 시민들이 기대하는 행동을 할 때 부여받을 수 있고, 정통성은 시민들의 지지를 이끌어내는 저장소a reservoir of support이며 생존을 위한 필수요건vital"이라고 말했다(Lischka, 2019).

국내에서 가장 오래된 언론사인 조선일보와 동아일보는 창간한 지 100년이 넘었다. 또 다른 100주년을 맞이하기 위해서는 자사보도가 시민들이 언론에 기대하는 기능에 충실한지를 냉정하게 되돌아볼 필요가 있다.

도를 넘어서는 자사 프로그램 홍보성 보도

자사예능·음악 프로그램의 홍보 창구로 남용되는 방송 뉴스

김경모

뉴스의 타블로이드화가 새로운 현상은 아니다. 매체 환경이 급변하고 시장 경쟁이 치열해지면 상업화 현상도 진화한다. 부쩍 눈에 띄는 정치 저널리즘의 오락화가 대표적이다. 그런데 저널리즘의 상업화 추세가 최근 한국의 방송뉴스에선 색다른 조짐으로 나타나고 있다. 방송 관련법은 자사 이해관계를 뉴스에 반영하는 것을 금지한다. 그럼에도 교묘하게 이를 피해가는 새로운 유형의 연성 기사가 각종 뉴스 프로그램에서 관찰된다. 방송뉴스가 자사의 예능·음악 프로그램을 홍보하는 창구로 남용되고 있는 것이다.

지상파 3사(KBS, MBC, SBS)와 종합편성채널 4사(채널A, JTBC, MBN, TV조선)를 대상으로 2020년 6월 1일부터 2021년 5월 31일까지 화제성 예능·음악 프로그램을 뉴스 소재로 다룬 기사에 주목해봤다. 7개 방송채널의 정규 뉴스에서 다뤄진 예능·음악 프로그램의 화

<표 4> 방송뉴스의 예능·음악 프로그램 연성 기사화 빈도(단위: 기사건수, %)

분류	채널	자사 프로그램 (%)	타사 프로그램 (%)	계 (%)
종편	TV조선	25 (96.2)	1 (3.8)	26 (100)
	채널A	11 (68.8)	5 (31.2)	16 (100)
	JTBC	21 (70.0)	9 (30.0)	30 (100)
	MBN	25 (73.5)	9 (26.5)	34 (100)
지상파	KBS	18 (51.4)	17 (48.6)	35 (100)
	MBC	27 (96.4)	1 (3.6)	28 (100)
	SBS	1 (33.3)	2 (66.7)	3 (100)
계 (%)		128 (74.4)	44 (25.6)	172 (100)

* 주: KBS는 지방총국의 뉴스 기사도 포함한 수치.

제성은 주간 가구 시청률(<닐슨 코리아> 기준)이 상위 20위 안에 한 차례라도 든 적 있는 프로그램으로 한정했다. 38개의 예능·음악 프로그램이 확인됐다.[17] 웹 스크래핑 코드(파이썬)를 작성해 <네이버 뉴스>에서 검색 가능한 방송사 뉴스 가운데 이들 프로그램의 제목을 포함하는 기사를 전량 수집했다. 추출된 7,986건에서 대다수인 온라인 전용 텍스트 기사를 제거하고 TV에서 실제 방영된 뉴스(505건)만 추린 뒤 하나씩 내용을 검토하며 소재 관련성을 따졌다. 키워드를 이용한 자동화 데이터 수집방법 때문에 포함됐지만 해당 예능·음악 프로그램과 무관한 기사는 분석에서 제외했다(본문에서 '1박 2일', '동상이몽' 같이 특정 프로그램명과 동음이의어가 등장하는 사례가 절대다수). 소재로 다루는 연예·음악 프로그램의 홍보성(또는 스캔들 같은 사건·사고와 가십성)이 짙은 내용을 선별한 결과, 최종적으로 172건의 기사가 선택됐다.

17 분석에 포함된 연예·음악 프로그램의 수는 방송사별로 KBS (9), MBC (7), SBS (5), TV조선 (7), 채널A (3), JTBC (5), MBN (2)이었다.

먼저, 종편과 지상파의 주요 방송뉴스에서 예능·음악 프로그램이 홍보성(스캔들과 가십 포함) 소재로 취급된 기사의 전반적인 패턴을 살펴봤다. <표 4>에서 보는 것처럼, 채널A의 16건에서 KBS의 35건에 달할 정도로 모든 방송사가 자사와 타사의 예능·음악 프로그램을 연성 기사로 자주 다뤘다는 사실(전체 월평균 2회 정도)을 알 수 있다. 1년 동안 단 3건의 기사화에 그친 SBS만 예외였다.

예능·음악 소재를 기사로 다루지 말란 법은 없다. 수용자에게 필요한 뉴스를 보도하는 것이 정도正道겠지만, 수용자가 원하는 뉴스도 다뤄야 한다. 핵심은 연예·음악 프로그램을 연성 기사로 보내도 원칙은 있어야 한다는 점이다. 그래서 방송채널마다 어떤 프로그램에 관심이 집중되는지 출처를 '자사 대 타사'로 구분해 보도 패턴을 비교했다. <표 4>는 자사와 타사 프로그램의 기사화 빈도차도 보여준다. KBS와 SBS를 빼고, 모든 방송사가 타사 프로그램보다 자사 프로그램을 훨씬 더 뉴스 소재로 삼았다는 사실을 확인할 수 있다.

TV조선과 MBC는 관련 기사가 다루는 소재의 95% 이상이 자사 프로그램에 집중됐다. 문재인 정부 들어 '정치적으로 대척점에 서있다'는 세평과 달리 두 방송뉴스의 상업주의 태도와 전략이 닮은 듯한 모양새다. TV조선의 뉴스에선 자사 연예·음악 프로그램을 직접 홍보하는 경향이 두드러졌다. 저녁종합뉴스에서 시청률이 높은 자사 예능·음악 프로그램의 출연자를 뉴스메이커로 인터뷰하거나, 해당 프로그램에서 주목받은 노래를 앵커 멘트에서 언급하는 식이다. 프로그램 관련 콘서트나 출연자 소식을 뉴스로 전하기도 했다. 정치소식을 전하면서 시청자가 자사 프로그램을 자연스레 연상하도록 유인하는 사례도 있었다. 한 정당의 서울시장 후보 경선 과정을 보도하면서 "'미스트롯'

같이 국민 참여 경선으로 진행하자"는 당내인사 주장을 기사 헤드라인으로 싣는 등 자사 프로그램의 은근한 홍보 효과를 꾀한 것 같다. MBC 뉴스는 자사의 특정 연예 프로그램에 한정해 기사화하는 경향이 뚜렷했다. 자사 프로그램 자체를 노골적으로 홍보한다기보다 어떤 이슈를 기사화하는 과정에서 자사 프로그램(출연자)을 예시로 드는 경우가 두드러졌다. 혼자 사는 1인 가구의 증가 추세를 다루는 기사에서 누구라도 쉽게 알아채도록 자사 예능 프로그램 화면을 끼워 보여주는 식이다.

상대적 비중은 낮지만 자사 예능·음악 프로그램에 쏟는 관심은 다른 채널도 마찬가지였다. 채널A는 예능·음악 프로그램을 소재로 다룬 기사 대다수가 자사의 특정 프로그램과 관련됐다. 해당 프로그램 출연자의 활동소식을 전하거나 뉴스토크쇼에서 패널들이 화제로 다뤘다. JTBC 역시 자사의 특정 음악 프로그램을 뉴스 소재로 다루는 비중이 높았다. 자사 프로그램 출연자를 뉴스 스튜디오로 초대해 인터뷰하는 방식이다. 덜 노골적이긴 하지만, 정치뉴스 토크를 진행하며 화제성 예능·음악 프로그램을 언급함으로써 알게 모르게 시청자가 자사 프로그램을 연상하도록 유도하기도 했다. 출연기자들이 굳이 자사 예능·음악 프로그램 이름을 말하면서 주무 의제를 다룬 것이다. MBN의 뉴스도 비슷했다. 내세우는 간판 프로그램과 관련된 소식을 직접 다루는 기사가 많은 비중을 차지했다. 자사 프로그램 출연자를 인터뷰하는 것은 물론, 헤드라인 자체를 예능·오락 프로그램에서 일어난 일이나 출연자 관련 소식으로 달기도 했다. KBS의 경우, 추석을 맞아 보냈던 언택트 공연이 큰 사회적 반향을 불러오면서 관련 소식을 여러 차례 기사화하는 사례가 눈에 띄었다.

방송사들이 자사 예능·음악 프로그램만 뉴스에서 소재로 다루는 것은 아니다. 자사 프로그램의 홍보성 보도에도 관심을 두지만, 타사 프로그램 관련 소재를 기사화한 사례도 적지 않았다. 특히, JTBC와 MBN에서 두드러졌다(각 9건씩). 채널A도 경쟁사 예능·음악 프로그램을 소재삼은 기사가 5건이었다. KBS 뉴스가 타사 관련 프로그램을 언급하는 경우도 관찰됐는데, 불미스러운 사건을 다루는 편이었다. 지역방송총국을 둔 조직편제 특성상, 며칠의 간격을 두고 지역방송을 옮겨가며 유사한 내용을 반복적으로 기사화하는 양상이 두드러졌다.

문제는 채널에 관계없이 타사 예능·음악 프로그램 관련 소재가 스캔들이나 폭력 같은 자극적인 사건·사고 아니면 부정적 이미지가 연상되는 해프닝과 가십이 대종을 이룬다는 점이다. 경쟁사 프로그램의 출연자가 '코로나19에 확진됐다'거나 '학교폭력 의혹에 휩싸였다'는 네거티브 아이템 위주다. 물론 해당 프로그램을 방영했던 방송사에선 뉴스로 취급하지도 않았다. 따라서 기사건수의 많고 적음이 본질은 아니다. 자사와 타사의 예능·음악 프로그램을 뉴스 소재로 활용할 때 작용하는 편향 또는 불공정이 심각성의 실체다. 자사 프로그램에는 밝고 흥겨운 이미지가, 경쟁 채널의 프로그램에는 어둡고 우울한 이미지가 연상되도록 이중 잣대의 상업화 전략을 구사했다는 추론이 가능하다. 예능·음악 프로그램의 인기에 편승하는 홍보성 화제는 자사 프로그램에 몰려있지만, 부정성이 각인되는 스캔들과 불미스런 사안은 시청률 경쟁을 벌이는 타사 프로그램이 그 대상이기 때문이다. 불균형이 마치 당연한 관행처럼 고착될까 염려스런 대목이다.

정통 뉴스 프로그램도 얼마든지 새로운 형식, 의제, 소재를 개발할 수 있다. 시대 변화에 발맞춘 독창적인 뉴스실험은 오히려 권장된다.

예능·음악 프로그램과 드라마도 참신한 뉴스 아이템으로 활용할 수 있다. 그러나 앞서 봤듯 방송뉴스의 현실은 창의성이나 실험정신과 거리가 멀다. 자사 프로그램 홍보를 지렛대 삼아 연성 소재를 기사화하는 시장 저널리즘의 유행을 확인할 따름이다. 흥미와 오락을 추구하는 예능·음악 프로그램의 인기와 화제성에 저널리즘이 영합하는 시류에 공·민영이 따로 없는 것 같다. 상업화 전략이 변형된 연성 의제를 통해 뉴스에서 교묘하게 구현되는 사례를 공공성의 업그레이드라고 부를 수는 없다.

방송 편성전략의 결과로서 '인접효과'는 검증된 이론 개념이다. 시청률이 높은 프로그램 사이 또는 앞뒤로 적절하게 편성·배열하면 시청률이 낮은 프로그램도 덩달아 시청률이 좀 올라가는 현상을 말한다. 그러나 인접효과의 아류亞流 전략이 공적 사안을 다루는 뉴스 프로그램에 동원되는 것이 달갑지 않다. 인기 높은 음악·예능 프로그램을 소재로 활용해 시청자 주목을 유인하고 개별 뉴스(아이템)의 시청률까지 끌어올리려는 의도가 엿보인다. 은근슬쩍 자사 예능·음악 프로그램을 홍보하는 기사, 아예 노골적으로 홍보하는 기사, 그러면서 경쟁 채널 프로그램의 인기몰이에는 스스럼없이 경계심을 드러내는 기사가 혼재한다. 한마디로, 누이 좋고 매부 좋은 식이다. 애교로 봐주거나 무시하고 넘어갈 뉴스 상업화(연성화)의 현장은 아닌 것 같다.

2장

사실 확인과 검증

He said, she said 저널리즘의 문제

이재경

한국 언론의 심각한 병증 가운데 하나가 "He said, she said 저널리즘"이다. "그는 말했다. 그녀는 말했다 저널리즘"으로 번역될 수 있는 이 저널리즘 관행은 미국에서 10여 년 전부터 쟁점이 됐었다. 2009년 무렵, 뉴욕대학교NYU 저널리즘 스쿨 제이 로젠Jay Rosen 교수의 도발적인 문제 제기로, 이러한 방식의 저널리즘은 여러 차례 미국 언론계에서 논란을 불러일으켰다.

간단히 말하면, 이 표현은 기사를 쓸 때, 누군가의 말에 전적으로 의지하는 보도 관행을 지칭한다. 트럼프 전 미국 대통령이 한국이 방위비를 큰 폭으로 올려주기로 했다고 트윗했다고 보도하거나, 이 메시지에 대해 한국외교부가 아직 합의된 사항이 아니라고 부인했다는 내용을 기사화하는 보도방식이 이러한 저널리즘의 사례가 될 수 있다.

요즘 한국 매체들의 보도를 보면, 정도의 차이는 있지만, 사설, 칼럼이나 탐사적 성격의 기사들을 제외한 대부분의 사실보도는 지극히 단순한 누군가의 말, SNS글 등만을 가지고 기사의 모든 내용을 구성한다. 다음 사례들은 2020년 6월 5일과 6일 사이 주요 신문이 온라인과 지면에 게재한 기사들의 일부다.

> 이용수 할머니 "위안부 팔아먹은 윤미향 벌 받아야 한다"
> 이탄희 "사법농단 때 겪은 공황장애 재발… 국회 잠시 떠나기로"
> 북한 "남측, 버러지 같은 자들 방치… 대북전단 조치 취해야"
> 日외상 "기업 자산 매각前 한국과 협의해 해결 원해"
> 뒤늦게 입장 바꾼 WHO "일반인도 마스크 착용 권장"
> 장제원 "김종인의 일주일, 화려한 잔치에 먹을 것 없었다"
> 김병수 강원FC 감독 "축구의 첫 번째는 결과"

매체 이름은 밝히지 않았다. 그러나 이러한 관행은 특정한 매체에서만 발견되는 현상은 아니다. 앞의 사례들은 모두 주요 일간지 홈페이지에 실제로 게재된 기사의 제목들이다. 분야를 가리지도 않는다. 이 사례를 보면, 정치, 사회, 국제, 스포츠 등 모든 취재 영역에서 이러한 기사쓰기가 광범위하게 실천되고 있음을 확인할 수 있다. 연예기사 경우는 이러한 경향이 더 두드러지게 드러난다.

He said, she said 저널리즘이 가장 강하게 드러나는 사례는 페이스 북이나 카카오 톡, 인스타그램 등 SNS를 취재원으로 하는 기사들에서다. 진중권 씨는 조국 사태 이후 한국 사회에서 강력한 메시지 발신자로 등장했다. 그가 페이스북에 글을 올리면 대부분의 언론사는 즉시 그의 글을 바탕으로 기사를 작성해 게재한다. 2020년 6월 4일쯤

최강욱 의원이 법정에서 조국 교수 가족 상황에 대한 증언을 바꾸자, 진중권 씨는 곧 바로 페이스북에 최 의원에 대한 자신의 생각을 써 올렸다. 다음 제목은 한 신문이 진씨의 페이스북 글을 바탕으로 출고한 기사에 붙였던 내용이다.

진중권 "최강욱, 야쿠자 의리만도 못해"

포털사이트에서 같은 기사를 검색해보니 줄잡아 20여개의 기사가 올라온다. 주요 일간지, 경제지들이 들어 있고, 여러 인터넷 매체들이 포함됐다.

당연히 뉴스 가치가 있기 때문에 기사화가 됐다고 짐작한다. 그러나 한편으로 한국 미디어와 기자들이 너무 속보 경쟁에만 매몰돼, 자극적인 정치언어를 아무런 자체 검증과 판단이 없이 상품화하고 있지 않나 하는 의구심을 떨구기 어렵다. 과거 조국 교수가 SNS 메시지를 적극적으로 포스팅할 때도 같은 현상이 되풀이 됐었다. 주류 매체가 소수의 SNS 스타들을 위해 확성기 노릇을 해온 셈이다. 그리고 그러한 추세는 여전히 현재 진행형이다.

이러한 현상을 디지털 생태계가 만들어내는 자연스런 결과물이라고 받아들일 수도 있다. 그러나 그러기에는 이러한 현실이 만들어내는 부작용이 너무 광범위하다. 또 기자 직업과 저널리즘이라는 사회제도의 가치가 너무 심각하게 훼손되는 현실도 걱정이다.

미국 언론계에서 처음 이 문제를 강하게 제기한 제이 로젠 교수의 주장을 보면, He said, she said 저널리즘의 문제는 무엇이 객관적 보도인가에 대한 철저히 왜곡된 이해가 그 출발점이다. 로젠 교수는 객관

보도에 대해 잘못된 생각을 갖고 있는 기자들은 누군가가 어떠한 주장을 펴면, 그 내용을 전달하면 된다고 생각한다. 그다음에 반대편 주장을 같은 방식으로 기사화하면 그 일에 관한한 기자는 책임을 다한 것이라고 생각한다. 대부분의 기자들은 그렇게 하는 것이 객관적인 자세라고 믿는다. 기자가 어느 편도 들지 않았기 때문이다.

로젠 교수는 이러한 생각이 잘못됐다고 주장한다. 한편이 고약한 거짓말을 했고, 다른 한 편은 진실을 말했을 경우, 양 측을 공평하게 전달하면, 기자는 해야 할 일을 제대로 못한 결과가 되기 때문이다. 로젠 교수에 따르면, 저널리즘은 거짓과 진실을 가려서 독자가 최대한 진실에 다가갈 수 있도록 정보를 제공해야 하는 의무가 있다. 따라서 극단적인 양자의 주장을 전하고 객관적 보도를 했다고 생각하는 기자는 대단히 잘못된 직업의식을 실천하고 있다는 것이 로젠 교수의 생각이다.

물론 적어도 양자의 주장을 균형감 있게 다루는 보도 자세는 나름의 장점이 있다. 일방적인 주장만을 진실이라고 전달하려는 위험을 견제할 수 있기 때문이다. 그러나 2015년 이후 뉴욕타임스나 공영라디오(NPR) 방송 같은 매체들은 공식적으로 "He said, she said 저널리즘"을 실천하지 않겠다고 선언했다. 로젠 교수의 문제 제기를 수용하고, 『저널리즘의 기본 원칙』에서 빌 코바치와 톰 로젠스틸이 주장한 진실 우선 원칙을 적극적으로 받아들이기로 했기 때문이다.

한국 언론계의 상황은 이러한 미국 언론의 성찰 움직임과는 거리가 멀다. 앞에 소개한 기사 사례들이 보여주듯이 한국에서는 He said, she said 저널리즘이 오늘 날도 거의 모든 매체들에 의해 매일 모든 지면에서 광범위하게 실천되고 있다. 게다가 이러한 문제의 심각성을 제기하고 개선을 요구하는 목소리도 거의 존재하지 않는다.

He said, she said 저널리즘과 관련해서 한국 언론 현장의 문제는 크게 세 가지로 정리해볼 수 있다.

첫 번째 문제는 한국 언론계의 현실은 기본적으로 양자의 주장을 반드시 취재하지도 않는 다는 점이다. 미국 언론계에서는 적어도 두 개의 대치적 주장은 같은 기사에서 함께 다룬다. 로젠 교수는 그러한 형식적 균형주의 뒤에 숨어 있는 잘못된 객관보도를 문제라고 지적해왔다. 그러나 앞에서 예시한 사례들에서 보듯이, 한국 언론계에서는 반대편 주장은 언급도 하지 않는 일방적 언술의 전달을 객관적 보도라고 인식하고 실천하는 현실이 일반화되어 있는 상태다. 누군가가 무엇이라고 말을 했다는 근거만 있으면, 진실 여부와 관계없이, 그 말을 보도해도 된다는 생각이 언론계에 널리 퍼져 있고, 그렇게 실천하고 있다. 이러한 보도 관행은 직업적으로는 대단히 저급하고 선정적이며, 사회적으로는 지극히 갈등 조장적이고 무책임한 커뮤니케이션 행태이다. 이러한 보도는 정파적 의식구도를 강화해줄 뿐 건강한 여론지형을 형성하는 데는 전혀 도움이 되지 않는 관행이다.

두 번째 문제는 이러한 기사 쓰기 틀에 의해 고착되는 기자직의 왜소화다. 일상적으로 누가 어떠한 말을 했는지를 받아쓰는 일이 기자가 해야 하는 일이라는 인식이 정착돼버리면, 기자는 지극히 단순한 메신저, 기계적 중계자의 처지를 벗어나기 어렵다. 2010년 오바마 대통령의 방한 회견에서 아무리 기다려도 한국 기자가 질문자로 나서지 않았던 상황은 안타깝지만, 이렇게 굳어진 한국 현장 기자의 자화상일 수도 있다. 청와대나 검찰청 기자실에서 고개를 묻고 발표자의 말을 받아치기에만 몰두하는 기자들의 모습도 수동적 기자상을 상징하는 이미지로 고정된 지 오래다.

코바치와 로젠스틸은 그들의 저서 『저널리즘의 기본 원칙』에서 기자는 이제 진실확인자authenticator여야 하고, 의미부여자sense maker여야 한다고 강조했다. 사실의 진실성을 검증하고 판단해야 하는 일이 디지털 시대, 기자가 수행해야 하는 가장 중요한 임무라는 뜻이다. 뉴욕타임스 기사들을 보고 있으면, 기사의 주인이 발화자가 아니라 기자이고 언론사라는 느낌이 강하게 다가온다. 기사가 전달하는 사안에 대한 기자의 판단과 그 판단에 기초한 제목과 리드, 너트 그래프 등이 분명하게 전달되기 때문이다. 반면에 한국 기사는 온통 따옴표 제목으로 기자의 존재감을 느낄 수 없도록 포장돼 있다. He said, she said 저널리즘을 빨리 탈피해야 기자의 자존감을 회복할 수 있게 된다.

세 번째 문제는 이렇게 고착된 기사 틀이 독자와 시청자에게 미치는 부정적인 영향이다. 세월호 사태를 거치며 한국 기자들은 기레기라는 치욕적인 별칭을 얻었다. He said, she said 저널리즘은 이러한 추세를 지속시키는 구조적 요인으로 작용할 수밖에 없다. SNS 메시지를 발신하는 사람들은 아무런 검증 없이 중계만 하는 기자들에 의해 대중의 영웅으로 등장하게 되고, 기자는 그들의 뒤를 따르며, 그들이 생산하는 메시지를 받아 나르는 단순 노동자로 인식되게 된다. 언론에 대한 존경심을 기대하기는 지극히 어려운 미디어 환경을 기자들 스스로 만들어가는 형국이다. 이러한 추세가 지속되면, 언론이 민주주의를 위해서 할 수 있는 역할을 대부분 상실할 수도 있다.

하루아침에 바꿀 수 있는 관행은 아니다. 그러나 이러한 보도 관행이 갖는 구조적 문제에 대한 경각심은 한시가 급하다.

취재 기자의 사실 확인 관행

사실 확인인가, 사실 만들기인가?[1]

김창숙

2014년 4월 16일, '안산 단원고 학생 전원 구조'라는 초대형 오보 이후 대부분의 신문과 방송은 기사, 칼럼, 사설, 프로그램을 통해 처절한 반성문을 연이어 작성했다(정철운, 2014. 5. 21.). YTN의 한 기자는 "제가 1보를 전했을 때 아이들이 다 살아 있었고 그때라도 사안을 제대로 알고 '여러분 거기 있으면 안 됩니다'라고 했었으면…"이라 말하며 후회의 눈물을 흘렸고, KBS는 뉴스에서 정부 발표를 받아쓰기만 했고 검증할 방법조차 찾지 못했다고 고백했다. 방송 리포트와 신문지면 외에도 기자들의 반성문은 이어졌다. KBS · MBC 기자들이 기자협회와 노동조합 명의의 반성문을 냈고, 한 기자는 삭발을 한 후 시청자 앞에 무릎을 꿇었다. CBS는 "기본을 지키지 않은 언론의 잘못은 어떤

1 이 글은 김창숙(2020)의 논문을 바탕으로 작성했다.

논리로도 비켜갈 수 없다"며 임직원 일동이 사과했다.

그로부터 6년이 지난 2020년 10월 28일, 대통령이 시정 연설을 위해 국회의사당을 찾았을 때 특정 의원에게 박수를 보냈다는 오보가 줄줄이 출고됐다[2]. 출입기자 수만 1,500여 명인 국회에서, 국내에서 가장 중요한 기사 중 하나인 대통령 관련 보도가 오보였다는 것은 현재 한국 언론이 수행하고 있는 사실 확인의 현주소를 보여준다.

취재를 하면서 확인해야 하는 사실은 기자가 직접 관찰한 사실, 직접 관찰하진 않았지만 목격하거나 경험한 취재원을 통해 수집한 사실적 진술, 그리고 취재원의 주장 등이다. 이들 각각은 추가로 취재한 또 다른 사실과 이해관계자들을 통해 확인되고 검증되어야 한다. 사실은 각각에 대한 의미 부여와 연결 방식에 따라 다르게 이해, 해석될 수 있기 때문이다(Arendt, 1961). 그래서 취재 기자는 단순히 직접 관찰과 취재원 인터뷰 등으로 몇몇 사실을 모아 기사를 쓰는 것이 아니라, 사실들을 검증하고 해석해 진실에 가까운지 확인한 후 기사를 작성해야 한다(Kovach & Rosenstiel, 2014). 이러한 사실 확인 역할은 저널리즘과 그렇지 않은 것(Kovach & Rosenstiel, 2014), 전문적인 저널리즘과 그렇지 않은 저널리즘을 구분하는 핵심이다(Schudson, 2018). 여러 커뮤니케이션 방식 중 저널리즘만이 유일하게 사실을 확인하는 과정에 초점을 맞추고 있으며, '사실의 관리인'이라는 책임을 규범으로서 부과하고 있다. 기사의 종류와 성격, 그리고 보도 시기에 따라 일부가 수행

2 2020년 10월 28일, 시정연설을 위해 국회를 찾은 문재인 대통령이 발전소 노동자 작업복 차림으로 1인 시위를 하며 중대재해기업처벌법 제정을 촉구하는 정의당 류호정 의원에 박수를 보냈다는 기사가 경향신문, 서울신문, 헤럴드경제 등 여러 언론에 보도됐으나, 실제로는 손 소독제를 문지르는 장면으로 밝혀졌다.

되지 않을 수 있지만, 궁극적으로 언론은 개별적인 사실부터 각각의 의미와 연결 방식까지 모두 확인해 종합적 진실에 가깝게 보도해야 한다.

그러나 줄 이은 반성문과 개선책에도 악화되고 있는 상황은 한국 언론의 사실 확인 관행을 되짚어볼 필요성을 제기한다. 이에 조선일보, 중앙일보, 동아일보, 한겨레, 경향신문, 한국일보 사회부 취재 기자 12명을 만나 인터뷰한 결과, 사실을 확인한다 말하면서도 사실이 아닌 것, 사실 여부가 확인되지 않은 것을 기사화하여 사실로 만드는 경향을 발견할 수 있었다. 취재 과정에서는 객관주의 원칙에 맞추기 위해 노력하지만 의도를 바탕으로 사실 확인을 했고, 기사 작성 과정에서는 객관성을 가장해 사실과 의견을 혼용하는 경우도 있었다. 구체적인 양상은 다음과 같다.

첫째, 취재 기자들은 방어적이고 소극적으로 사실을 확인하는 경향이 있었다. 기사와 관련된 이해관계자를 확인하는 것은 '기본'이라고 말할 정도로 중요하게 인식했지만, 실제로는 '소송'을 기준으로 사실 확인 수준을 정하고 있었다. 대부분의 인터뷰한 취재 기자는 "기사를 쓸 때 항의가 들어오거나 소송에 대한 위협, 또는 실제 소송으로 이어지는 경우가 이전보다 많아졌기 때문에" 신문사 차원에서도 이해관계자가 기사 내에 포함되었는지를 중요하게 여긴다고 말했다. 또 언론과 관련된 소송에 대해 매우 구체적으로 알고 있었다. 특히 사건 사고 기사의 경우 오보가 소송으로 이어질 가능성이 높기 때문에 '반론권을 가진 이해당사자'를 반드시 취재하고 있었다. 그러나 반론권과 관련 없는 이해관계자를 취재하는 경우는 드물었다.

둘째, 타사나 통신사의 보도를 참고해 기사를 작성해야 할 때, 기사에 드러난 취재원에게 이미 작성된 기사 내용에 대해서만 다시 확인하는 관행도 나타났다. 사실상 '우라까이'[3]지만, '베끼지는 않았다'는 면피성 취재를 하는 것이다. 데스크가 취재하지 못한 내용을 기사로 쓰라고 지시했을 때, 업무 시간이 끝난 후에 타사에서 나온 뉴스를 써야 할 때도 통신사나 타사 기사를 보고 기사에 나온 취재원에게만 확인해 기사 구조, 취재원 멘트 등이 다르지 않은 기사를 작성했다. 개별 사실이 정확한지, 사실 관계가 정확한지 검증하지 않은 채 '기사에 쓰인 사실이 실제로 존재한다'는 최소한의 확인만을 거친 후 "사실을 확인했다"고 주장하는 것이다. 이를 두고 기자들은 "내 이름을 달고 나갔지만, 내 기사 같지 않은 기사"라고 말하기도 했다.

셋째, 신뢰도가 높은 취재원, 예를 들어 출입처 취재원이나 검찰, 경찰 등의 발언은 "이거 좀 애매하다", "이상하다", "말이 안 되는 것 같다"는 게 아니면 다시 사실 확인 작업을 거치지 않기도 했다. 취재원의 폭로성 발언에 대해서도 적극적으로 발언의 내용을 확인하기보다는 "누군가 발언한 사실이 있다"는 것만으로 보도했다. 법원, 검찰 등 사법부에서 나온 보도자료와 취재원의 발언은 재확인하지 않았고, 행정부의 보도 자료와 취재원에 대해선 확인이 필요하지만, 급할 때는 확인하지 않아도 된다고 말했다. 입법부, 즉 국회에서 나온 보도자료는 국회의원의 홍보 자료가 많기 때문에 국정감사 자료라 하더라도 재확인을 해야 하지만, 보도 자료를 낸 기관에 일일이 확인을 할 수 없기

---

3 '우라까이'는 언론계 은어이다. 그러나 '우라까이'에 대한 정의는 기자들마다 달랐다. 기사의 소재와 주제의 유사성, 취재원을 통한 재확인 여부, 글의 유사성을 놓고, 일부 기자는 그것이 모두 유사하더라도 다시 취재를 통해 확인했고 본인이 다시 기사를 작성한 것이기 때문에 '우라까이'가 아니라고 판단했다. 또 일부는 소재와 주제가 통신사 뉴스를 통해 나왔고, 취재원도 같은 취재원에게 확인했으며, 기사글의 특성상 크게 다를 게 없는 스타일로 기사를 썼다면 명백한 '우라까이'라고 판단했다.

때문에 그대로 쓰는 상황이라고 말했다. 기업 및 시민단체에서 낸 자료와 정부부처 및 공공기관에서 배포한 홍보성 보도자료는 보도 자료를 만든 사람이나 관련 기관을 통해 재확인했다. 통신사나 타사 보도에 대한 사실 확인도 유사한 패턴을 보였다. 기자들은 발언 내용의 사실성을 확인하는 것에 대해 "'편한 길'을 택해 '포기'"했다고 말하면서, "그래도 저 사람은 나름대로 엘리트고 공무원인데"라는 정당성을 스스로 부여한다고 했다.

넷째, 취재 기자들은 기사 여부가 확정되기 전에는 다양한 사실을 수집해 그것이 실제 사실인지 확인하려는 노력을 기울였지만, 기사의 핵심 주제와 논조가 확정된 후에는 이에 맞는 사실들만 수집, 확인하는 '결과 맞춤형' 사실 확인 관행도 발견됐다. 취재 기자들은 제보자의 발언만으로는 기사가 안 되고 물증도 있어야 한다며, 개별 사실들을 수집하고 확인해 사안의 사실성을 확보하기 위해 노력했다. 그러나 기사화가 확정된 후에는, 데스크가 정해준 취재 방향에 대해서만 사실 확인이 진행됐다. 특히 데스크가 작성하라고 지시하는 '발주기사'는 예측된 결과를 바탕으로 사실을 확인하는 관행의 전형적인 모습을 보였다. 때로 현장 취재 기자보다 데스크의 판단이 더 크게 작용하니, 취재 기자는 취재원을 통해 주체적으로 사실을 확인하는 역할을 하는 것이 아니라, 데스크가 잡아준 핵심 주제를 취재원을 통해 실현시켜주는 것으로 스스로를 인식하기도 했다.

다섯째, 기사의 정파적 해석 가능성에 따라 사실 확인 과정이 달라지는 경향도 있었다. 정파성과 관련이 없는 기사의 경우 상대적으로 취재 기자의 판단에 따라 사실을 확인하고 있었지만, 정파성이 드러날 수 있는 기사는 데스크가 지시한 논조에 맞게 사실을 수집하고 있었다. 이러한 '결과 맞춤형' 사실 확인은 신문사, 데스크, 취재 기자의 사안에 대한 정치적 태도와 관련이 높았으며, 이러한 '주관성'을 바탕으로 한 사실 확인 행태는 사실 확인을 '객관적인 사실처럼 만들기 위한 행태'로 변질시키고 있었다. 논조가 다른 취재원에게 사실을 확인하기도 하지만, 분량이나 의미 부여를 다르게 해서 기사의 주요 맥락에서 벗어나지 않도록 하기도 했다.

여섯째, 전문가 취재원은 사실 확인이 아닌, 핵심 논조 강화를 위해 동원되기도 했다. 한 기자는 전문가 멘트에 대해 "회사의 논조가 정해져 있고, 내 관점이 정해져 있기 때문에 관점에 대해 말할 수 있는 사람을 찾는다"고 말했다. 문제는 논조로 인해 취재원이 한정되고, 비슷한 논조를 가진 취재원이 반복적으로 사용돼 신문사 논조가 더욱 고착화되면서 취재원이 취재를 거부하는 상황까지 벌어지고 있다는 것이다. 예를 들어 한 신문사의 경우 전교조와 민주노총, 민족문제연구소 등 일명 좌파 단체 등은 '공식적으로' 접근이 되지 않아 기사의 이해관계자라도 사실이 확인되지 않은 채 보도되고 있었다. 또다른 신문사 소속 취재 기자도 일명 태극기부대나 우파 단체에 대해서는 충분히 사실이 확인되지 않고 있다고 말했다. 정파성이 분명하다고 인식되는 언론사일수록 접근 불가 취재원이 더 많이 존재했다. 한편에선 '멘트봇'에 대한 얘기도 있었다. '멘트봇'은 '인터뷰를 잘 해주는 전문가 취재원', 즉 '멘트해주는 로봇'을 의미하는 언론계 은어인데, 이런 취재원은 취재를 하지 않은 채 "기자가 알아서" 쓰기도 했다.

일곱째, 객관주의 기사 작성 원칙과 관련된 특정 표현을 통해 확인되지 않은 정보를 사실화하는 경향이 있었다. '~에 따르면'은 사실 확인의 책임을 인용된 취재원에게 미루는 의례적인 표현이었다. 인터뷰한 모든 취재 기자들은 취재원 발언 내용의 사실 여부가 확인되지 않은 사안에 대해서도, 발언을 했다는 사실이 있기 때문에 일단 보도를 해야 한다고 답했다. 공인 취재원에 의해 언론이 이용당했던 경우를 설명하고 다시 질문했을 때도 마찬가지였다. 내용을 확인해야 할 필요가 있긴 하지만, "기자는 수사권이 없기 때문에, 그런 식으로 하면 보도할 수 있는 것은 법원에서 확정 판결 난 것 외에는 없으므로" 사실성이 확인되지 않더라도 보도해야 한다고 말했다. 이렇게 취재 기자에 의해 독자적으로 사실 확인이 되지 않았을 경우, 취재원의 신뢰도에 사실성을 의존할 때 쓰는 표현이 바로 '~에 따르면'이었다. 이러한 기술 방식을 통해 취재 기자는 소송의 위협에서 벗어날 수 있다고 생각했다.

모든 취재 기자가 사실을 철저히 확인하기 위해 노력한다고 말했지만 이러한 관행 하에 진행되는 취재는 사실 확인이 아닌 사실로 만드는 의례적인 작업인 경우가 많았다. 즉, 사실을 확인한다고 하지만 실제로는 수박 겉핥기에 그치고 있으며, 오히려 의견을 강화하는 작업인 것이다. 관행적으로 행하는 사실 확인 작업이 부실하니 줄 이은 반성문은 무용지물일 수밖에 없었던 것이다.

그날 화제가 된 이슈를 빠짐없이 기사화하고자 하는 백화점식 보도 원칙에 따른 1인당 작성 기사량 증가, 정파적 성향에 따른 선택적 사실 보도를 용인하는 언론사 분위기, 사실 확인이 잘 된 양질의 기사보다 포털에서 인기 있는 기사를 우대하는 왜곡된 보상 구조와 출입처 중심의 취재 제도로 인한 단편적인 사실 확인 문화는 사실 확인이 되지 않은 기사를 양산하는 구조적 원인이다(김창숙·최지향, 2021). 또 100여 년 전 리프만(Lippmann, 1922)이 객관적이고 통일된 방법을 통해 사실을 확인해야 하고, 이것이 저널리즘 교육의 핵심이어야 한다고 말했지만, 여전히 사실 확인 방법이 체계화, 구체화되지 못한 것도 사실이다(Kovach & Rosenstiel, 2014).

그러나 언론은 신뢰할만하고 의미 있는 뉴스를 제공할 수 있는 필수적 기반 시설, 인적 자원, 조직적 일과까지 가진 유일한 제도적 기관이다(Patterson, 2013). 무엇이 진실이고 진실이 아닌지 아는 것에 대한 책임이 개인들에게 넘어가고 있지만(Kovach & Rosenstiel, 2011), 저널리즘은 여전히, 그리고 이전보다 더 사실 검증의 책임을 부여받고 있다. 사회적 역할과 책임을 다하기 위해 언론은 책임감과 의무감을 갖고 사실을 확인해야 한다. 시민이 원하는 것은 언론의 반성문, 사과문이 아닌 사실 확인 과정의 실질적인 변화와 정확하고 진실에 가까운 뉴스다.

사실 확인을 중심으로 한 게이트키핑 관행[4]

김창숙

"이 기사는 사실 관계 확인을 충분히 거치지 않은 부정확한 기사였습니다."(조선일보)

"기사 일부에서 정확히 확인되지 않은 사실이 단정적으로 표현된 점 사과드립니다."(KBS)

2020년 8월, 조선일보와 KBS는 사실 관계가 불확실한 정보를 기사로 내보냈다가 이튿날 사과했다.[5] 두 기사 모두 취재 과정에서 사건 당사자에게 내용을 확인하지 않고, 논쟁적 사안에 대해 추가 검증도 하지 않은 채 단정적인 표현을 사용한 것이 문제였다. 더 심각한 문제

---

4 이 글은 김창숙(2020)의 논문을 바탕으로 작성했다.

5 조선일보는 2020년 8월 28일자 일부 지역판에 조국 전 법무부 장관의 딸 조민 씨가 세브란스병원 피부과를 찾아가 인턴을 부탁했다는 내용의 기사를 게재했다. KBS는 2020년 7월 18일 <뉴스9>에서 이동재 전 채널A 기자와 한동훈 검사장이 공모한 의혹이 있다는 보도를 했다가 다음 날 확인되지 않은 사실이었다고 사과 방송을 했다.

는 에디팅 과정에서도 부실한 기사가 걸러지지 않은 것이다. KBS 통합뉴스룸 국장은 KBS 시청자위원회에서 취재의 미흡함을 인정하면서 "토요일에는 통상 주간 국장단 중 한 명이 출근해 그날 기사를 총괄하는 역할을 하는데, 당직 국장 선에서 그 기사의 문제점이 제대로 걸러지지 못했다"며 "이 사건을 가장 잘 아는 사회부장, 사회주간, 담당 핵심 라인이 구체적이고 일관성을 갖고 스크리닝을 하고 있기 때문에 봤어야 하는데, 여러 사정이 겹쳐 제대로 걸러지지 못했다. 데스킹 과정에 오류가 분명히 존재했다"고 말했다(강아영, 2020. 9. 9). 조선일보는 명시적으로 게이트키핑의 오류를 밝히진 않았지만, 문제를 지적하면서 당사자에게 확인도 하지 않은 기사를 출고한 것은 게이트키핑이 정상적으로 작동하고 있지 않다는 것을 보여준다.

현재 한국 언론의 오보, 정파성, 사실과 의견의 혼용 등의 문제는 취재 과정의 문제이기도 하지만, 게이트키핑의 문제도 있다. 뉴스를 생산하는 과정은 다층적인 게이트키핑 체계를 거치며 품질이 관리되는 조직적 행위이기 때문이다(Redmond, 2006). 또 데스크는 취재 기자와 끊임없이 소통하며 조직 내 작동하는 실질적인 규범을 만드는 존재로, 이들의 인식과 행위는 기자의 취재와 보도 관행에 강력한 영향을 미친다.

데스크는 게이트키핑 초반에는 기초적인 사실을 바탕으로 기삿거리가 될지 여부를 판단하는 '선택과 배제' 업무를 한다. 하지만 초고가 작성된 후에는 기사에 중요한 사실들이 모두 포함되었는지, 제시된 사실들은 믿을만한지, 기사에 의견이 포함되지 않았는지, 종합적으로 진실에 가깝게 보도되고 있는지 등을 중심으로 검토한다. 기사는 독자에게 사건과 관련된 종합적 진실을 전달하는 것을 목표로 하기 때문에, 사실 확인을 중심으로 한 게이트키핑은 기사 선택, 배제를 중심으로 한 게이트키핑만큼이나 중요하다. 실제로 캡, 차장, 부장, 부국장, 국장 순으로 진행되는 다층적인 에디팅 시스템은 그 자체로 기사에 포함된 오류들을 걸러내 좋은 품질의 기사를 생산할 가능성을 높여준다. 이에 뉴욕타임스The New York Times, 워싱턴포스트The Washington Post, 로이터Reuters와 AP 등 주요 언론사의 윤리 강령과 업무 지침의 각 항목 마지막 즈음에는 "판단이 잘 서지 않을 경우 늘 데스크와 논의해 결정하라", "데스크에게도 사실 확인의 책임이 있다"고 쓰여 있다.

한국 언론사 편집국의 경우 데스크의 행위와 역할은 더욱 중요하게 작동한다. 기사 선택에서 취재, 편집에 이르는 전반적인 과정에 개인의 자율성보다 위계에 의한 조직적 결정이 더 우선시되고, 이로 인해 데스크에 의한 의도하지 않은 사실 왜곡이나 특정 관점의 지배가 자연스럽게 지면으로 연결되는 메커니즘이 작동하고 있기 때문이다(김동규·김경호, 2005).

그러나 앞서 소개한 조선일보, KBS의 사례와 같이, 현재 한국 언론의 게이트키핑, 특히 사실 확인을 중심으로 한 게이트키핑은 스스로 인정하고 사과할 만큼 부실한 경우가 많다. 실제로 포털 중심 유통으로 인해 포털에 더 빨리 게시되는 기사, 클릭 수가 더 많은 기사, 더 많은 기사를 생산하는 쪽에 보상이 되는 구조다 보니, 취재 기자와 데스크 모두 업무량, 속도가 증가해 게이트키핑을 철저히 하기 어려운 환경에 놓여 있다. 2021년 6월 조선일보 조국 일러스트 사건[6]에서 보듯, 데스

6 조선일보는 6월 21일 3인 혼성 절도단이 성매매를 원하는 50대 남성을 유인해 협박한 뒤 돈을 뜯어낸 사건을 다룬 '"먼저 씻으세요" 성매매 유인해 지갑 털어'란 단독 기사에서 조국 전 법무부 장관과 그의 딸이 등장하는 일러스트를 사용해 문제가 됐다. 이와 관련해 조선일보는 6월 30일자 신문 28면 한 면을 할애해 사건 경위와 재발 방지책을 자세히 다뤘다. 이 기사에 따르면, 조선일보 21일자 12면과 조선닷컴에 처음 게시될 당시

크의 게이트키핑을 거치지 않은 기사가 출고되고, 문제 발생 초기에 보고 체계가 작동하지 않을 정도다. 주요 신문(조선일보, 중앙일보, 동아일보, 한겨레, 경향신문, 한국일보) 사회부 데스크 12명을 인터뷰한 결과에서도 사실 확인을 중심으로 한 게이트키핑이 의례적이고 방어적으로, 의도를 바탕으로 진행되고 있는 관행이 발견됐다.

우선, 대부분의 데스크들은 취재 기자가 작성한 기사 내용을 "기본적으로 믿고 본다"고 말할 정도로 신뢰를 바탕으로 의례적이고 형식적인 사실 확인을 하는 경향이 발견됐다. 데스크 스스로도 "과도하게 신뢰한다"고 말할 정도로 취재 기자를 믿고 있었고, "취재 안 하고서 '이겁니다'라고 할 만한 사람은 거의 없다"는 전제하에 기사를 검토했다. "조직 문화가 기본적으로 신뢰가 없으면 일을 할 수 없기 때문에", "수습기자 때부터 훈련을 시키다 보니" 신뢰하지 않을 수 없다는 것이다. 인터뷰한 모든 데스크가 자사나 타사 기자의 표절 사례를 얘기하면서도, "한국 사회가 굉장히 좁기 때문에 바로 표가 나서" 주변 정황을 조금만 확인해 봐도 알 수 있다고 말했다. 이러한 전제하에 진행되는 에디팅은 개별 사실이 정확한지, 사실 간의 연결 관계나 의미 부여가 정확한지 따져보며 검토하기보다는 큰 맥락에서 이상이 없는지, 글의 문맥상 모순된 부분이 없는지 살펴보는 정도로 그치는 경우가 많았다. 사실 확인을 위해 취재 기자가 접촉한 취재원에게 직접 전화를 하고 실제로 거짓 취재한 것이 밝혀진 사례도 있었지만 이렇게 적극적으로 사실 확인한 것을 취재 기자가 알지 못하도록 취재원에게 요청하는 등,

---

일러스트가 없었지만, 해당 기자가 자의적인 판단에 따라 일러스트를 삽입했고, 일러스트 논란을 알게 된 후 조치를 취했지만, 이 과정에서 사회부 담당 데스크와 디지털 콘텐츠 책임자들은 일러스트 교체와 문제 발생 사실을 모르고 있었다.

이례적이고 해서는 안 될 일을 한 것처럼 인식했다. 데스크들은 사실을 확인하는 구체적인 방법도 명확하게 얘기하지 못했고, 경험과 상식을 바탕으로 타사 기사와 비교하며 사실을 확인한다고 말했다. 즉 통과 의례에 불과한 게이트키핑을 하는 것이다.

방어적으로 사실 확인을 하는 게이트키핑 관행도 드러났다. 인터뷰한 모든 데스크는 이해관계자에 대한 질문에서 '언론중재위원회'와 '소송', '반론권'을 떠올렸다. 게이트키핑 과정에서 가장 중요하게 확인하는 것은 반론권을 가진 핵심 취재원의 포함 여부였고, 종합적 진실을 밝히는 데 필수적인 다양한 이해관계자 포함 여부는 확인하지 않았다. 반론권을 가진 이해관계자 외에 다른 이해관계자를 생각해내지 못한 데스크도 있었고, 기사가 너무 복잡해진다며 다양한 이해관계자를 기사에 포함시키는 것을 지양하는 경우도 있었다. 즉, 데스크들은 표면적으로 명확하게 문제가 될 만한 항목에 대해서만 적극적으로 확인하고 있었다. 다양한 관점을 가진 취재원을 통해 사실을 확인하는 것이 중요하다고 말하면서도, 실제로 기사를 검토할 때는 그렇지 않은 경우도 있었다. 오히려 핵심 논조에 맞는 취재원이 포함되었는지, 핵심 논조가 매끄럽게 전달되고 있는지 살피며, '관점의 다양성'보다 '관점의 일관성'을 더 중요하게 여기고 있었다. 또 데스크 대부분은 취재원의 발언 내용이 사실인지 검증되지 않더라도, 발언한 사실이 있다는 것만으로 기사화될 수 있다고 말했다.

데스크들은 사안을 정확하게 파악하고 전달하기 위해 다양한 사실들이 수집되는 것보다 여론과 신문사의 논조에 맞는 '요구된 사실'이 포함됐는지 여부를 더 중요하게 고려하기도 했다. 게이트키핑 과정에서 독자, 여론, 또는 발행인에 의해 만들어지는 '핵심 논조'에 맞춰 여론의 흐름에서 벗어난 개별적인 중요한 사실들, 회사 논조와 다른 사실들이 무시되기도 했다. 데스크들은 "마녀 사냥할 때 동참해서 같이 '마녀다~' 하면 많은 경우 용서가 되고, 신문사 내에서 사회화되기 때문에 어쩔 수 없다"고 말했다. 형용사, 부사 등 표면적으로 문제가 되는 객관적인 표현들은 삭제됐지만, '알려졌다', '전해졌다' 등 무주체 피동형 문장은 의견을 드러내는 데 동원되기도 했다. 이는 기사에 정파성이 스며드는 방식이었다. 이에 모든 데스크들은 자사에서 쓴 기사에 나오는 무주체 피동형 문장에 대해선 "어쩔 수 없는 선택"이지만, 타사에서 그러한 표현을 쓰는 것에 대해서는 "관점, 의도를 은연중에 드러내는 방식"이라며 비판적으로 얘기했다. 게이트키핑 과정에서 동일한 사실이나 사안이라도 조직의 특성과 사회문화적 요구에 맞춰 해석을 달리하면서 기사의 비중과 강도를 조절할 수 있다는 이전 연구(김동원·김지현, 2017)와 유사한 결과다.

디지털과 인터넷, SNS의 발달은 사실 확인을 중심으로 하는 게이트키핑을 더욱 중요하게 만들고 있다(Singer, 2008). 뉴스의 휘발성과 단발성이 두드러지는 디지털 시대에 '신뢰'는 이전보다 더욱 중요한 가치로 자리매김하고 있으며, 이를 위해서 사실 확인을 중심으로 한 게이트키핑은 더 충실히 진행돼야 한다. 초고는 취재 기자가 쓰지만, 더 정확한 기사, 더 진실에 가까운 기사, 더 품질이 좋은 기사로 출고시키는 것은 데스크의 몫이다. 워싱턴포스트 자넷 쿡Janet Cooke 기자[7]의 데

7 워싱턴포스트(The Washington Post)의 촉망받는 기자였던 자넷 쿡(Janet Coooke)은 1981년 3대째 마약 중독자인 8살 지미를 주인공으로 흑인의 비참한 현실을 다룬 기사 '지미의 세계(Jimmy's World)'로 퓰리처상을 받았지만, 후에 이 기사와 그동안 작성했던 여러 기사가 거짓임이 밝혀져 상을 반납하고 언론사에서 퇴출당했다.

스크이자 연인이었던 스잘라비츠(Szalavitz, 2010. 10. 1)는 '지미의 세계 이후 30년'에서 다음과 같이 고백했다.

> 길거리에 사는 가난한 중독자 부모가 그들이 금단되지 않기 위해 필요한 비싼 약을, 중독되기까지 몇 주 동안 매일 8살 아이에게 주었을까 하는 의심을 했지만 쿡에게 물어보지 못했고, 다른 데스크에도 물어보지 않았던 점을 후회한다.

주장과 해석에 함몰된 한국 저널리즘

이완수

저널리즘의 일차적 임무는 '사실fact'과 '진실truth'을 밝혀내는 일이다. 기자들은 이 두 가지 원칙을 일상적으로 수행하는 사람들이라고 할 수 있다. 나는 오늘날 한국 기자들의 가장 치명적인 문제가 이 두 가지 원칙을 제대로 실천하지 못하는 데 있다고 생각한다. 그 한 예가 한국 사회를 뒤흔들었던 '라임-옵티머스 펀드사기 사건'이다. 이 사건은 사실과 진실 추구라는 저널리즘 원칙의 부재不在를 잘 보여준다. SBS가 2020년 2월 10일 이 사건을 처음 보도하고 난 후 시간이 꽤 흘렀지만 언론 스스로 후속 보도를 통해 드러난 사건의 실체는 아무것도 없다. 충분한 증언이나 문서와 같은 증거물은 찾아보기 어렵다. 언론이 그동안 한 일은 누군가의 주장을 전달하거나 해석하는 일이 전부였다. 이 사기 사건에 연루된 사람이 누구인지, 커넥션의 내막은 무엇인지, 피해 규모는 얼마나 되는지, 규정의 불법성은 무엇인지, 정치적 유착이 있는지, 명백한 증거는 존재하는지 제대로 알려진 것은 별로 없다. 대신 사건에 대한 '일방적인 주장'과 '사실이 빠진 해석'만 무성하다. 한국 언론이 보여주는 이런 '탈진실'사례는 숱하게 많다. 그런 점에서 한국 언론은 주장과 해석 저널리즘에 매몰되어 있다고 할 수 있다.

주장이나 해석은 누구나 할 수 있다. 주장이나 해석은 어려운 일이 아니다. 오늘날과 같은 소셜미디어 시대에는 주장과 해석이 더 극성을 부리기 쉽다. 문제는 누군가의 주장과 해석이 믿을 만한 사실에 근거해 나왔는가 하는 점이다. 주장이나 해석에는 늘 그러하지만 오염된 정보가 부풀려지기 마련이다. 누구든 자신만의 의견을 피력할 자격이 있지만, 자신만의 사실을 주장할 수는 없다(Shirky, 2014). 기자의 경우는 더더욱 그렇다. 기자의 임무는 누군가의 주장과 해석이 옳은지를 밝혀내는 데 있지, (기자) 자신의 의견을 주장하거나 사실을 멋대로 해석하는 데 있지 않다. 근거 없는 주장을 확인하고, 터무니없는 해석에 대한 정당성 여부를 검증하는 일이 기자들이 해야 할 사회적 실천 의무이다. 기자가 주장을 검증하고, 진실에 다가가는 일은 사회 공동체와 공공선을 위해 중요하다. 진실이 빠진 저널리즘은 권력자들이 책임을 회피하거나 영향력을 남용할 가능성을 제공한다. 이 과정에 공중이 더 큰 위험에 빠지는 것은 더 말할 나위가 없다(McBride & Rosenstiel, 2014). 하지만 한국 기자들은 진실은 고사하고, 기본적인 사실조차 밝혀내지 못한다. 누군가의 일방적인 주장을 듣고 보도하거나, 그들의 주장에다 기자 개인의 의견과 상상을 곁들여 해석하는 수준에 머물러 있다. 유감스럽지만, 주장과 해석에 파묻혀 진실이 안개 속으로 사라져버렸다고 할 수밖에 없다. 한국 언론에서 빈번하게 나타나는 '주장과 해석 저널리즘'은 매우 우려스럽다.

나는 (한국) 기자가 왜 주장과 해석에 게으르게 안주하고, 사실과 진실을 밝히는 실천적 의무에 다가가지 못하는지 이야기해보려고 한다. 나는 기자들이 정확하고, 객관적이고, 공정하게 기사를 작성해 보도해야 한다는 규범적 태도를 강조할 생각은 없다. 보도의 규범성이 중요한 것은 사실이지만, 이 규범의 문제는 너무나 자주 강조되어져 왔고 그 당위성에 대해서도 별 이론異論이 없다. 그리고 이 문제는 여러 갈래로 이미 판정이 나와 있다. 이에 반해 '합리적 행위자rational actor'로서 기자의 인지적 한계에 대해서는 별로 알려져 있지 않다. 기자는 존재론적으로 양면성을 갖는다. 하나는 사실을 공정하고, 투명하고, 객관적으로 전달해야 하는 규범적 존재로서의 기자이고, 다른 하나는 정보를 불완전하게 처리하는 감정적 존재로서의 기자이다. 전자는 사실을 치밀하게 확인하고, 이를 객관적 규범 체계를 통해 전달하는 이성적 행위자로서의 기능이 강조되는 반면에, 후자는 '제한된 합리성bounded rationality'에 따른 감정적이고 직관적인 정보처리자로 간주한다(Simon, 1957). 전자는 우리가 흔히 말하는 객관적 사실을 전달하는 '합리적 존재'로서의 기자상이다. 이에 반해 후자는 기자 역시 보통의 사람과 다르지 않게 비이성적이고, 감정적인 관찰자, 즉 '합리화하는 존재'로서의 기자상이다.

우리는 대부분 기자들에게 '합리적 행위자'로서 사회적 역할을 기대(또는 강조)한다. 이 때문에 우리는 기자들의 편향성 논란에도 불구하고 그들에게 정확하고, 객관적이며, 투명하고, 공정한 관점에서 보도하는 직업적 규범을 요구한다. 또한 논쟁적 시비에 대해 불편부당한 '공정한 플레이어fair player'로서의 역할을 해주길 기대하기도 한다. 그러나 기자들은 합리적이고, 이성적인 존재로서보다는 오히려 반대로 비이성적이고, 비합리적인 감정적인 존재로서의 모습이 더 두드러질 때가 많다. 우리는 기자들이 보도 과정에 정확하고, 객관적이고, 공정하지 못한 이유를 주로 그들의 규범적 태도에서 찾는다. 예를 들어 저널리즘의 규범을 기자의 개인적 철학이나 신념에서 찾거나, 뉴스 생산 조직의 작업 관행에서 찾거나, 권력이나 자본 압력과 같은 외부 환경에서 찾거나, 기자들의 정치적 이념에서 찾는 식이다(Shoemaker & Reese, 1996). 그렇지 않으면 기자의 사고 습관을 문화적 관습과 같은 사회문화적 요인에서 찾는다(이완수·배재영, 2017; 박재영·이완수·노성종, 2009; Zelizer, 1993).

기자들의 직업적 관행과 저널리즘의 원칙 상실은 상당 부분 위의 요인을 통해 설명되어온 것이 사실이다. 그러나 기자들이 정보를 수집하고, 처리하는 과정에 그들의 머릿속에서 무엇이, 어떻게 작동하는지 확인된 바는 별로 없다(Stocking & Gross, 1989). 기자는 사실을 규범적으로 전달해야 하는 직업인인 동시에 정보를 불완전하게 해석하고 전달하는 감정적 인간이기도 하다(Willis et al., 2003). 여기서 "기자는 합리적 행위자인가"하는 질문은 그들이 사안(혹은 정보)을 이성적이고 분석적으로 판단해 오류를 최소할 능력을 갖고 있는가 하는 명제와 연결된다. 한국 기자들에게 이런 질문은 더 절실하게 요구된다.

한국 기자들은 과연 우리가 생각하는 것처럼 합리적이고, 이성적이고, 논리적이어서 자신이 동원할 수 있는 모든 인지적 노력을 최대한 기울이는가 하는 점이다. 유감스럽지만, 나는 그렇지 않다고 생각한다. 한국 기자들에게서 지각, 주의, 기억, 계산, 판단에 있어 합리적이고, 모순이 없으며, 항상 불변적이라고 여길 만한 단서를 찾기는 쉽지 않다. 오히려 반대로 경제학자이자 인지심리학자인 허버트 사이먼(H.

Simon, 1957)이 지적한 것처럼 한국 기자들은'제한된 합리성'에 갇혀 직관과 편향의 오류를 빈번하게 범하는 쪽에 더 가깝다. 나는 한국 기자들이 판단(취재)과 선택(보도) 과정에 최적화된 기준보다는 적당한 수준, 즉 차선의 수준인 '만족화satisficing'하는 선에서 행동에 옮기는 편이라고 생각한다. 기자들의 이런 '제한된 합리성'은 그들이 허위 정보 생산자로 의심받거나 지각하지 못하는 가운데 허위정보를 생산 유포하는 매개자가 될 위험성을 만들어낸다. 증거를 찾고, 사실을 확인하고, 정보를 정교화하는 탐사적 보도와는 멀어진다(Ettema & Glasser, 1998).

나는 사회적으로 수없이 많이 제기되어온 허위 정보에 대한 시비 논쟁이 기자들의 과열 보도 경쟁이나, 과도한 의혹 제기나, 부실검증 때문 만이라고는 생각하지 않는다. 대신 나는 기자들이 지니고 있는 몇 가지 인지적 한계cognitive limit에서 근본적인 원인을 찾아야 한다고 생각한다. 그것은 허위 정보가 의도하지 않게 생산, 유포되는 근원적인 문제이기도 하다. 이 글은 우리가 기대하는 것처럼 기자들이 그렇게 이성적이거나 합리적 존재가 아니라, 반대로 직관적이고 감정적인 존재에 더 가깝다는 점에 주목할 필요가 있다는 점을 지적해보려고 한다.

첫째, 기자들은 어떤 불확실한 정보를 마주했을 때 사실을 검증하고 확인해보기 위해 우리가 생각하는 만큼 늘 최선의 인지적 노력을 기울이지 않는다는 사실이다. 기자들 역시 일반인들과 마찬가지로 본능적으로 '게으른 사고자lazy thinkers'이다. 그들은 사실을 확인하고 검증해야 한다는 저널리즘 규범의 압력을 받지만, 인간이 지니고 있는 인지 구두쇠cognition miser라는 근본적인 한계를 벗어날 수는 없다. 사람들이 자주 오류의 판단이나 추론을 하는 것은 그들이 지니고 있는 본능적인 인지절약cognitive saving의 습성 때문이다(Lau & Redlawsk, 2001). 그런 점에서 기자들도 다르지 않다. 기자들이야말로 제한된 시간 안에 불확실한 사실을 밝혀내야 하기 때문에 이런 인지절약 습성이 더 두드러지게 나타날 수 있다.

둘째, 기자들은 자신이 알고 있는 내용이나 정보를 바탕으로 이를 선택적으로 받아들여 해석한다는 사실이다. 기자들 역시 자신이 믿고 싶은 내용만을 중심으로 믿는 경향이 있다. 기자들이 취재 과정에 자신이 쓰고 싶은 내용에 부합하는 정보원의 말을 선택적으로 채택하는 관행이 대표적이다. 자신의 신념과 일치하면 허위 사실조차 사실로 믿는 경향(물론 항상 그런 것은 아니다)이 있지만, 반대로 자신의 신념과 일치하지 않을 때에는 사실조차 심리적으로 거부한다. 기자들의 이런 비합리적인 선별적 정보 선택이 바로 확증편향confirmation bias이다. 기자들은 자신이 선호하거나 신념에 부합하는 내용을 뒷받침하는 정보만을 증거로 받아들이기 때문에 사실이 아닌 거짓 정보를 생산, 유포할 가능성을 배제할 수 없다. 신뢰성이 낮은 취재원의 말을 의심하고, 단서를 찾고, 증거를 저울질해보는 노력을 기울이지 않을 여지가 많다.

셋째, 기자들은 자신의 생각과 다른 정보에 노출되었을 때 심리적으로 불편해하고, 어떤 식으로든지 자기 합리화를 통해 불편한 심리를 최대한 해소하려는 경향을 보인다. 이 과정에 기자들은 자신의 신념과 불일치하는 정보를 수용하기보다는, 대신 여러 이유를 동원해 합리화함으로써 자신의 신념과 외부 정보를 서로 일치시키려는 시도를 한다. 기자들에게도 일반인과 마찬가지로 인지부조화cognitive dissonance 현상이 취재와 보도 과정에 나타날 가능성이 얼마든지 존재한다.

넷째, 기자들은 정보 제공자source가 누구인가에 따라 관련 정보를 다르게 해석하는 이중적 태도를 보인다는 사실이다. 기자들은 정보원이 신뢰할 만한 것으로 인식하면 그 정보를 무비판적으로 받아들이거나 그 정보를 기존 관점을 강화하는 데 이용한다. 말하자면, 자신이 잘 알거나 자신의 세계관worldview과 부합하는 사람이 제공하는 정보에 대해서는 더 신뢰한다. 또 권위가 있는 사람이 제공하는 정보를, 그렇지 않은 사람이 제공하는 정보보다 더 믿는 심리적 편향성이 기자들에게 자주 나타난다. 비록 이치에 맞지 않는 무리한 주장이라도 그가 단순히 어떤 분야의 권위자라는 이유만으로 기자들은 그 주장을 맹목적으로 받아들이기도 한다. 기자들은 이 같은 권위자 편향authority bias (Dovelli, 2011) 때문에 사실을 검증 없이 수용해 전달하는 오류를 범한다.

다섯째, 특정한 목적에 따라 정보를 처리하는 동기화 추론motivated reasoning이 기자들에게 특별히 강화되어 나타날 수 있다는 사실이다. 기자들은 정보를 순수하게 받아들이기보다는 자신의 신념, 태도에 맞춰 정보를 추론하거나 해석한다는 것이다. 예를 들어 자신의 신념에 부합하는 정보만을 선택하는 확증편향, 자신의 신념에 배치되는 정보는 거부하는 반증편향, 자신의 신념과 일치하는 정보를 일치하지 않는 정보보다 더 설득력 있다고 인식하는 사전태도 효과 등이 기자의 직무 수행 과정에 개입할 수 있다(박진우, 2019). 보수 언론과 진보 언론이 정치적 논쟁 사건을 전혀 다른 관점으로 다루는 것은 같은 사안을 동기화 추론에 의해 자기 편의적으로 해석하기 때문이다.

여섯째, 기자들 역시 정보를 수용하는 과정에 보이지 않는 사회적 압력social pressure(Baum et al., 2017)으로부터 무의식중에 영향을 받는다는 사실이다. 기자들은 평소 사회적 신호나 외부 평판을 의식해 정보에 대한 판단과 선택을 한다. 기자들이 자신의 주변 사람들이 전해주는 확인되지 않은 정보를 수용하고, 공유하는 것은 그 집단의 일원으로 참여해야 한다는 압력을 느끼기 때문이다. 가령 여당 출입 기자가 여당 편향적이 되고, 검찰 출입 기자가 검찰 편향적으로 바뀌는 것도 이런 이유로 추론해볼 수 있다. 기자들은 자신이 속한 집단의 정보와 생각을 서로 공유함으로써 사회적 정체성을 구축해나간다. 이들은 허위 정보조차 서로 공유함으로써 '생각 공동체'(강준만, 2016)를 만들거나 '사실 인식의 양극화'를 형성한다(Geary, 2019). 출입처가 이런 '생각 공동체'와 '사실 인식의 양극화' 문화를 만들어내는 공간으로 작동한다.

일곱째, 맹목적 신념과 세계관이 비슷한 기자들은 집단의견에 동조하게 되면, 그 의견을 검증하기보다는 의견을 확신하고 방어하는 태도를 취한다는 사실이다. 기자들은 이 과정에 자신과 비슷한 집단에 속하는 사람들의 신념과 가치관을 지지하고, 수용함으로써 '내집단 편애 in-group favoritism'에 가담한다. 조선일보 기자와 한겨레 기자가 같은 사건을 두고 전혀 다른 집단적(예: 언론사 조직 문화와 가치) 사고를 하는 것도 이런 내집단 편애 때문이라고 할 수 있다. 거짓 정보가 걸러지지 않고 사회적으로 퍼져나가는 배경은 생각이 비슷한 사람들이 집단적 사고group think를 하기 때문이다. 이런 집단적 사고는 자신이 속해 있는 집단 규범을 내면화하고 그 집단의 관점에서 세상의 모든 문제를 바라보는 편향동화biased assimilation를 촉진시킨다. 한국 언론의 고질적 문제로 꼽히고 있는 정파적 보도도 편향동화라는 심리적 요인과 무관하지 않다. 이런 편향동화가 진실 정보를 외면하는 촉매제 역할을 할 수 있다.

기자들이 허위 정보를 분별해내지 못하거나 허위 정보를 생산하는 이런 심리적 기저에는 그들의 정보 처리 과정이 영향을 미친다. 이중과정 이론dual-process theory에 따르면 사람들의 인지 과정에는 크게 직감적, 연상적, 자동적, 감정적, 그리고 직관적으로 정보를 처리하는 시스템1 사고와 분석적, 통제적, 규칙적, 그리고 숙고적 과정을 거치는 시스템2 사고가 작동한다(Evans & Stanovich, 2013; Kahneman, 2011; 도모노 노리오, 2007). 우리는 오랫동안 기자들이 분석과 숙고의 과정을 거치는 시스템2 사고를 하는 집단으로 여겨온 게 사실이다. 기자들이 일상에서 수행하는 사실을 확인하고 분석하는 행위가 모두 시스템2 사고에 해당되기 때문이다. 그러나 상황이 불확실하고, 예측이 어려운 보도 현실에서 시스템2 사고를 지속하기는 쉽지 않다. 기자들은 무엇보다 불확실한 상황에서 새로운 사실을 찾아내야 하고, 특히 마감 시간이라는 제한된 시간 속에서 직무를 수행해야 되기 때문에 분석과 숙고의 시간을 확보하기 어렵다. 따라서 기자들이 분석적이고 숙고적인 정보 처리를 통해 의사 결정을 할 개연성이 상대적으로 줄어들 수밖에 없다. 기자들이 확률이라는 개념을 제대로 이해하지 못해 자주 인지적 착각을 일으키거나(G. Gigerenzer, 2015), 제한적인 합리성, 선험적인 판단, 마음의 제약, 그리고 제한적인 정보와 자원 등으로 인지적 오류를 범하는 것(Kahneman, 2011)도 이런 이유 때문이다. 허위 정보는 바로 기자들의 이런 '제한된 합리성'으로 인해 만들어진다고 볼 수 있다.

기자들이 이성적 존재로서 이상적 규범을 잘 준수하면 문제될 게 없다. 하지만 현실은 그렇지 못하다. 반대로 우리는 기자들이 자주 감정과 적대, 편향과 오류, 그리고 편견과 성찰 부재에 사로잡혀 있음을 본다. 나는 기자들이 합리적 존재로서 기자의 실천적 의무를 다하지 못한다는 점을 비판할 생각은 없다. 대신 나는 기자들이 합리적이지 못하고, 많은 경우 스스로 합리화하는 존재라는 사실을 인정할 필요가 있다는 점을 강조하고 싶다. 그래야만 기자들이 반성을 통해 합리적, 이성적, 비판적 판단과 함께 인지적 에너지를 투입해 사회 문제를 관찰, 분석, 숙고할 수 있기 때문이다. 사실 많은 기자들은 자신이 비합리적이라거나, 감정적이라거나, 직관적인 정보 처리를 통해 취재하고 보도한다거나 하는 사실을 쉽게 인정하지 않는다. 기자들은 스스로 절대적 진실자라는 신념을 벗어나 진실을 밝혀내려고 노력하는 감정적 인간으로서의 기자임을 상기할 필요가 있다. 언론학자 짐 윌리스(J. Willis, 2003)의 지적대로 기자 스스로 "인간으로서의 기자The Human Journalist"를 인정하고, 그 한계를 극복하는 노력을 기울일 때 진실 추구라는 저널리즘 원칙을 실현할 수 있다.

겉핥기는 이제 그만, 독자는 사건의 '속살'을 원한다

박재영

기사를 읽다 보면 가려운 곳을 덜 긁은 것처럼 찜찜할 때가 있다. "여기를 더 파보았더라면…. 왜 저기는 손도 안 댔지?"라는 아쉬움이나 "그래서 뭐가 어쨌다는 거야? 그 사람은 결국 어떻게 됐지?"라는 궁금증이 생긴다. 기사를 읽으면 의문이 풀려야 하는데 오히려 더 늘어난다. '좋은 저널리즘 연구회'가 지상파 3사의 2018년 뉴스를 분석해 보니 사안의 의문점과 평가, 비판까지 모두 보도한 리포트는 전체의 37.1%였다. 외국 방송 뉴스의 이 비율은 영국 BBC 48%, 일본 NHK 57.4%, 미국 NBC 65.7%였다. 찜찜한 구석 없이 개운하게 의문을 해소해준 뉴스가 미국은 10개 중 6개 이상이었고 한국은 4개 이하였다. 한국 방송 뉴스는 별로 심층적이지 않다. 신문 기사도 여러 연구에 나타났듯이 외국보다 덜 심층적이다. 방송이든 신문이든 뉴스 자체가 미흡한데 뉴스의 환경도 언론에 불리하다.

사람들의 지식수준은 높아졌으며 정보 검증 역량은 커졌다. 포털과 유튜브는 끝없이 사람을 빨아들인다. 기자들은 페이지 뷰를 높이려고 온종일 속보를 쓰고 조각난 기사를 양산한다. 없는 시간을 쪼개서 영상까지 만든다. 뉴스의 완성도가 낮아지고 품질은 나빠진다. 플랫폼이 다양해져서 뉴스 소비의 총량은 줄지 않았다지만, 문제는 뉴스를 소비하는 방식이다. 사람들은 뉴스를 건성으로 훑는다. 디지털 기술이 발달하면서 스캐너scanner 경향은 더 심해졌다. 언론은 "요즘 젊은이들은 뉴스를 보지 않는다"라며 그들에게 책임을 돌리는데, 대학생들의 생각은 다르다. "우리는 뉴스를 원하지만, 언론사가 만들어내는 그런 뉴스를 안 볼 뿐이다. 우리가 보고 싶은 뉴스는 따로 있다." 한 대학생은 "홍콩 사태의 배경을 알고 싶었는데, 그것을 설명해주는 기사를 도저히 찾을 수 없었다"라고 말했다. 이렇게 우군은 떠나가고 적들이 언론을 둘러싸고 있다.

우리 사회 누구도 언론 편이 아니다. 돌아서면 욕먹는 것이 기자의 숙명이라지만, 요즘처럼 심했던 적이 없다. 정치가 언론을 죽이는지 언론이 정치를 죽이는지 모를 정도로 두 집단은 극한으로 서로를 악용한다. 신문사 논설위원 회의 때 "우리는 지금 전쟁을 치르고 있다"라는 말이 서슴없이 나온다. 공무원과 기업인은 공생 차원에서 언론을 대할 뿐이며 법조계의 뉴스 리터러시는 바닥 수준이다. 언론에 제일 중요한 사람인 시민의 마음도 돌아섰다. 그러니 아무리 발버둥 쳐도 읽을거리, 볼거리, 즐길거리로서 뉴스의 경쟁력은 회복되지 않는다. 사람들은 뉴스를 믿지 않으며 기자를 수준 낮고 품위 없는 사람으로 비하하며 언론사를 자기 이익만 좇는 정치적인 조직이라며 헐뜯는다. 하지만, 아무리 암울하더라도 언론사 외부 환경과 내부 여건을 탓하며 끌려다닐 수

만은 없다. 냉정하게 자신을 바라보며 "우리에게 문제는 없는가?"라고 물어보아야 한다. 돈이 없고 사람이 없어서 못 하는 일이 있는 반면에 그런 것이 없어도 할 수 있는 일이 있다. 그런 일은 곧바로 실행할 필요가 있다. 그간의 '변화'로 흡족한 결과를 얻지 못했다면, 이제 '개혁'을 해야 한다. 뉴스의 개념을 바꾸는 것이다. 다만, 너무 거창하게 한꺼번에 하려고 하지 말고 차근차근히 해보자. 미래 소비자인 젊은이를 붙잡는 것부터 해도 좋다.

기성세대에게 뉴스는 '알아야 할 것'인 반면에 젊은이들에게는 '알면 유용하고 재미있는 것'이다. 젊은이들은 무엇이든 재미있으면 본다. 하지만, 재미가 없으면 돈을 준다 해도 안 본다. 여기서 재미는 복잡하게 생각할 필요 없이 그냥 시간 가는 줄 모른 채 무언가에 푹 빠지는 것이다. 그런 와중에 새로운 것을 알게 되고 배우고 이해하게 된다면 더 좋을 것이다. 예를 들어, 대학생들이 좋아하는 뉴닉NEW NEEK 같은 매체는 채소를 데치고 무치듯이 정보를 먹기 쉽고 맛도 좋게 가공한다. 정보는 남아돌고 재미있는 콘텐츠는 넘쳐나는 이 시대에 우리의 뉴스가 과연 그런 서비스를 하고 있는가? 뉴스는 오히려 그와 정반대, 즉 고매한 뉴스에 재미와 같은 저급함은 끼어들 필요가 없다는 분위기에서 만들어지는 것 같다. 언론의 고담준론은 모두 잊고 그냥 재미 하나만 목표로 삼아도 충분한데, 언론은 "재미를 추구하면 정보를 잃는다"라고 생각했다. 재미와 정보는 하나를 얻으면 나머지를 잃는 관계에 있지 않다. 둘을 동시에 잡을 수 있지만, 그렇게 하기가 어려우니 아예 재미를 도외시했던 것은 아닐까? 대통령 기사는 준엄해야 하고 연예인 기사는 발랄해야 하는 것이 아니다. 대상이 무엇이든 사안이 어떠하든 콘텐츠를 보는 재미가 있다는 것이 중요하다. 양식은 변함없이 뉴스의 정통을 따르되, 이런 감각으로 뉴스를 만들어보자는 뜻이다.

기사의 재미가 몰입과 감동을 유발하면 더할 나위 없는데, 그렇게 하려면 사건의 속살을 파헤쳐야 한다. 예를 들어, "낙하산 인사가 문제다"라는 식의 기사도 좋지만, 그런 낙하산들이 얼마나 일을 그르치는지 적나라하게 들춰내면, 사람들의 분노는 폭발할 것이다. "이용객이 없어서 유령 공항이 됐다"라는 기사도 필요하지만, 억지로 그런 공항을 만든 장본인을 만천하에 드러내면 사람들은 카타르시스를 느낄 것이다. 이렇게 깊숙이 파고들어서 명확하게 잘잘못을 가린다면, 사람들은 기자를 자랑스럽게 여기고 뉴스에 충성심loyalty을 가지게 될 것이다. 하지만, 현재의 뉴스는 그럴 역량이 없다. "이것이 문제다"라는 식의 보도가 겉핥기라면, 문제를 일으킨 장본인을 찾아내고 문제의 결과를 드러내는 보도는 속살 파헤치기다. "정말 열심히 했다. 애 많이 썼다"라는 칭찬으로는 부족하며 "와~"라고 하면서 입을 다물지 못하는 기사가 필요하다. 이렇게 압도적인 명품은 하루 한 개 만들기도 어렵겠지만, 그것을 목표로 삼아야 한다. 한국의 뉴스 소비자는 그런 기사를 보지 못했다. 그래서 불행하다. 요즘 사람들은 눈이 높아서 좋은 것이 무엇인지 금세 알아채므로 이들의 안목을 믿고 고품질 뉴스를 만들어도 된다.

품질 혁신, 공정 개선, 고객 감동, 도전 정신, 실험과 연구 개발…. 뉴스룸에 이런 말이 일상화하기를 기대한다. 디지털 모바일 덕에 좋은 뉴스는 가만히 놔둬도 스스로 퍼지면서 발광한다. 요즘 뉴스 소비의 키워드가 공유sharing 아닌가? 이런 뉴스 중 일부는 당일 소비를 넘어 언제라도 즐겨 읽히는 '에버그린 콘텐츠evergreen contents'가 될 것이다. 이런 전략과 노력이 뉴스 유료화의 길을 열어줄 것이다.

질문이 사라진 한국의 젊은 기자들

그들은 저널리스트인가, 타이피스트인가?

이완수

장면 1

2019년 9월 1일 조국 법무부 장관 후보자가 인사 청문회 준비를 위해 사무실로 출근하는 현장 풍경. 두 명의 기자가 사무실 건물로 들어서는 조 후보자에게 다가가 대표로 질문을 하고, 나머지 기자는 모두 바닥에 주저앉아 노트북 자판을 부지런히 두드린다. 일부 기자는 스마트폰으로 말을 녹음한다. 질문에 나선 두 명의 기자가 하는 질문도 서로 연결되는 질문이 아니라 파편화된 질문들이다.

장면 2

이어 9월 2일 조국 법무부 장관 후보자의 국회 인사 청문회가 무산되며 마련된 기자 간담회 자리. 조국 후보자가 미리 준비된 자신의 입장을 일방적으로 이야기하고, 기자들은 각자 노트북으로 그 말을 받아

타이핑하기에 바쁘다. 개별 기자가 하는 질문도 연결 없이 제각각이다. 기자 한 명이 한 번 이상의 질문을 하는 장면도 보이지 않는다. 질문이 서로 이어지지 않다 보니, 시청자 입장에서는 궁금증만 더 늘어난다.

앞의 두 장면은 시차만 다를뿐 마치 쌍둥이처럼 비슷하다. 나는 이 취재 장면을 지켜보면서 몇 가지 의문이 든다. '기자는 취재원의 말을 전달하는 메신저인가?', '내가 묻고 싶은 질문을 다른 사람이 대신할 수 있는가?', '기자의 한두 가지 질문으로 모든 의문이 풀리는가?' 그리고 더 들어가면 '기자는 누구인가?', '저널리즘은 무엇을 의미하는가?'라는 근본적인 질문을 하지 않을 수 없다.

조국 전 법무부 장관 후보자 인사 청문회를 앞두고 벌어진 한국 기자들의 이런 취재 풍경은 오늘날 한국 저널리즘 현실을 잘 보여준다. 요즘 한국 기자들의 낯익은 취재 풍경 중 하나가 기자 회견장에서, 사무실에서, 복도에서 그리고 길거리에서 주저앉아 노트북으로 취재원의 말을 열심히 받아치거나 스마트폰으로 녹음하는 장면이다. 냉정히 말하면, 한국 기자들은 정보를 수집, 분석, 해석하는 저널리스트journalist가 아니라 취재원의 말을 열심히 받아치거나 녹음하는 타이피스트typist 혹은 녹취자recoder다. 취재원의 말을 부지런히 받아치는(적는) 기자들의 모습은 언론 선진국에서는 드문 풍경이다.

펜과 취재 수첩은 기자의 상징이었다. 갖가지 정보를 취재 수첩에다 빼곡히 적는 필기 행위는 기자들의 오랜 취재 관행이었다. 인터뷰한 내용은 물론 현장에서 보고 들은 모든 정보를 펜으로 기록하고, 수첩에 담았다. 이 과정에서 기자들이 끊임없이 묻고, 되묻는 것은 자연스러웠다. 그 정보의 사실성을 확인하기 위해 교차 확인도 빠뜨리지 않았다.

그러나 오늘날 한국의 젊은 기자들은 질문으로 취재를 시작하는 저널리스트가 아닌, 취재원의 말을 열심히 받아치는(적는) 속기사速記士의 모습으로 바뀌었다.

질문은 모든 뉴스의 출발점이다(Scanlan, 2013). 질문 없이 만들어지는 뉴스는 이 세상에 존재하지 않는다. 기자는 질문을 하는 사람이다. 기자가 수집하는 많은 정보는 대부분 질문을 통해 모아진다. 질문을 하지 않는 기자는 기자가 아니다. 기자의 첫 번째 의무는 진실을 밝혀내는 데 있다(Kovach & Rosenstiel, 2021). 진실을 알리기 위해서는 "사실 확인"이라는 치열한 저널리즘 규율이 필수적이다. 사실을 확인하고, 진실을 알리기 위해서는 질문은 피할 수 없는 과정이고 절차다. 저널리즘 연구자인 빌 코바치Bill Kovach와 톰 로젠스틸Tom Rosenstiel이 지적한 것처럼 기자가 최우선으로 충성해야 할 대상은 시민이다. 기자들은 바로 시민이 궁금해하는 내용을 대신 확인해 알려줘야 할 의무를 지닌 사람들이다. 질문이 빠진 뉴스로 시민의 궁금증을 풀어줄 수는 없다. 기자가 질문하지 않으면 의심은 사라지지 않고, 의혹은 더 커진다. 기자가 취재원의 말만 받아쓰면 취재원의 일방적 주장과 의견만이 뉴스로 전달될 뿐이다. 오늘날 심각한 사회 문제가 된 가짜뉴스fake news도 기자의 치열한 질문이 없이 취재원의 일방적 의견이 기승을 부리면서 생겨난 현상으로 볼 수 있다. 우리가 알고 싶은 것은 취재원의 주장과 의견이 아니라 사건 속에 숨겨진 진실이다.

진실을 시민에게 전달하기 위해 기자는 묻고, 또 물어야 한다. 질문은 기자에게 피할 수 없는 운명이다. 질문은 어떠한 정보가 믿을 수 있는지를 검증하는 진실 확인의 수단이자 장치라고 할 수 있다. 질문 없이 만들어진 뉴스는 의미 없는 뉴스다(Kovach & Rosenstiel, 2021). 누군가가 말한 내용을 따옴표로 옮기기만 해서는 가치 있는 뉴스가 될 수 없다. 저널리즘의 근본 원칙인 진실을 밝히는 뉴스가 될 리도 만무하다. 우리가 의미 없고, 진실과 먼 뉴스를 읽거나 볼 이유는 없다. 모든 보도자료가 유튜브에 올라오는 오늘날과 같은 미디어 환경에서 누가 무슨 말을 했다는 사실은 별로 중요하지 않다. 우리는 세상에 드러나지 않은 진실을 기자들이 알려주길 기대한다. 우리가 기대하는 기자의 역할은 코바치와 로젠스틸의 말대로 의미 부여자sense maker이다.

저널리즘을 수행하는 기자는 단순히 사실을 논평하거나 해석하는 사람이 아니다. 저널리즘은 단순히 주장을 전달해주는 것에 그치지 않고, 사실 확인을 거쳐 맥락과 배경을 종합적으로 전달할 때 존재 가치가 있다. 어떤 문제에 대해 취재원에게 끊임없이 물어서 맥락과 해석을 곁들여 전달해야 하는 것이 저널리즘의 사명이다. 이를 위해 기자들은 취재원에 접근하고, 권력자를 심문하며, 정보를 파고들어 의미를 부여해야 한다. 기자가 감시자나 경비원이 되어 질문을 제기하거나 파고드는 활동을 멈추지 말아야 하는 것도 이런 직업적 의무 때문이다.

유감스럽게도 오늘날 기자들은 차분히 생각하고 따져 물을 수 있는 환경에 놓여 있지 못한 것이 사실이다. 대신 기자들은 컴퓨터로, 스마트폰으로 설익은 정보를 게이트키핑 과정 없이 내보내고, 소셜미디어를 통해 쏟아지는 정보를 처리하는 데 더 매달리도록 압력을 받는다. 누군가가 소셜미디어에 올린 글을 가져와 곧바로 전달하지 않으면 취재 경쟁에서 밀린다는 부담도 있다. 기자들은 정보를 수집하고, 분석하고, 해석하는 사람에서 정보를 전달하고, 전달받는 사람으로 변화하기를 강요받는다.

진실은 복합적이고 때로는 모순적이다(Kovach & Rosenstiel, 2021).

기자가 한 순간의 어떤 사실을 있는 그대로 전달했다고 해서 진실이 드러나는 것은 아니다. 언론이 취재원의 근거 없는 주장을 그대로 전달했다고 해서 저널리즘 의무를 다했다고 말할 수 없다. 어떤 사실은 기자가 씨줄과 날줄로 엮어감으로써 궁극적으로 진실에 도달하게 된다. 진실은 텍스트 속에 있지 않고, 콘텍스트(맥락) 속에 숨어 있다(Waisbord, 2018). 이는 기자가 의문의 구멍을 질문을 통해 촘촘히 메워나가야 하는 이유이기도 하다.

뉴스는 질문에서 출발하지만, 좋은 뉴스는 질문만으로 만들어지지 않는다. 좋은 뉴스의 완성은 어떻게 질문하는가에 달려 있다. 좋은 연구가 정교한 방법에 의해 완성되듯이, 좋은 뉴스는 체계적인 질문을 통해 만들어진다. 필 마이어Phil Meyer 미국 노스캐롤라이나대학교 저널리즘스쿨 교수의 지적대로 기자들은 취재 과정에 사회과학적 방법을 사용할 필요가 있다. 체계적이고 객관적인 방법으로 정보를 수집하고, 분석하고, 해석해야 한다. 질문도 마찬가지다. 일방적인 주장을 정교한 질문을 통해 맥락화하고, 과학적인 방법을 통해 질문을 재구성할 필요가 있다.

전직 뉴욕타임스 기자였던 미르타 오히토Mirta Ojito는 인터뷰 질문과 관련해 매우 흥미로운 이야기를 했다. "나는 인터뷰할 때 취재원과 채팅chatting을 한다." 오히토의 말은 채팅하듯이 취재원과 질문을 주고받으며, 의문이 들면 계속 묻는다는 것이다. 한국 기자들은 어떤가? 그들은 끊임없이 꼬리에 꼬리를 무는 질문을 하는가? 의문에 대해 질문을 멈추지 않는가? 앞의 예에서 보았듯이 '그렇다'라고 말하기 어려울 것이다.

언론학자인 칩 스캔란은 기자가 인터뷰 취재를 할 때 유념해야 할 세 가지 방법을 제시한다(Scanlan, 2013). 첫 번째 방법은 개방형 질문이다. 그의 말에 따르면 기자는 '어떻게how', '무엇을what', '어디에서where', '언제when', '누가who', 그리고 '왜why'를 중심으로 질문해야 한다고 말한다. 그것은 완성된, 그리고 정확한 기사를 만들기 위해 풍부한 정보를 수집하는 데 유용한 방법이라는 것이다. 어떤 사건의 실체는 육하원칙의 요소들을 확인하는 과정에서 드러난다. 그것은 끊임없이 물어서 의문을 줄여나가는 인터뷰에서도 마찬가지로 적용된다.

두 번째는 폐쇄형 질문이다. 이 방식은 제한적으로 적용하는 것이 좋지만 때로는 반드시 필요하기도 하다. 이 방법은 기자가 직접 알고 싶은 내용을 꼭 집어서 묻고 싶을 때 사용한다. 예를 들어 "당신은 회사의 공금을 횡령했는가?"와 같은 질문이 이에 해당한다.

세 번째는 이중double-barreled 혹은 삼중triple-barreled의 질문을 동시에 하는 방식이다. 예를 들어 "경찰은 왜 학생들에게 최루탄을 쐈습니까?", "당신이 명령을 내렸습니까?"라는 질문을 동시에 하는 것이다. 이것은 그다지 좋은 질문 방법은 아니다. 이중, 삼중으로 겹치는 질문은 취재원이 말하고 싶지 않은 질문은 피하고, 덜 난감한 질문에 답하도록 유도하는 데 도움을 줄 뿐이다(Scanlan, 2013). 이는 진실을 밝혀내야 할 기자 입장에서 보면 하등 도움이 되지 않는 어리석은 질문에 지나지 않는다. 어느 취재원이 자신에게 불리한 질문에 꼬박꼬박 답변하겠는가?

커뮤니케이션 연구자들은 "그를 성실하고 배려심 있는 사람이라고 생각합니까?"와 같은 중의적인 질문은 가급적 피하라고 조언한다. 그런 중의적 질문은 비체계적으로 보이기 때문이다. 기자 역시 한 번에 한 가지 질문을 하는 것이 바람직하다. 어떤 취재원도 두 가지 질문에 모두 친절하게 답할 가능성은 많지 않다. 그 취재원이 말하고 싶지 않은 범법 행위에 연루돼 있다면 더 말할 필요도 없다. 기자들이 속사포처럼 질문을 쏟아내는 것도 좋은 질문 방법은 아니다. 기자의 임무는 질문했다는 사실 자체가 아니라 질문을 통해 답변을 얻어내는 것이다.

취재원에게 답할 시간도 주지 않은 채, 질문을 쏟아내는 것은 한심한 취재 방식이다. 질문을 했으면 다른 질문으로 넘어가기 전에 잠시 뜸을 들여라. 사람은 본능적으로 침묵을 싫어한다. 그 침묵을 어떤 식으로든지 메우려고 하므로 기다리면 그들은 무엇인가를 이야기한다. 워싱턴포스트 기자인 브래디 데니스Brady Dennis의 말대로 침묵은 때로 대화의 문을 열게 한다.

그렇다면 한국 기자들은 어떤 질문 방식으로 취재를 할까? 안된 이야기지만, 앞에서 기술한 가장 나쁜 방법으로 인터뷰를 하고, 질문한다는 것이 나의 생각이다. 한국 기자들이 취재 현장에서 질문하는 법을 보고 있으면 가장 바람직하다는 첫 번째 방법인 개방형 질문 방식은 별로 보이지 않는다. 육하원칙에 입각해 사실을 논리적으로 파고드는 질문은 찾아보기 어렵다. 이는 공식 기자 회견장에서도 마찬가지다. 한국 기자들은 어떤 문제에 대해 집요하게 연속적으로 묻는 법이 별로 없다. 모든 질문이 다 제각각이다. 파편적인 질문을 하다 보니 의문만 더 커진다. 의문이 풀리지 않고, 답변이 논리적으로 맞지 않으면 반박 질문을 하고, 계속 질문을 이어가는 것이 사회과학적 질문 방식이다.

한국 기자들이 비교적 자주 사용하는 것 가운데 하나가 두 번째 질문 방식인 폐쇄형이다. 그러나 이 질문 방식은 사안을 단편적으로 확인할 수는 있지만, 맥락을 파악하기 어렵다는 단점이 있다. 질문이 서로 유기적으로 연결되지 않으니 사실이 파편적으로 전달될 수밖에 없다.

가장 빈번한 질문 방식이 세 번째의 이중 또는 삼중의 중의적 질문 방식이다. 이 방법은 스캔란의 말대로 취재원이 답을 할 필요성을 차단하는 질문 방식이다. 취재원으로부터 무엇을 알아내고 싶은지를 명확히 보여주지 못한다. 속사포처럼 질문을 쏟아내는 방식도 한국 기자들의 취재 현장에 자주 보인다. 이 경우는 기자가 시원하게 질문은 하지만, 취재원으로부터 어떤 답변도 얻지 못한다. 기자는 질문했고, 취재원은 침묵했다는 것이 더 정확한 표현일 것이다. 기자 회견장에서 치열하게 묻고, 끈질기게 물고 늘어지는 미국 기자들의 모습은 한국 기자 사회에서는 찾아보기 어렵다. 대통령으로부터 모욕적인 말을 들으면서도 끝까지 불편한 질문을 멈추지 않는 미국 기자들의 용기를 보면 사실 부럽기까지 하다.

기자가 맥락을 갖추고, 진실에 이르는 뉴스를 생산하기 위해 질문을 어떻게 하는지는 매우 중요하다. 질문 없이 뉴스가 나올 수 없지만, 나쁜 질문 방식으로 좋은 뉴스를 만들어낼 수도 없다. 과거에는 뉴스가 '나를 믿어라Trust me'라고 하는 시대였다. 그것이 의견이든 주장이든 뭔가를 보여주는 것이 중요한 시절도 있었다. 하지만 오늘날은 독자가 '나에게 보여주세요Show me'라고 말하는 시대다. 사건을 단순히 기록하고 전달하는 것으로 기자의 의무가 끝나는 것이 아니다. 기자는 사실의 정확한 기록자임과 동시에 진실을 드러내는 사람이어야 한다. 질문 없이는 정확한 기록을 할 수 없고, 진실을 드러낼 수도 없다.

나는 한국의 젊은 기자들이 사실을 받아 적는 타이피스트가 아니라, 사실을 체계적으로 묻고, 분석하고, 해석하는 사회과학적 식견을 갖춘 저널리스트가 되길 기대한다. 그래야만 사실에 진실의 날개가 달리고, 가짜뉴스 같은 사회적 유령이 사라질 것이다.

삼각확인도 진실 검증도 없는 인터뷰 기사

박재영

'취재'라는 단어를 떠올리면 당장 인터뷰가 생각난다. 뉴스가 다루는 세상만사는 결국 사람의 일이므로 기자가 취재하면서 사람을 인터뷰하는 것은 자연스럽다. 현안의 당사자는 당연히 인터뷰해야 하며 그렇지 않은 사람도 계기가 있으면 인터뷰해볼 만하다. "밤에 무슨 옷을 입고 잡니까?"라는 짓궂은 질문에 마릴린 먼로처럼 "샤넬 넘버 파이브"라고 재치 있게 답하는 인터뷰가 아니어도 좋다. 인터뷰에서 나온 어떤 말도 적당히 의미를 부여하면 뉴스가 될 수 있다. 기자가 쓰면 그것이 곧 뉴스라고 하지 않았던가.

대개 기자는 기사에 인용할 문구(코멘트)를 얻기 위해 인터뷰를 하지만, 아예 인터뷰로 기사 한 편을 만들기도 한다. 이것이 '인터뷰 기사'다. 욕심을 더 내 인터뷰를 대문짝만하게 싣기도 하는데, 신문의 한 면 전체에 또는 타 지면에 이어지며 주로 일문일답 형식으로 보도하는

'전면 인터뷰 기사'가 바로 그 경우다. 특히 주말 섹션은 1면을 전면 인터뷰 기사로 채워 독자를 유혹한다. 이런 기사를 재미있게 본다는 독자가 꽤 있다. 예전에도 신문은 대담이나 좌담 형식으로 기사를 썼으며 방송은 진행자와 초대 인물의 일대일 문답 장면을 그대로 중계했다. 인터뷰 기사는 오래된 뉴스 양식이며 좋은 반응도 얻었다.

인터뷰 기사는 기자가 인물에게 질문을 던져 얻은 답변으로 구성된다. 인물을 알아보려고 인물 속으로 들어가는 방식이다. 이 취재 방식은 어떤 의구심도 불식할 정도로 지극히 당연하고 옳아 보이지만, 조금만 비켜서서 바라보면 얼마나 황당한지 금세 알 수 있다.

객관성이 저널리즘의 원칙이라는 데 동의한다면, 기자는 인물을 보도할 때도 객관적이어야 한다. 여기서 "인물을 객관적으로 보도한다"라는 말은 조금 복잡하다. 많은 기자는 객관적 관찰자 입장에 서서 인물의 말을 그대로 옮기는 것이 객관적 보도라고 믿고 있을 것이다. 기자는 이렇게 하면서 자신이 금과옥조로 여기는 사실 보도에 충실했다고 주장할 것이다. 이 주장은 틀리지 않는다. 인물이 어떠한 말을 했다는 것 자체는 명백하기 때문이다. 하지만, 인물이 했던 그 말이 어느 정도로 진실인지, 즉 인물의 말이 실제 상황과 얼마나 부합하는지는 기자가 알 수 없다. 인물은 확신에 차서, 또 솔직하게 말하겠지만, 그것은 그의 의견일 뿐이다. 그와 다른 의견들이 언제나 있다. 매사가 그렇다. 물론 기자는 인터뷰를 하며 의표를 찌르고, 중요한 대목은 되묻고 캐물어 인물의 말을 검증하고 재검증하려 한다. 그렇더라도 결국 기자는 인물의 입에서 나오는 말로 기사를 쓸 수밖에 없다. 그것이 인터뷰 기사라는 양식이 지닌 한계다. 이제, 인물의 말을 그대로 옮기는 것은 객관적 보도와 관계없으며 오히려 위험할 수 있다는 느낌마저 든다. 이런 아이러니에 대비해 저널리즘은 삼각확인이라는 취재 규범을 만들어놓았다.

기자는 취재원의 말을 곧이곧대로 믿으면 안 되기 때문에 취재원이 한 말의 진위를 또 다른 취재원에게서 검증해야 한다. 인터뷰 기사가 이 규범을 지켰다면, 기사에 주제 인물 외에 제2, 제3의 인물이 취재원으로 등장했을 것이다. 하지만 그런 기사는 거의 없었다. 또 다른 인물이 꼭 등장하지는 않더라도, 기자가 그들과 접촉해 얻은 정보를 기사에 녹여 넣었다고 할 수 있는 경우도 거의 없었다. 특히, 주제 인물의 의견과 또 다른 인물의 이견을 함께 제시했던 인터뷰 기사는 정말 없었다. 기자는 인터뷰 기사를 쓰면서 좀처럼 인물의 말을 삼각확인하려 하지 않는다.

인터뷰 기사를 통해 기자는 인물이 어떠한 말을 했다는 사실 전달에는 성공할 수 있으나, 그 말의 진실 검증은 도저히 할 수 없다. 기자의 임무는 사실 전달이 아니라 진실 검증이다. 사실과 진실은 별개다. 그래서 인물의 말을 검증 없이 그대로 옮기는 것은 저널리즘 원칙에 어긋난다. 사실의 차원을 넘어 진실의 차원으로 들어오면, 인터뷰 기사로는 인물을 객관적으로 보도할 수 없다.

이런 이유인지 몰라도 서구 언론에는 인터뷰 기사가 없다. 눈을 씻고 찾아봐도 종이신문에는 없으며 신문사 웹과 앱에서도 찾기가 쉽지 않다. 그나마 요즘 아주 간혹 일문일답 형식으로 쓴 기사가 보이는데, 자사의 여느 기사보다 현저하게 짧고 조악해 온라인 모바일용 '땜빵' 기사임을 단번에 알 수 있다. 인터뷰 기사라는 용어도 없다. 취재원의 말을 잘 정리하기만 한 글을 기사로 쳐주지 않으니 당연한 일이다. 사정이 이 정도면, 인터뷰 기사는 한국 언론의 기괴한 발명품이라 할 만하다. 인터뷰 기사는 지금도 신문에 만연하다.

2019년 3월 종합 일간지 10개의 전체 지면에서 인터뷰 기사 328개가 발견됐다. 그 가운데 약 절반이 전면 인터뷰 기사였다. 평균적으로, 종합 일간지는 하루에 인터뷰 기사 1.3개를 보도했으며 전면 인터뷰 기사는 5일에 3개꼴로 보도했다. 이 빈도는 예전보다 높은 것 같다.[8] 특히, 전면 인터뷰 기사가 현저하게 증가했는데, 신문 광고가 호황이고 발행 부수도 최다였던 1990년대보다도 더 많은 것 같다.

전면 인터뷰 기사가 증가한 배경을 어떻게 설명할 수 있을까? 전면 인터뷰 기사는 경제성 추구의 산물일 수 있다. 이 경제성은 신문 기사 생산 비용 절감과 신문사 광고 수입 확대 측면을 아우른다. 우선, 신문 기사 생산 비용의 절감은 증면과 연관된다. 예를 들어, 조선일보는 하루 12면을 발행하다가 1988년 올림픽을 맞아 16면으로 늘렸으며 1997년에는 하루 평균 43.4면을, 2003년에는 60.7면을 발행했다. 요즘은 그보다 줄었다지만, 그래도 금요일은 60면 정도를 유지한다. 지면이 이렇게 많으니 기자도 많아야 한다. 과거 데이터이긴 하지만, 1981~2003년 조선일보 지면은 3.8배 늘었지만 기자는 1.5배 증가했다. 기자 수가 지면 양에 태부족이다. 더구나, 1990년대 중반 이후 주말은 물론이고 주중에도 별지 섹션이 확대되어 각 섹션의 1면을 프런트 페이지답게 꾸며야 하는 내용적 부담까지 안았다. 그 시기에 가로쓰기가 도입됐고 활자가 커져 기사가 적어지고 짧아졌다지만, 그것으로는 도저히 지면의 양적 질적 부담을 덜 수 없다. 지면을 큼지막하게 잡

8 정밀 조사를 할 수 없어서 여러 종합 일간지의 과거 지면을 두루 훑어보고 이렇게 판단했다.

아먹어주는, 그러면서도 그럴싸해 보이게 해주는 묘수가 절실했을 수 있다. 거기에 꼭 들어맞는 것이 전면 인터뷰 기사다.

금상첨화로, 전면 인터뷰 기사는 생산 비용이 거의 들지 않는다. 대체로 전면 인터뷰 기사는 골치 아프지 않은 사안을 말랑말랑하게 다루므로 해당 인물은 기분 좋게 인터뷰를 수락한다. 갈등 사안의 관련자도 어쨌든 자기 입장이 보도될 기회이므로 인터뷰를 끝내 사양하지는 않는다. 즉 전면 인터뷰 기사는 인물이 섭외되기만 하면 적어도 신문 한 면을 단번에 해결해주는 효자 아이템이다. 레이아웃이 시원시원하니 편집 기자도 좋아한다. 누가 이것을 마다하겠는가?

그러나 무엇이든지 과다하면 의혹이 일어난다. 예를 들어, 신문은 경제 섹션을 별지로 발행하면서 종종 1면에 기업 CEO의 전면 인터뷰 기사를 실었다. CEO가 자사의 성공 신화를 자랑하거나 글로벌 시장 전략을 설명하는 식이다. 대학 총장도 단골손님처럼 등장해 새로운 교육 방침을 소개하거나 희망찬 미래 비전을 제시했다. 뜬금없기는 둘 다 마찬가지다. 이렇게 별다른 계기도 내용도 없는 인터뷰 기사가 크고 화려하게 보도되면, 당장 독자는 '거래'를 의심한다. 큼지막한 얼굴 사진과 함께 전면을 털어서 보도해주는 대가로 광고를 지원받는 것 아닌가 하는 의심 말이다. 인터뷰 기사는 위험천만하다. 이런 비판적 담론이 저널리즘의 원조인 미국에 없었을 리 없다.

언론학자 부어스틴(Boorstin, 1962)은 인터뷰를 '의사疑似 사건 pseudo-event'이라고 했다. 정말 뉴스라 할 수 있는지 의심이 가는 사건이라는 뜻이다. 의사 사건은 수요자(기자)와 공급자(인물)의 이해관계가 맞아떨어져서 합작되는데, 수요자는 손쉽게 기사를 만들고 공급자는 공짜로 홍보하는 이득을 보게 된다. 한국 신문의 인터뷰 기사, 특히 전면 인터뷰 기사의 본질을 부어스틴이 무려 60년 전에 간파했다니 놀라울 따름이다. 그러면, 이제 무엇을 어떻게 해야 하는가? 어떻게 인물을 객관적으로 보도할 수 있는가? 다음 기사는 이 질문의 답을 구하는데 힌트가 될 수 있다.

> 1968년 MBC PD가 점심 먹고 자리에 털썩 앉았다. 오전에 라디오 드라마 공모 예심을 했는데 본심에 넘길 작품이 없었다. 맥 빠져서 낙선작 더미를 헤집다 한 작품에 꽂혔다. "중간부터 확 끌렸어요. 극본을 처음 쓰는지 작법은 영 엉성한데 대사가 신선했어요. 흔한 피륙이 지천으로 널렸는데 흰 옥양목이 한 필 펄럭이는 것 같았어요." PD는 그 자리에서 "한번 만나자"는 봉함엽서를 썼다. 그걸 받은 25세 응모자가 김수현(70)이다. 본명 김순옥. 고려대 졸업 후 잡지사 다니다 관둔 상태였다. 김순옥은 "내가 정말 쓰고 싶은 건 소설"이라고 했다. PD가 "무슨 소리냐, 당신은 꼭 드라마 써야 한다"고 했다. 이후 45년간 김수현은 제일 비싸고 제일 바쁜 '특A급 현역' 자리를 한 번도 내준 적 없다. 올 3월 종편 드라마를 마치고 10월에 방영될 SBS 주말극을 쓰는 중이다. 김수현에게 "극본 쓰라"고 권한 PD가 김포천(79) 국악진흥회 이사장이다. 김수현이 왜 롱런하는지 물었다. "얼음 속에 봄볕이 든 사람입니다." <하략>

2013년 7월 12일 김수혜 조선일보 기자는 이 기사를 쓰면서 편집자 주에 "당사자에게 성공 요령을 묻는 대신 수십 년 지켜본 지기들을 찾아가 '그 사람이 남들과 어떻게 다르냐'고 물었다"라고 적었다. 실제로, 8명이 기사에 실명으로 등장해 김수현을 이야기했다. 기사에 이들의 에피소드와 의견을 싣다 보니 정작 김수현이 들어갈 자리는 거의 없었다.

김수혜 기자는 이 기사를 쓰면서 굳이 김수현을 만나거나 그에게 전화할 필요가 없었다. 김수혜 기자는 인물을 알아보려고 인물 속으로 들어가지 않았다. 오히려 인물 밖으로 빠져나왔다. 더 정확하게 말하면, 인물의 밖에서 인물을 죄어갔다. 인터뷰 기사의 취재 방식과 정반대다. 인물을 객관적으로 보도한다는 말은 이런 뜻일 것이다. 인물의 말을 객관적으로 옮기는 것이 아니라 인물에게 객관적으로 접근하는 것, 인물을 삼각 사각으로 확인하는 것, 즉 인물의 객관화!

인물의 객관화가 인물 취재의 기본이어야 하는 이유를 한국 기자들은 이미 경험했다. '어금니 아빠' 이영학의 실체가 드러났을 때, 이영학 미담 기사를 썼던 기자들은 그의 사악함에 분노하는 것 이상으로 별다른 의심 없이 그를 믿어버렸던 자기 자신의 순진함을 자책했다. 하지만, 이 보도 사고는 기자의 미성숙이나 경험 부족이 아니라 저널리즘의 기본에 대한 무지와 규범의 부재에서 터졌다. 인물의 객관화와 삼각 확인을 지킨다면 일어날 수 없는 일이기 때문이다. 이영학 사례는 "너무 좋아 보이는 것은 실제로는 그렇지 않을 수 있다Too good to be true"라는 저널리즘의 금언을 환기한다. "너무 나빠 보이는 것 역시 실제로는 그렇지 않을 수 있다Too bad to be true".

김수혜 기자는 위와 같은 기사를 딱 세 번 쓰고 말았다. 끊길 뻔했던 명맥은 최윤필 한국일보 기자가 2014년 4월 12일 '가만한 당신' 시리즈를 시작하면서 이어졌다. '가만한 당신'은 장문의 외국인 부음 기사다. 망자를 쓰므로 기자가 인물을 인터뷰하고 싶어도 할 수 없다. 인터뷰 기사라는 양식을 취할 수 없는 '좋은' 여건이다. 이제 지인을 취재해야 하는데 외국인이다 보니 그것도 사실상 불가능하다. 이런 상황에서 기자가 선택할 수 있는 취재 방식은 무엇일까?

최윤필 기자는 책, 신문 기사, 방송 클립, 판결문, 회의록, 서신과 이메일, 웹사이트와 블로그 등에서 인물의 말과 글, 지인의 언급, 대중의 평가 등 온갖 기록을 찾아냈다. 그리고 그 조각들을 이어붙이고 상충하는 부분을 정제하며 퍼즐을 맞춰나갔다. 자료를 대조하는 과정에서 자연스럽게 삼각확인이 이루어졌다. 이쯤 되면 취재가 아니라 '리서치research'다.

욕심 많은 기자는 김수혜 방식과 최윤필 방식을 혼합하고 싶을 것이다. 서구의 기자들은 이미 그렇게 해서 '프로파일profile'이라는 인물 기사 장르를 정립했다. 대표적인 예가 1966년 게이 탤리즈Gay Talese가 『에스콰이어*Esquire*』에 썼던 '프랭크 시나트라가 감기 걸렸다Frank Sinatra has a cold'이다. 탤리즈는 시나트라가 인터뷰를 거절하자 그의 스태프 75명을 만났으며 그를 두 번 가까이서 관찰했다. 그의 자료를 수집하는 것은 일의 기본이었다. 그렇게 '시나트라 퍼즐'을 맞춰 1만 5,000단어짜리 기사를 썼다. 200자 원고지 250매 분량이다. 프로파일의 진수가 됐고, 저널리즘 글쓰기의 분수령이 됐으며, 2003년 『에스콰이어』 70주년 기념호에서 역대 최고로 평가된 기사다. 탤리즈는 인물을 인터뷰하지 못했기 때문에 최고의 인물 기사를 쓸 수 있었다.

인터뷰 기사는 인물을 알아보려고 인물 속으로 들어가지만, 프로파일은 인물 밖으로 나와 인물을 조명한다. 인터뷰 기사는 자서전이고 프로파일은 평전이다. 어느 쪽이 인물의 객관화와 진실 검증에 더 가까운지는 자명하다. 글 읽는 재미도 마찬가지다.

그간에 인터뷰 기사는 주로 독자가 가볍게 소비할 수 있는 인물을 다루었으므로 기자는 그의 말을 옮겨 적는 데 별다른 고민이나 걱정이 없었다. 실제로도 큰 문제가 발생하지 않았다. 하지만 이런 경험을 반복하다 보면 진실 검증과 삼각확인의 경각심이 마비되어 정치적으로 논란이 될 만한 인물의 말도 그대로 옮기게 된다. 인물의 말이 아무리 참이라 하더라도 인터뷰 기사라는 양식으로 전달되는 한, 검증되지 않은 개인적 의견이라는 논란을 피할 수 없다. 최근에 몇몇 신문에서 전면 인터뷰 기사를 완성했다가 보도 후의 파장을 우려하여 폐기했던 예가 있었다. 김수혜 기자와 최윤필 기자는 그래서 더욱 돋보인다.

대학생들에게 이런 내용을 설명하고 프로파일링해보고 싶은 인물이 있냐고 물었다. 수많은 학생이 너무 많은 인물을 거명해 도저히 모두 적을 수 없었다. 대다수가 국내 유명 인사였다. 그 면면을 다룬 프로파일 기사는 상상만 해도 흥미롭다.

보도자료는 기사가 아니다

박재영

종합 일간지의 한 중견 기자는 자기가 담당하는 국토교통부에서 하루 세 건 이상의 보도자료와 2~3건의 설명자료를 받는다.[9] 삼성물산, 현대건설, 대우건설, 대림산업 등 10대 건설사에서도 하루에 총 3~4건의 보도자료가 나온다. 한국토지주택공사와 한국도로공사 같은 공기업까지 합하면, 매일 받는 보도자료는 10건이 넘는다. 그 내용을 일일이 검증하는 것은 불가능하다. 또 다른 종합 일간지의 정치부 기자는 더불어민주당과 정의당을 맡고 있다. 담당 기관이 두 개라서 일이 단순할 것 같지만, 정당의 보도자료와 대변인의 논평, 주요 회의의 발언 자료 등을 합하면 하루에 10~20개의 문건을 검토해야 한다. 국회 기자 회

9 이 글의 내용 대부분은 '언론사 출입처 제도와 취재 관행 연구'(박재영 · 허만섭 · 안수찬, 2020)에서 발췌했다.

견장에서 정당과 단체들이 주최하는 기자 회견도 10여 건이 넘는데, 그것들도 챙겨야 한다. 기자들이 보도자료를 만지작거리다가 하루를 다 보낸다는 말이 틀린 말이 아니다.

설상가상으로, 기자 수가 줄어서 거의 모든 기자는 동료 기자의 출입처도 교차 담당(백업)하고 있다. 검토해야 할 보도자료와 써야 할 기사의 절대량이 증가했다. 예전에는 기자들이 취재원을 만나려고 사무실을 돌아다니기라도 했지만, 지금은 업무량이 많아서 그럴 시간이 별로 없다. 부동산 담당인데 주요 출입처인 국토교통부가 있는 세종시에 한 번 가보지 못한 기자도 있다. 코로나19 사태 이전에 이미 그랬다. 또한, 행정기관과 기업은 언론 접촉에 대한 내부 규정을 강화해 기자가 관계자를 만나기는 예전처럼 수월하지 않다. 전체적으로, 한국 기자의 취재는 문서를 검토하고 전화 통화로 취재를 보강하는 식으로 바뀌었다. 그 중심에 보도자료가 있다. 한마디로, 보도자료 과부하다.

한국 기자들은 지긋지긋할 정도로 보도자료에 파묻혀 있지만, 보도자료는 고마운 존재이기도 하다. 한 기자는 검찰을 담당하면서 보도자료가 별로 없어서 아침마다 회사에 기삿거리를 보고할 때 애를 먹었지만, 국토교통부를 맡고 보니 관련 기업들로부터 보도자료가 쏟아져 들어왔다고 말했다. 기자들은 보도자료가 없으면 기사 아이템을 스스로 발굴해야 하는데, 시간이나 취재비 측면에서 그럴 수 있는 여건이 아니다. 예를 들어, 종합 일간지의 전자·통신·IT 담당 기자는 온라인 기사를 포함해 하루 3~4건의 기사를 작성하고, 일주일에 3~4건의 경제면 머리기사를 쓴다. 이런 기사의 다수가 보도자료에 기초한 기사다. 그래서 기자들은 보도자료가 없다면 신문 지면과 방송 뉴스 시간을 못 메울 것이라고 우려한다.

외국에서도 정부 기관과 기업이 보도자료를 낼 터인데, 기자들은 그것을 어떻게 처리할까? 영국 교육부는 하루에 2~3건의 보도자료를 내지만, 일간지 가디언 기자들이 그것을 기사화하는 경우는 거의 없다. 가디언의 교육 담당 기자는 교육부의 보도자료 10개 중 1개 정도만 기사로 보도한다. 보도자료를 기사로 쓰지 않는다면, 도대체 가디언 기자들은 어디서 어떻게 기삿거리를 찾는 것일까? 한국 기자와 달리, 가디언 기자는 교육부가 있는 건물에 잘 가지 않는다. 물론 특별한 발표가 있으면 가지만, 그런 경우는 일주일에 한 번 정도다. 가디언 기자는 하루의 그 많은 시간을 각급 학교에서 교사와 학생을 만나고, 가정에서 학부모를 만나는 데 쓴다. 거기가 '교육의 현장'이기 때문이다. 가디언 기자들이 영국 교육부를 교육의 현장으로 보지 않는 데는 이유가 있다.

우선, 정부는 절대로 자기에게 불리한 말을 하지 않는다는 믿음이 가디언 기자들에게 있다. 반대로 말하면, 정부는 자기에게 유리한 말만 하며 그것을 전파하는 공인된 통로가 보도자료다. 그래서 존 헨리Jon Henley 가디언 기자는 "보도자료는 기사가 아니다"라고 말했다. 보도자료는 정부가 기자에게 하고 싶은 말일 뿐이므로 기자는 정부가 왜 그런 말을 하는지, 그들이 밀어붙이려는 것은 무엇이며 조정하려는 것은 무엇인지를 생각해야 한다고 했다. 기자들은 보도자료를 받으면 그것이 진실인지 의심부터 해야 한다는 것이다. "기자라면 현장에 나가서on the ground 커튼 뒤에서 무슨 일이 벌어지고 있는지, 정부가 기자들에게 밀어붙이고 있는 것의 진짜 모습을 찾아야 한다." 존 헨리 기자의 말이다.

가디언 기자는 교육부 대신 의회의 교육위원회에 간다. 영국 하원의 교육위원회는 격주에 한 번 정도 열리는데, 거기에서 좋은 기삿거리를 건질 수 있다. 의회에는 가디언의 정치부 기자가 있으므로 둘이 함께 교육위원회를 취재한다. 같은 위원회를 취재해 교육 담당 기자는 교육 이야기를 쓰고, 정치부 기자는 정치 이야기를 쓴다.

로이터 같은 유명 뉴스 통신사는 전 세계의 온갖 기관들이 홍보 대상으로 삼는 매체다. 매일 전 세계에서 로이터로 들어오는 보도자료는 상상할 수 없을 정도로 많을 텐데 로이터는 이들을 어떻게 처리할까? 로이터로 들어오는 모든 보도자료는 '보도자료 전담반'이 있는 인도 벵갈루루Bengaluru 지국으로 전달된다. 그곳의 기자 250여 명은 분야별로 보도자료를 떠맡아 기본적인 팩트 체킹과 간단한 추가 취재를 한다. 24시간 체제다. 이렇게 로이터에서 보도자료를 기사로 1차 가공하는 사람을 '섀도 리포터Shadow Reporter'라고 부른다. 영어에 능통한, 싼 임금의 비정규직 젊은이들이다. 섀도 리포터 수십 명당 로이터의 멘토 기자가 붙어서 이들의 기사를 검수하고 송출한다. 섀도 리포터 중에는 보도자료 처리 외에 기사 발제도 해 로이터의 정식 기자로 채용된 사람이 있다. 자연스럽게 채용 연계형 인턴 제도가 정착됐다.

로이터가 섀도 리포터를 운영하는 것은 자사의 정규직 기자들이 보도자료 처리에 시간을 뺏기지 않도록 하기 위해서다. 그런 하찮은 일은 인턴이 맡고 자사 기자는 로이터만의 차별적이고 심층적인 기사를 만든다는 것이 회사의 목표다. 로이터는 폴란드에도 100여 명 규모의 섀도 리포터 지국을 운영하고 있다. 폴란드 지국은 보도자료를 유럽 국가들의 여러 언어에 맞춰서 기사로 만들어 송출한다.

한국 언론과 외국 언론이 보도자료를 서로 다르게 대하는 것은 취재에 대한 기본 인식의 차이 때문이다. 한국 기자들에게 정부, 검찰, 경찰, 법원, 기업 같은 출입처는 가장 정확하고 믿을 만한 정보를 효율적으로 얻을 수 있는 곳이다. 여기서 기삿거리가 발생하며 취재도 이뤄진다. 그 대표적인 통로가 보도자료나 기자 회견이다. 즉 한국 기자들에게 출입처와 보도자료는 아이디어를 구하고 취재까지 마무리하는 종착점이다. 이에 비해 외국 기자들에게 출입처나 보도자료는 취재의 출발점일 뿐이다(안수찬, 2021). 모든 정부 정책은 결국 시민의 일상에서 실체를 드러낸다. 정책에 대한 평가도 시민 일상을 통해 이뤄질 수밖에 없다. 이 논리라면, 교육 정책을 다루는 기사에서 중요한 것은 교육부 당국자가 아니라 학생과 학부모다. 그래서 가디언 기자는 교육부가 입주한 건물에는 가지 않고, 학교와 가정을 방문했다. 한국 기자들은 교육부 기자실에 가지 않으면 특종을 놓치고 정보전戰에서 밀릴 것으로 걱정하지만, 가디언 기자들은 전혀 그렇지 않다. 교육부가 어떤 정책을 내놓을지 먼저 알아내는 것이 무의미함을 알기 때문이다. 다시 말하지만, 관건은 그 정책이 어떤 결과를 내느냐다.

외국 기자들도 보도자료를 기사화하는 유혹을 쉽게 떨치지 못했을 것이다. 그래서 의도적인 노력이 있었다. 예를 들어, 1970년대 뉴욕타임스 기자들 사이에서 정부의 보도자료를 더는 받아서 쓰지 말자는 논의가 있었다. 그 결과로 정부의 정책 예고 기사는 곧바로 근절됐다. 더 적극적인 노력은 1990년대 미국 공공저널리즘public journalism 사례에 나온다. 대통령 및 주지사 선거가 있었던 1992년에 미국 일간지 위치타이글Wichita Eagle과 샬럿옵서버Charlotte Observer는 각각 자기 지역의 유권자들에게 선거의 후보자들이 어떤 문제를 해결해주기를 바라는지 조사했다. 기자들은 거리 유세나 기자 간담회 등 기회가 있을 때마다 선거 후보자에게 유권자들의 희망 사항을 질문했다. 그리고 그 답변으로 기사를 만들어 신문 지면을 채웠다. 반면에 후보자가 하는 말이나 그가 배포한 보도자료는 일절 보도하지 않았다. 정치부 기자들은 정치인의 입만 보고 사는 사람들이다. 선거철에는 더하다. 정치의 존재 이유는 시민이며 정치의 결과는 시민의 일상에 나타난다. 교과서를 들먹이지 않더라도 정치의 주인공은 다름 아닌 시민이다. 위치타이글과 샬럿 옵서버는 과거 자신의 경마식 보도와 정쟁 보도를 반성하고, 취재 보도의 근원을 정보 공급자에서 정보 소비자 쪽으로 완전히 바꿔버렸다.

한국 언론이 일거에 보도자료를 무시하기는 어렵겠지만, '보도자료를 보도한다는 것'이 과연 무엇인지 자문해볼 필요가 있다. 카미야 타케시神谷毅 아사히신문 서울 특파원은 "한국에 와서 기자들이 보도자료를 '복붙'(복사해서 원고에 붙이기)하는 것을 보고 제일 놀랐다. 아사히신문에서는 문제의식을 갖고 보도자료에서 부가가치를 만들어내야 지면에 실린다"라고 말했다. 요즘의 디지털 모바일 시대에 보도자료의 정보 가치는 사실상 '제로'다. 정부와 기업 등 정보 공급자는 자신의 플랫폼에서 직접 보도자료를 시민들에게 전달한다. 예전처럼 기자이기 때문에 보도자료를 먼저, 수월하게 받아본다는 이점이 전혀 없다. 이런 시대이므로 기자가 보도자료로 기사를 쓰면, 오히려 정부와 기업이 기자를 얕잡아보는 빌미만 제공할 뿐이다.

보도자료에 의존하면, 뉴스의 주도권은 정부와 기업에 넘어가며 기자는 정보 처리자로 전락하게 된다. 이런 상황은 정부와 기업에도 전혀 바람직하지 않다. 한국 외에도, 보도자료를 기사화하는 나라가 더러 있을 것이다. 그런 나라는 독재 국가이거나 보도자료의 본질을 잘 모르는 언론 후진국이다. 한국 기자들은 여러 이유에서 보도자료에 의존할 수밖에 없다고 말하겠지만, 그 결과는 결국 정부의 프로파간다를 대변하는 것이다.

발신지 표시Dateline

발로 뛰는 정직한 취재의 시작

배정근

오래전 현역 기자로 일하던 시절 해외에서 대형 분쟁이나 재난이 발생할 경우 현지 취재를 위해 출장을 가는 기회가 종종 있었다. 그런데 어떤 때는 현지에 미처 도착하기도 전에 이미 신문에 내가 현지에서 보낸 것으로 바이라인이 표시된 기사가 실려 당혹스러운 적이 있다. 누가 현장에 먼저 도착했느냐를 놓고 언론사들이 보이지 않는 자존심 경쟁을 하던 시절이라 이런 사례는 드물지 않았다. 기사에 발신지를 표시하는 이유는 기자가 해당 발신지에서 기사를 취재해 보도한 것이라는 공적 선언이지만, 크게 신경 쓰지 않았고 별다른 문제의식도 느끼지 않았다. 기자들의 취재 보도 활동은 해당 언론사나 언론계 내부에서만 알 수 있는 폐쇄적 미디어 환경이었기에 가능했던 구시대의 관행이었다.

그러면 지금은 이런 행태들이 사라졌을까? 아직도 해외특파원 기사를 안에서 대신 써주거나 취재 기자가 현장에 없었는데도 현장에서 보도하는 것처럼 발신지를 속이는 사례가 없지 않다. 단적인 사례로 2019년 4월 강원 고성·속초에서 대형 산불이 났을 때 재난특보를 하던 KBS 기자가 실제로는 강릉에서 보도하면서도 "지금까지 고성에서 전해드렸습니다"라고 발신지를 조작해 비난을 받았던 일이 있다. 방송통신심의위원회로부터 중징계까지 받은 이 보도는 중계차가 동원되고, 취재 기자가 실시간으로 화면에 등장했다는 점에서 조직 차원의 조작이라는 의심을 샀다.

외국 언론에서 데이트라인dateline으로 부르는 발신지 표시는 공간적 사실성뿐 아니라 시간적 사실성을 포함하는 개념이다. 발신지와 함께 날짜를 표시하기 때문이다. 온라인 뉴스가 등장하기 전까지 국내 언론은 날짜는 표시하지 않았다. 그래서 취재 보도 시점을 애매하게 처리하거나 실제와 다르게 적시하는 보도 행태는 일상적이었다. 특히 종이신문은 기사를 마감한 시점부터 독자에게 신문이 배달되는 시점 사이에 상당한 시차가 있음에도 별 상황 변화가 없다고 판단될 경우 배달 시점 상황처럼 보도하는 '도박'을 감행하곤 했다. 무모한 도박은 당연히 오보를 양산했다. 특히 새벽까지 상황이 엎치락뒤치락하는 선거 개표 결과 보도나, 다음날 대중교통 운행 여부가 달린 파업 협상 같은 기사에서 이런 오보가 잦았다. '방송 사상 최악의 오보'라는 오명을 얻은 2000년 16대 총선에서 대부분의 신문들이 방송사 출구조사 결과를 근거로 여야의 승패를 정반대로 보도한 사례가 상징적이다.

기사 게재 시점이 초 단위까지 표시되는 디지털 공간에서는 이런 행태 자체가 불가능하지만 시간을 거스르려는 성급한 추정 보도는 사라지지 않는다. 지난해 4·3 창원성산 보궐선거에서는 정의당 후보가 개표 내내 자유한국당 후보에 뒤지자 한겨레는 아직 개표가 진행 중인 상황에서 <'져선 안 되는 선거를 졌다…'창원성산에서 정의당 충격패> 라고 확정 사실인 양 기사를 내보내 오보를 자초했다(이재진, 2019).

뉴스가 언제 어디서 취재된 것인지는 기사의 진실성을 구성하는 가장 기본적 요소다. 동시에 독자에게 취재 경위를 공개하는 행위라는 점에서 정직성이 더욱 요구된다. 그래서 뉴욕타임스 기자들에게 기사를 쓰는 세부 기준과 표현 방법을 제시하는 『스타일북*New York Times Manual of Style and Usage*』은 '발신지 정직성dateline integrity'에 대해 다른 어느 항목보다 상세히 설명하고 있다. 우선 발신지는 "기자가 명시된 날짜에 그 장소에 있었으며, 기사를 구성하거나 가필하는 데 사용된 정보 대부분을 제공했음을 보장한다"고 기능을 밝히고 있다. 또한 표기 방법에 대해서도 엄격한 기준을 제시한다. 예를 들어 기사를 편집하는 과정에서 원본에 없는 내용이 추가될 경우 그 부분은 괄호 등으로 명확히 구분하거나 별도 기사로 처리해야 하며, 기자가 해당 지역을 떠난 뒤에 발생한 일을 같은 발신지 기사에 쓰지 못하도록 하고 있다. 만약 기사 출고가 지연될 경우 달라진 사실을 확인해 업데이트해야 하고, 원래 날짜보다 일주일 이상 지연 출고되는 기사는 발신지를 표시하지 못하도록 상세히 규정하고 있다.

그러나 이렇게 엄격한 규정은 뉴스 현장의 생생한 증언자를 자처하는 기자들이 그만큼 이를 오남용하려는 유혹에 빠지기 쉽다는 역설적 반증이기도 하다. 자사 스타일북이 무색하게도 뉴욕타임스는 발신지를 조작한 대표적 보도의 당사자이다. 뉴욕타임스 역사에서 가장 부끄러운 오점으로 남아 있는 2003년 제이슨 블레어Jayson Blair 기자 사건에서 그가 쓴 많은 지역발 기사들은 실제 그곳에 가지도 않고 쓴 것으로 밝혀졌기 때문이다. 타사 기사를 그대로 베껴 쓴 사실로 꼬리가 잡힌 그의 기사 조작 행각에서 가장 전형적 유형은 기사의 발신지나 취재원을 허위로 표시하는 것이었다. 특히 전국 보도national reporting 부서에서 일할 때 텍사스, 메릴랜드, 버지니아 등을 누비고 다닌 듯이 현지발 기사를 썼지만 실제로는 뉴욕에 있었던 적이 많았던 것으로 밝혀졌다. 그러나 현장과 인물에 대한 묘사와 인터뷰 내용이 너무나 생생하고 강렬해 누구도 현장 취재 여부를 의심하기 어려웠다. 심지어 그가 만나지도 않고 쓴 이라크전 부상 병사의 발언은 뉴욕타임스의 '오늘의 발언Quotation of the day'으로 선정되기도 했으며, 하월 레인스Howell Raines 편집인은 "발로 뛰는 훌륭한 보도great shoe-leather reporting"라는 찬사를 개인적으로 보낼 정도였다.

2003년 5월 11일자 1면 톱에 '정정기사Correcting the record'라는 제목으로 사건 경위와 이를 막지 못한 내부 시스템의 문제를 솔직히 고백한 뉴욕타임스는 블레어의 기사 조작 무기를 핸드폰과 노트북 컴퓨터라고 지목했다.[10] 전화로 인터뷰를 하고서 현장에서 대면 인터뷰를 한 양 기사를 썼고, 회사 아카이브나 인터넷에서 찾아낸 사진을 토대로 실감나게 현장을 묘사했기 때문이다. 그런 점에서 블레어 사건은 세계적 명성을 가진 한 언론사의 치욕적 역사라는 의미보다는 디지털 시대에 언론이 직면하게 될 허위와 기만 보도의 위험성에 대한 예언적 경고라는 의미도 있다. 실제로 오프라인 시대보다 더욱 많은 기사들을 다양한 채널을 통해 지속적으로 공급해야 하는 뉴스 생산 환경과 인터

---

10 The New York Times (2003, 5, 11). <CORRECTING THE RECORD; Times Reporter Who Resigned Leaves Long Trail of Deception>. URL:https://www.nytimes.com/2003/05/11/us/correcting-the-record-times-reporter-who-resigned-leaves-long-trail-of-deception.html

넷과 소셜미디어 등을 통해 어떤 정보든 쉽게 접할 수 있는 작업 환경이 상승 작용을 하며 기사 복제와 조작의 위험성을 증폭시키고 있다. 무엇보다 과중한 기사 부담에 쫓기는 기자들은 책상과 노트북 앞을 떠나지 못한다. 자연히 현장을 직접 발로 뛰며 확인하는 직접 취재는 줄어들고, 전화와 온라인에 의존하는 간접 취재가 뉴노멀로 자리 잡고 있다. 한국언론진흥재단이 지난 2017년 실시한 <언론인 의식조사>에 따르면 '취재원/정보원의 인터뷰 등 직접 취재에 의존한다'는 응답이 2013년 조사와 비교해 84.98%에서 77.7%로 감소한 반면, '소셜미디어에 의존한다'는 비율은 7.1%에서 19.3%로 크게 증가했다.

기자 생활을 하면 흔히 선배들로부터 귀에 못이 박히도록 듣는 말이 "기자는 발로 뛰는 직업", "머리 좋은 기자가 결코 부지런한 기자를 이길 수 없다"와 같은 성실한 취재의 미덕이다. 사회 변화의 큰 그림이 취재 보도의 지평을 넓히고 있는 것도 사실이지만 그 본질은 크게 다르지 않다. 발로 뛴다는 의미는 기자의 눈으로 직접 현장을 확인하고, 팩트 하나하나를 검증하며, 많은 취재원들을 일일이 접촉하거나 수많은 근거 자료들을 뒤져 새로운 사실들을 발굴해내는 모든 성실하고 진실된 취재 보도 활동의 비유적 표현이다. 제이 로젠Jay Rosen 뉴욕대학교 교수는 "발로 뛰는 취재는 미국 언론인이 공적으로 숭배할 수 있는 신"이라고 상찬하며 "그런 보도는 언론의 전통이며, 정확하고 독창적인 보도를 가능케 한다"고 지적했다(Rosen, 2015).

2019년 한국 언론을 가장 빛낸 보도로 '한국기자상'을 수상한 기사들은 하나같이 발로 뛴 기사들이다. 예를 들어 정부의 조사 문서에 묻혀 있던 산업재해 1,300여 건을 하나하나 확인해 1,692명의 중대재해 사망자 한 명 한 명의 사고 상황을 되살려 내거나(경향신문, <매일 김용

균이 있었다> 보도), 공직자 인사 검증이 시작되기 몇 달 전부터 아무런 자료가 없는 상태에서 작은 단서들을 집요하게 추적하고 관련자 확인 취재를 거쳐 결정적 의혹을 찾아내거나(동아일보, <조국 장관 딸 의학논문 제1저자 등재 의혹> 보도), 금융시장에서 유망한 투자상품으로 선풍적 인기를 끌고 있는 한국형 헤지펀드 상품의 편법적인 자산 운용과 사기성 거래 의혹을 4개월에 걸친 추적을 통해 최초로 폭로한(한국경제신문, <라임펀드, 미 폰지사기에 돈 다 날렸다>) 보도들이 그러하다(한국기자협회, 2019).

그런 점에서 최근 일부 언론사에서 출입처 제도의 개혁을 진지하게 모색하고 있는 움직임은 받아쓰기 저널리즘이라는 낡은 관행과 결별하려는 바람직한 시도라는 점에서 귀추가 주목된다. 뉴스의 권력이 언론에서 수용자에게로 옮겨가고, 언론의 일거수일투족이 시민의 따가운 감시를 받는 시대에 언론이 신뢰를 회복하는 유일한 길은 독자에게 정직해지는 것이다. 발신지 표시 같은 기본적 취재 정보를 정직하게 알리는 새로운 관행은 그 출발점이 될 수 있다.

기사에는 사실만을 담자

사실과 의견의 분리

이나연

상산고의 자율형사립고(자사고) 재지정 평가를 둘러싼 논란이 한창이던 2019년 7월 초 상산고는 전북교육청의 평가에 이의를 제기하는 기자 회견을 열었다. 이를 취재해 보도한 한 주요 일간지의 홈페이지에 게재된 기사는 한국 언론의 고질적인 문제를 고스란히 보여주었다.

"'자사고 탈락' 감사 평가 제대로 됐는데…억지 부리는 상산고."[11]

기사는 상산고가 개최한 기자 회견이라는 사실fact을 다뤘지만, 제목에는 기자 회견 내용에 대한 "사실"이 없었다. 대신 전북교육청 평가는 타당한 반면, 상산고의 주장은 잘못되었다는 언론사의 "의견"만을 제시할 뿐이었다. 제목은 기사의 한 구성 요소이며, 기사 전체의 사실 관계를

11 단, 해당 언론사의 지면에는 "상산고, '중복적용한 부당 평가' 주장 되풀이"라는 다소 중립적인 제목을 사용했다.

정확히 요약하여 독자에게 전달하는 역할을 한다. 하지만, 의견만 담은 위와 같은 제목으로는 독자들은 사실 관계를 전혀 파악할 수 없다.

제목에 이은 기사의 첫 단락인 리드는 "과거 상산고에 대한 감사 처분 결과를 재지정 평가에서 이번 한 번만 반영했는데도 "중복 적용한 것 아니냐"는 식으로 트집을 잡고 있다"고 썼다. 상산고의 주장을 "트집 잡기"로 폄하했지만, 20여일 뒤 교육부는 이날 상산고가 제기한 부당한 평가 중 일부에 문제가 있다고 판단했다. 상산고의 주장이 괜한 트집이 아니라고 본 것이다. 전북교육청이 교육부를 상대로 소송을 제기해, 상산고의 자사고 재지정 평가의 적절성에 대해서는 법원이 최종 판단을 내릴 것이다. 그러나 법원의 판단과는 별개로, 상호 이해가 대립되는 이슈에 대해 언론사가 한 쪽의 주장에 대해 "억지부린다"거나 "트집잡는다"고 평가하는 것은 시민들이 언론에 기대하는 모습과는 거리가 있다.

기사 작성의 기본 원칙은 "사실과 의견의 분리"이다. 실제로, 기자가 되면 제일 먼저 최대한 주관을 배제한 채, 취재하고 기사를 작성하도록 훈련받는다. 아울러, 기자의 역할이란 시민들에게 공공 사안에 대해 최대한 정확한 정보, 혹은 사실관계를 알려주는 것이라 배운다. 민주사회에서 시민이 공공 사안에 대해 건전한 의견을 갖추려면 먼저 그 사안에 대해 정확히 알아야 하는데, 이때 정확한 정보를 제공하는 일이 기자의 업무라 여기기 때문이다. 그럼에도 불구하고 국내 언론이 의견이나 관점을 배제하고 사실만을 보도한다는 믿음이 독자들 사이에서 무너진 지 오래다. 도입 사례에서 보듯 국내 언론 현장에서는 '사실과 의견의 분리'의 원칙이 제대로 지켜지지 않기 때문이다.

국내 언론 현장에서 사실의 전달자로서의 기자 역할이 퇴색한 이유를 학계에서는 몇 가지로 설명한다. 우선, 사실의 객관성을 바라보는 회의적 시각이다. 다시 말해, 객관적으로 존재하는 사실이 있느냐에 대한 의심이다. 더 나아가 "객관적 사실"이 존재하더라도 이를 객관적으로 인식하고 언어로 표현하여 전달할 수 있는가에 대해 의심한다. 둘째, 언론의 객관성이란 추구할 수 있는 혹은 언론이 추구하는 가치가 아니라 직업적 관행에서 도입된 가치일 뿐이라는 시각이다. 예를 들면 터크만은 인용을 기자가 취재한 내용이 사실임을 입증하기 위해 고안한 도구일 뿐이라고 주장했다(Tuchman, 1972). 기자들이 취재원의 발언을 인용할 때, 기자가 동의하는 발언 내용만을 인용한다는 근거에서다. 한국에서는 독재 정권에서 언론이 정치적 비판을 회피하기 위한 방편으로 사실(혹은 사건) 보도에 중점을 두게 되었다는 주장도 있다(남재일, 2008). 언론사의 입맛에 맞는 사실만을 보도하기에 사실이란 주관을 감추는 도구에 불과하다는 비판도 있다. 세 번째는 단순한 사실의 전달보다는 해석이 중요하며 이를 통해 더 진실에 다가갈 수 있다는 시각이다. 더 나아가 기자의 가치 개입과 도덕적 판단의 정당성을 내세우는 주창 저널리즘마저 힘을 얻으면서 주관의 배제라는 기사 작성 원칙은 그 힘을 잃고 있다.

그러나 언론의 객관성을 둘러싼 회의적인 시각에도 불구하고 저널리즘에서 사실이 중요한 이유는 사실을 인정하지 않는 순간 저널리즘은 그 존재 의미를 잃기 때문이라고 본다. 기자의 역할이란 무엇인가. 아주 기본적으로는 민주 사회에서 시민들이 자치를 위해 알아야 할 많은 사건 혹은 이슈의 현장에 대리인으로 참여하여 관찰하고 전달하는 사람이다. 이 대리인이 가장 객관적으로 사실을 대할 때, 시민들은 진실에 한 걸음 가까워질 수 있다. 다시 말해, 기자가 관찰해야 할 대상을 자신의 관점(주관)에 눈이 멀어 보고 싶은 것만 보고, 이를 자신의 관점에서 전달한다면, 시민들은 이 대리인의 관찰 결과인 기사를 신뢰하지 않을 것이며 따라서 필요로 하지도 않을 것이다. 저널리즘의 역사에서 '사실과 의견의 분리'라는 원칙을 중요하게 여긴 이유도 기사는 사실(시민이 직접 사건 현장에 있더라도 동일하게 인식할 수 있는)만을 전달하고 판단(의견)은 독자에게 맡긴다는 전제에서 언론에 대한 신뢰가 나온다고 믿기 때문이다. 객관주의, 혹은 사실에 대한 일부의 회의적인 시각에도 불구하고 사실을 부정하는 순간, 언론을 지탱해주는 사실 검증의 가능성은 물론 언론의 기능도 무너진다.

이 때문에 많은 학자들은 여전히 "사실과 의견의 분리"를 저널리즘의 가치를 지탱할 수 있는 중요 원칙으로 여기고 기사 작성에서 주관에서 벗어나려는 노력이 중요하다는 점을 강조한다. 특히 국내 언론에서 두드러지는 사실과 의견을 구분하지 않는 몇 가지 관행에 주목하고 비판해왔지만 이에 대한 개선은 더딘 편이다. 이 글에서는 기존의 비판을 토대로 버려야 할 관행에 대해 몇 가지만 언급하고자 한다.

첫째, 도입 사례에서 본 것처럼 사실에 대한 해석을 핑계로 의견을 남발하는 경우이다. 이에 해당하는 대표적 관행 중 하나는 취재원의 발언을 직접 인용하면서 기자의 주관이 담긴 서술어를 사용하는 것이다. 예를 들어, 조선일보는 2019년 7월 24일자 사회면에서 '자사고 줄취소 위기, 들썩이는 강남 8학군'이라는 제목의 기사에서 "그(부동산 관계자)는 수화기 너머 상대방에게 '대청중학교에 가려면 무조건 ○○아파트와 ○○아파트로 가야 한다'며 '서울대에서 동창회를 하면 여기 중학교, 고등학교 출신은 150명씩은 될 것'이라고 열변을 토했다"고 보도했다. 여기서 "열변을 토했다"는 것은 기자의 생각일 뿐이다. 이 때

<표 1> 기사에 사용된 주관적 술어의 평균 개수 및 최소 최대 비교(단위: 개)

	기사당	최소	최대
국내 일간지 (694)	1.40	0	12
뉴욕타임스 (72)	1.22	0	13
더 타임스 (54)	0.72	0	4
아사히신문 (72)	0.85	0	6
전체 (892)	1.30	0	13

문에 저널리즘 교과서에서는 직접인용의 서술어의 경우, 기자가 중립적임을 나타내는 "말했다"와 "덧붙였다"는 표현 이외의 "주장했다, 요구했다, 의견을 피력했다, 강조했다, 머뭇거렸다, 암시했다, 선언했다, 울먹였다" 등의 사용을 금지하고 있다(Rich, 2005). 그러나 좋은 저널리즘 연구회에서 2016년 수집한 국내 10대 일간지 1면 기사 694건을 분석한 결과, 국내 일간지의 경우 기사당 평균 1.4개의 주관적 술어를 사용했으며, 하나의 기사에 12개의 주관적 술어를 사용한 신문사도 있었다. 이에 비해 뉴욕타임스와 더 타임스, 그리고 아사히신문의 주관적 술어 사용은 훨씬 낮은 빈도를 보였다(<표 1> 참조). 기사에서 기자의 의견이 직접적으로 드러나는 또 다른 사례로는 주관을 드러내는 부사의 사용을 들 수 있다. 좋은 저널리즘 연구회의 같은 연구에서는 국내 일간지의 제목 중 197건(28.4%)에서 부사를 사용했지만, 뉴욕타임스에서는 71건 중 단 9건(12.5%)에서만 부사를 포함했다.

두 번째는 국내 학계에서 지속적으로 지적해온 부정적 관행은 "무주체 피동형 문장의 사용을 자제하라"는 것이다(박재영 · 이완수, 2007). 무주체 피동형 문장이란 문장의 주어 없이 "~로 알려졌다/전망된다" 등으로 끝나는 문장을 말한다. 무주체 피동형 문장은 다양한 이유에서

<표 2> 기사에 사용된 무주체 피동형 문장의 평균 개수 및 최소 최대 비교(단위: 개)

	기사당	최소	최대
국내 일간지 (694)	1.19	0	8
뉴욕타임스 (72)	0	0	0
더 타임스 (54)	0	0	0
아사히신문 (72)	0.82	0	5
전체 (892)	1.00	0	8

사용되지만 기자의 생각을 마치 다른 많은 사람들의 것처럼 포장할 때 등장한다는 비판을 받았다. 좋은 저널리즘 연구회에서 무주체 피동형 문장의 사용 빈도를 조사한 결과 국내 신문사는 기사당 평균 1.19개를 사용한 반면, 뉴욕타임스와 더 타임스는 전혀 사용하지 않는 것으로 나타났다.

마지막으로 주관을 객관화하기 위해 사용하는 취재원의 인용이다. 이러한 유형은 크게 1) 자신의 주장을 뒷받침하기 위해 입맛에 맞는 취재원을 등장시키거나 2) 기자의 비판적 시각을 익명 취재원의 발언으로 기사화하는 유형 등으로 볼 수 있다. 이미 학계에서는 특정 언론사에 주로 등장하는 취재원을 확인하거나 혹은 동일한 취재원의 발언 중 언론사가 필요에 맞게 가져다 인용하는 경향을 밝힌 바 있다. 또한 해외 언론과 크게 차별화되는 관행 중 하나는 특정 대상에 대한 비판을 익명의 취재원이 말한 것처럼 보도하는 관행이다. 기사에 익명으로 된 의견을 쓸 경우, 필자의 주관적 견해라는 오해를 불러일으킬 수 있다는 우려에서 2007년 한겨레가 '취재보도준칙'을 발표하고 "의견이나 주장, 추측 등을 수집해 보도할 때에는 실명 표기를 원칙으로 한다"고 정했다(박재영 · 이완수, 2007). 익명의 취재원이 기자의 의견을 반영

<표 3> 기사에 사용된 익명으로 된 부정적 문장의 평균 개수 및 최소 최대 비교(단위: 개)

	기사당	최소	최대
국내 일간지 (694)	0.32	0	10
뉴욕타임스 (72)	0	0	0
더 타임스 (54)	0.15	0	3
아사히신문 (72)	0.10	0	6
전체 (892)	0.27	0	10

하기 위한 가공의 인물인지 독자로서는 확인할 수 없기 때문이다. 미국의 기사 작성 교과서에서도 부정적 내용의 의견에 대해서는 익명으로 인용하지 않도록 권하고 있다. 그럼에도 불구하고 국내에서 익명으로 된 부정적 직접 인용구의 사용은 빈번한 편이다. 좋은 저널리즘 연구회가 2016년 수집한 기사 분석에서도 국내 일간지에서는 기사당 평균 0.3개의 부정적 인용구를 포함했으나, 뉴욕타임스에서는 단 한 건도 없었다.

미국의 빌 코바치와 톰 로젠스틸은 『저널리즘의 기본 원칙*The elements of Journalism*』에서 유명 TV 뉴스 캐스터였던 캐론 마린의 말을 인용하여 기자는 자신의 관점을 극복하려는 관찰자가 되어야 한다고 역설했다. 기자란 테이블에서 토론이 진행되고 있을 때, 토론의 참여자가 되어 자신의 관점을 피력하는 사람이 아니라 토론 테이블에서 한걸음 떨어져 토론의 전체 모습을 보는 사람으로 비유하며, 진실을 전하기 위해서는 자신의 관점을 극복하도록 훈련되어야 한다고 말했다(Kovach & Rosenstiel, 2014). 언론의 정파성을 의심받는 시대, 기사로부터 한걸음 떨어지라Stay out of the story는 기사 작성의 기본 원칙을 되새겨봄 직하다.

주장만 퍼나르는 기자들

주장만 있고 사실이 없는 뉴스 생산 관행 버리기

이완수

> 유시민 노무현재단 이사장은 24일 "검찰이 재단의 은행 계좌를 들여다본 것을 확인했다"며 불법 사찰 의혹을 제기했다. 이에 대해 검찰은 "관련 계좌 추적을 한 사실이 없다"며 "법 집행기관에 대한 근거 없는 악의적 허위 주장을 이제는 중단하라'고 정면 반박했다.
>
> 유 이사장은 이날 오후 유튜브 채널 '유시민의 알릴레오'에서 "어느 경로로 확인했는지 지금으로선 일부러 밝히지 않겠지만 노무현재단의 주거래은행 계좌를 검찰이 들여다본 사실을 확인했다"고 했다.

위의 글은 지난 2019년 2월 24일자 조선일보 사회면에 실린 기사이다. 얼핏 보면 기사에 큰 문제가 없어 보인다. 문제를 폭로한 정보원의 이름과 날짜가 명시되어 있고, '유시민의 알릴레오'라는 정보의 출처도 분명하다. 외견상 누가, 언제, 어디서, 무엇이라는 육하원칙의 기사 조건도 갖추었다. 이해 당사자인 검찰의 반박 주장도 함께 실었으니 나무랄 데가 없다.

그러나 이 기사를 끝까지 읽다 보면 의문이 드는 게 한둘이 아니다. 유 이사장이 유튜브 채널에서 이러이러한 주장을 했다는 내용과 맨 끝에 그의 주장을 반박하는 익명의 검찰 쪽 말이 인용되어 있는 것이 골자다. 그의 주장이 정말로 옳은 것인지, 검찰의 반박은 과연 믿을 수 있는 건지, 그런 반박을 하는 익명의 검찰 관계자는 누구인지, 어떤 근거를 갖고 그의 주장이 틀렸다는 말인지 알 수 없다. “어느 경로로 확인했는지 지금으로선 밝히지 않겠다”(유시민)는 말은 도대체 무슨 뜻인지, “근거 없는 악의적 허위 주장을 중단하라”(검찰)라는 성명에 가까운 검찰의 반박 근거는 무엇인지 기사 어디에서도 찾아볼 수 없다. 한마디로 유시민과 검찰이 이렇게 서로 주장했다는 공방을 전달한 것에 지나지 않는다.

우리가 뉴스 기사에서 알고 싶은 것은 이해 당사자들이 어떤 문제에 대해 내뱉는 일방적 주장이 아니다. 사람들은 그런 주장을 일방적으로 듣기 위해 아까운 시간을 내어 뉴스를 읽지는 않는다. 그보다는 그런 주장이 근거가 있는 것인지, 근거가 없다면 어떤 이유 때문인지, 양쪽의 주장을 확인해주는 제3자의 의견은 무엇인지를 통해 ‘진짜 사실real facts’을 알고 싶을 뿐이다.

최근 한국 기자들의 보도 관행 가운데 하나가 누군가의 일방적 주장을 아무런 확인 절차 없이 그냥 전달 보도를 하고 있다는 점이다. 기자의 기본 사명은 누군가의 주장을 전달하는 게 아니다. 대신 주장의 사실 여부를 확인해 정확히, 그리고 균형을 갖춰 독자나 시청자에게 친절하게 알려주는 데 있다. 최근 가짜뉴스 시비가 벌어지는 것도 결국은 기자들이 사실을 제대로 확인하지 않은 정보를 마구 쏟아내기 때문이다. 미국 포인터 연구소 연구팀은 디지털 시대 '언론인을 위한 지도원칙Guiding Principles for Journalists'에서 저널리즘의 중요한 핵심 가치 가운데 하나로 투명성을 꼽았다. 이들이 말하는 투명성은 복잡한 게 아니다. 사실을 어떻게 취재했으며, 사람들이 왜 그 사실을 믿어야 하는지, 취재원과 증거는 무엇인지, 그리고 (기자) 자신들이 내린 선택의 타당한 이유를 밝히라고 말한다. 서로 경쟁하는 여러 시각을 발굴해 함께 전달하라는 내용도 들어 있다. 이들 내용은 정확한 사실을 전달하는 게 의무인 기자라면 마땅히 거쳐야 할 기본 원칙들이다.

저널리즘에서 가장 위대한 가치는 진실이다(McBride & Rosenstiel, 2014). 진실이 빠진 저널리즘은 존재 가치가 없다. 진실은 기사의 투명성에서 나온다. 투명성은 기사가 누구로부터 어떻게 취재되었고, 사실의 옳고 그름이 무엇인지를 밝히는 것에서 출발한다. 그런 점에서 투명하지 않은 기사는 진실 된 기사가 아니다. "유시민 이사장이 이런 말을 했다", "검찰이 이렇게 반박했다"는 식으로는 투명성이 보장되지 않는다. 누구의 말을 단순히 옮기는 식으로는 저널리즘의 궁극적 가치인 진실에 도달할 수 없다.

미국 매체 비평가인 빌 코바치B. Kovach와 톰 로젠스틸T. Rosenstiel이 기자들에게 "확인하라verify", 또 확인하라reverify"고 주문한 것도 사실 확인 과정이 곧 투명성이고, 진실이라고 보았기 때문이다. 검증과 확인이 빠진 사실(?)은 뉴스news가 아니다. 그것은 그냥 세상에 떠도는 수많은 정보information에 지나지 않는다. 한국 언론학자들이 최근 펴낸 『현장기자를 위한 체크리스트』(2019)라는 책에서도 "사실의 검증"과 "진실의 삼각측정"에 대한 중요성을 특별히 강조한다. 이는 한국 기자들이 사실의 검증 과정을 소홀히 하고 있다고 보았기 때문일 것이다.

요즘 한국 기자들이 자주 다루는 정보원 가운데 하나가 페이스북, 트위터, 유튜브에 올라오는 의견과 주장들이다. '유시민의 알릴레오', '홍준표의 홍카콜라', '김어준의 뉴스공장', '강용석의 가로세로 연구소', '조국의 페이스북' 등 이른바 숱한 소셜미디어에 올라오는 의견과 주장들이 하루가 멀다 하고 주요 뉴스로 다뤄진다. 그것들이 아무리 의견이고 주장이라고 하더라도 사회적 관심 사항이고, 중요한 내용이라면 보도하지 않을 이유는 없다. 문제는 기자들이 소셜미디어에 늘어놓는 누군가의 주장을 확인과 검증의 과정을 거치지 않은 채 그냥 전달하고 있기 때문이다. "유시민은 이런 주장을 했다", "홍준표는 이런 말을 했다", "김어준은 이런 사실을 밝혔다"는 식이다. 기사 속에 의견이나 주장은 넘쳐도, 그 의견이나 주장이 정말로 옳은지를 확인할 수 있는 단서나 내용은 별로 보이지 않는다. 누군가가 페이스북에서, 트위터에서, 유튜브에서 어떤 주장을 했다면 적어도 당사자에게라도 그런 주장을 하는 이유와 근거 정도는 확인하는 절차를 거쳐야 옳다. 그런 절차를 거치지 않았다면, 세간에 떠도는 소문이나 풍문을 그대로 옮겨다 전달하는 것과 별반 다르지 않다. 그것은 교양 있는 시민이 소비해야 할 뉴스가 아니다.

요즘에는 누구나 인터넷 또는 소셜미디어를 통해 자신의 주장이나 의견을 밝힐 수 있다. 하지만 그것이 시민들을 위한 뉴스가 되기 위해서는 반드시 사실의 확인과 검증의 과정을 거쳐야 한다. 기자가 사회에 공표하는 뉴스에서는 어느 누구의 일방적 주장을 담아서는 안 된다(Shirky, 2014). 일방적 의견이나 주장은 정치적 성명서는 될지 몰라도 사회적 공공재로서의 뉴스는 아니다.

뉴스의 존재 가치는 시민의 궁금증을 풀어주는 데 있다. 궁금증이 생겨나는 기사는 좋은 기사가 아니다. 기사를 읽고 궁금증이 생겨나는 것은 전달하려는 사실이 제대로 드러나 있지 않기 때문이다. 그런 점에서 한국 기자들은 궁금증을 더해주는 '불량 뉴스'를 생산하는 데 진을 빼고 있는 것은 아닌지 되돌아볼 필요가 있다. 마감 시간이 짧아진 데다 디지털 속보 경쟁까지 벌어지는 상황에서 누구의 주장을 일일이 확인하는 여유를 갖기는 물론 쉽지 않다. 기자들이 사실 확인을 하고 싶어도 취재 현실이 녹록치 않을 수도 있다. 기자들이 사실 확인이 안 된 뉴스를 내보낼 수밖에 없는 현실적 고민도 거기에 있을 것이다.

그렇다고 누군가의 일방적 의견이나 주장을 앵무새처럼 옮겨 전달해도 무방하다는 뜻은 아니다. 뉴스는 어떤 경우에도 정치인이 선거 유세장에서 자신의 생각을 무책임하게 내뱉는 연설문이 될 수는 없다. 뉴스는 정확한 사실에 바탕을 두고 진실을 드러낼 때 가치를 인정받는다. 시간이 걸려도 더 엄격하고, 더 철저하게 확인을 거친 사실을 공표해야 하는 이유이다. 한국 기자들이 사회적 신뢰를 얻기 위해서는 이해당사자의 주장을 서로 직접 확인하고, 제3자를 통해 재차 확인하는 이른바 '삼각확인triangulation'이 필수적이다. 만약 그것이 어떤 사회적 시빗거리나 쟁점 사항이라면 더 말할 나위가 없다. 삼각확인을 통해 사실 검증을 받지 않으면, 원칙적으로 기사로 내보내지 않는다는 단순한 저널리즘의 원칙을 늦었지만 진지하게 고민할 때가 되었다.

"의견은 자유이지만, 사실은 신성하다the comment is free, but facts are sacred"는 영국의 저명한 저널리스트 출신인 C. P 스콧의 언급이야말로 오늘날 한국 기자들에게 더없이 필요한 금언이다.

3장

취재원과 인용

방송 뉴스의 익명 취재원 오·남용과 저널리즘 원칙의 준수

김경모

한국 언론의 신뢰도 저하 경향은 주지의 사실이다. 한국언론진흥재단이 조사한 시계열 결과를 보더라도 신뢰도 저하 추세가 뚜렷하다. 현장을 바라보고 있으면 반등해서 회복될 단서도, 좋아질 기미도 보이지 않는다. 로이터저널리즘연구소가 집계하는 언론 신뢰도의 국제 비교 자료는 조사 대상 국가 가운데 한국이 최하위 군에 속한다는 부끄러운 현실을 가리킨다. 언론 신뢰도와 직접 연관된 뉴스의 품질 역시 우려스럽기는 마찬가지다. 좋은 저널리즘 연구회가 PEJ 지수 등을 이용해 국내 유력 언론과 해외 유력 언론의 뉴스 품질을 비교 분석한 연구서 시리즈, 『기사의 품질』과 『텔레비전 뉴스의 품질』은 한국 신문과 방송의 기사 품질이 '위험 수준'이라는 것을 경고한다.

미국 언론학자 레온 시걸Leon Sigal은 '취재원이 그러하다고 말한 바가 곧 뉴스'라는 취지로 뉴스를 정의한 바 있다. 뉴스의 품질이나 신뢰도가 모두 취재원 문제로 환원되는 것은 아니다. 하지만 저널리스트가 모든 현장을 직접 관찰하는 것이 불가능하고 기사화할 모든 사안에 대해 정통하지도 않은 현실을 고려해보자. 기사의 품질과 신뢰도는 핵심 정보와 의견을 제공하는 취재원의 식견과 전문성에 상당 정도 의존할 수밖에 없다. 접촉하는 취재원이 사안에 정통한 믿을 만한 인물인지, 그가 전달하는 정보가 왜곡되진 않았는지 재확인하고 선별하는 것은 오롯이 기자와 언론사의 몫이다.

미시적으로 뉴스에 접근해보면, 기사 취재와 작성을 위해 저널리스트가 이용하는 취재원이 뉴스의 품질과 신뢰도를 결정짓는 출발점이라는 데는 큰 이견이 없을 것 같다. 그래서 뉴스를 이루는 핵심 정보를 제공하는 취재원과 정보 출처의 정확성과 균형성 그리고 전문성과 신뢰성은 아무리 강조해도 부족하다. 취재원과 정보 출처를 뉴스 기사에서 정확하고 빠짐없이 제공하는 일은 두말할 것 없이 저널리즘의 기본 원칙이다. 취재원 투명성은 기자가 얼마나 정당한 방법으로 정확한 정보를 습득했는지를 보여주는 지표이자 기사 신뢰도를 좌우하는 핵심 요인이라는 점에서 좋은 저널리즘의 기준처럼 간주된다는 것이다.

하지만 '예외 없는 원칙 없다'는 말처럼 언론 현장에선 불가피하게 익명 취재원을 활용해 보도할 사정도 발생한다. 뉴스 제작 현장에서 취재원 비닉권을 구현할 가장 현실적인 방안으로 받아들이는 익명 보도는 취재원의 신원이나 소재를 가림으로써 이들을 보호하려는 기사 유형을 말한다. 익명 보도는 취재원의 발언권과 자유를 확보해 훨씬 풍부한 자료와 정보를 제공하는 장점이 있다. 하지만 익명 정보가 과장되거나 위조될 수 있다는 점에서 기사와 언론사의 신뢰도를 떨어뜨린다는 약점도 지적된다. 출처가 불명확하거나 신원을 익명 처리할 경우 독자와 시청자는 정보의 정확성을 판단할 근거가 없기 때문에 정말 믿을 만한 기사인지 의심의 여지가 커질 수밖에 없다.

익명 보도는 이처럼 양면성을 지닌다. 그래서 한국과 영국을 대표하는 공영방송 KBS와 BBC도 뉴스 제작과 편집 가이드라인에서 익명 취재원을 사용하는 경우를 명시하고 있다. 흥미롭게도 두 방송사의 가이드라인은 ①공익을 달성하기 위해, ②법적 분쟁을 방지하기 위해, 그리고 ③프라이버시를 보호하고 신변 안전을 보장하기 위해 제한적으로 익명 취재원을 사용할 수 있다고 규정하는 공통점을 지닌다. 익명으로 처리할 사정이라면, 철저하게 익명성을 보장하도록 조치하고 엄정하게 관리해야 한다는 점도 강조한다. 물론 문화적 차이를 반영하는 대목도 찾을 수 있다. 익명을 위한 기술 처리(모자이크, 음성 변조)에 대해 KBS의 규정은 취재원을 완벽하게 가리는 데 초점을 맞춘다. BBC는 방송 품질을 침해하지 않는 선에서 제한적으로 활용하라고 주문한다. 문제는 실명 보도를 원칙으로 앞세우는 언론사의 취재 준칙이나 윤리 강령이 익명 허용 조항을 상당히 폭넓게 해석할 여지를 두고 있다는 점이다. 실제 현장에서 잘 지키지도 않아 가이드라인으로서 실효성이 떨어진다는 비판도 드세다. 하지만 가이드라인의 구체성이나 적실성을 구두선으로 염려하는 것은 별 의미가 없다. 규정을 숙지하고 준수하도록 교육과 훈련을 통해 기자의 내면화를 유도하고 실천 의지에 대해 조직 차원에서 독려하고 점검하는 관행을 수립하는 조직 문화가 훨씬 더 중요하다.

공영방송의 모범으로 평판이 자자한 BBC는 익명 보도와 관련해 KBS와 유사한 가이드라인을 지침으로 두고 있지만 기자 개인의 규정 체득 정도나 조직적 실천의 강도는 우리와 딴판이다. 한국지사에 근무

하는 BBC의 한 기자는 개인 인터뷰에서 "초년 기자 시절, 익명 취재원 이용에 관한 가이드라인을 외우도록 훈련받고 상급자 앞에서 이를 발표해 확인받는 엄격한 교육 과정을 거쳤다"고 밝혔다. 영국군의 이라크 침공 개입을 보도하면서 발생했던 이른바 '길리언-켈리 파문'은 분명 BBC의 역사에 오점으로 남을 것이다. 하지만 위기를 저널리즘의 새 전기로 발전시킨 조직의 저력을 보여줬던 사례로 기억된다. 파장 이후 광범위한 조사를 거쳐 펴낸 보고서와 후속 조치를 보면 BBC가 익명 취재원 이용에 얼마나 민감하게 대처하고 엄격하게 관리하는 시스템을 구축하고 보도 관행을 재정립했는지 확인할 수 있다. 기사의 핵심 취재원을 익명 처리하거나 단일 익명 출처에 의존하려면 편집 정책을 확인하고 반드시 법률 자문을 받도록 게이트키핑 과정을 강화했다.

그럼 한국 방송 뉴스의 익명 취재원 이용 관행과 보도 실태는 어떠할까? TV 뉴스의 익명 보도에 대한 방송 기자의 인식을 질적 분석한 이윤희와 조연하(2017)에 따르면, 한국의 방송 기자는 익명 보도를 불가피한 선택으로 너무 쉽게 용인하는 경향을 보인다. 언론 현장에서 요구되는 실무 지식을 '도제식'으로 대물리면서 일선 기자들은 익명 취재원 오·남용의 폐해에 민감할 정도로 교육과 훈련을 체계적으로 받는 것 같지 않다. 문제의 심각성은 익명 보도를 둘러싼 관행의 실천 방식이나 그 결과로서 뉴스 보도가 가이드라인의 제한적 지침과 동떨어진 경우가 많다는 점이다. 심지어 익명 보도가 조직 차원의 법률적 보호를 받지 못하고 책임 문책이나 소송에 휘말리는 것이 성가시고 두려워 기자가 자의적으로 방어기제를 작동시킨 결과로 이해되기도 한다.

그래서 방송 뉴스의 익명 취재원 이용 실태를 가늠하고자 KBS <9시뉴스>와 BBC <10시뉴스>를 대상으로 사운드바이트의 익명 처리 여부를 분석해봤다. 큰 이슈나 사건이 없었던 2018년 11월 셋째와 넷째 주 뉴스(주말 제외한 열흘 치)를 임의 선택했다. 주 구성 표집constructed week sampling 같은 랜덤 표본이 아니고 분석 사례수도 적어 결과를 일반화하기는 어렵다. 하지만 익명 취재원 이용에서 드러나는 몇 가지 주목할 패턴의 차이를 발견할 수 있었다.

KBS는 분석 대상 193건 가운데 익명 취재원을 사용한 기사가 54건(28%)이었다(우리나라 신문과 방송의 익명 취재원 비율이 25-30% 정도라는 기존 연구들과 비슷한 수준이다). 직업 분포에서 정부인사(공무원), 기업인, 일반 시민의 익명 처리 비중이 상대적으로 높았다. 일반 시민은 단순히 분위기나 배경지식을 전하는 인터뷰임에도 익명으로 등장하는 사례가 상당했다. 정부인사(공무원)는 반투명 취재원(소속기관만 드러나고 실명을 밝히지 않음)으로 처리하는 경우가 많았다. 사회부 고발 기사에서 당사자 또는 관계자로서 해명성 인터뷰를 싣는 사례가 주로 해당됐다. 대통령, 주요 정치인, 청와대 관계자는 거의 실명이었다.

BBC는 분석 기사 78건 가운데 오직 5건(6%)만 익명 취재원을 사용했다. 익명 인터뷰는 미성년자 또는 범죄 관련 보도에서 인용되는 일반 시민과 범죄 관계자만 해당됐다. 예외 없이 취재원의 프라이버시와 안전을 보장하려는 취지가 뚜렷한 사례로 국한됐다. 익명 취재원을 반투명 처리한 어정쩡한 기사는 한 건도 없었다. 직업과 지위에서 정치인, 기업인, 공무원 등 유력자는 모두 실명으로 투명하게 등장했다. 일반 시민도 거의 실명 인터뷰로 출연했다.

익명을 보장하고자 취재원 인터뷰를 기술적으로 처리하는 방식도 눈에 띈다. KBS는 익명 인터뷰의 영상을 모자이크 처리하거나 음성을 변조한 경우가 전체 사운드바이트 인터뷰의 32.5%(83회/255회)에 달했다. BBC의 경우, 사운드바이트 인터뷰 사례(110회) 가운데 모자이크나 음성 변조를 사용한 경우는 두 차례(1.8%)에 그쳤다. 화면에 등장하는 취재원 주변 인물의 얼굴을 가리는 지저분한 영상 처리도 없었다. KBS는 자사 규정에서 제3자가 익명 취재원의 신원을 알 수 없을 정도로 화면 구성에 주의를 당부하지만, BBC는 방송의 품질에 영향을 미치지 않는 수준에서 기술 처리를 규정한다. 어떤 규정이 더 옳다고 말하기는 어렵다. KBS 뉴스에서 모자이크와 음성 변조된 영상이 빈번하게 등장하는 것은 이유야 어떠하든 시청자가 질 좋은 방송을 시청할 권리를 침해할 가능성이 있다. 뉴스의 신뢰도에도 부정적인 영향을 미친다. 개인적인 전화 인터뷰에서 KBS의 한 간부급 중견 기자는 실명 보도에 따른 소송 위협과 과도한 항의가 다반사인 현장 고충을 토로하면서 이런 견해에 대체로 동의했다.

가이드라인만 놓고 보면, 두 방송사 모두 익명 취재원 이용이 윤리적으로 문제될 수 있다고 인식하고 있고, 규정도 비슷한 수준과 유형으로 명시돼 있다. 두 언론 조직 모두 실명 보도가 원칙이지만, 사회적 약자(범죄 피해자, 미성년자, 심신 미약자)의 신원 보호에 주의할 것을 강조한다. 신분을 가리지 않으면 출연을 고사하거나 실명 노출을 완강히 반대할 경우 익명 취재를 허용한다고 예외 규정을 두는 것도 비슷하다. 그렇다면 앞에서 보듯 두 방송사의 익명 취재원 이용 행태에 차이가 나는 이유를 가이드라인이나 윤리 강령의 문제로 돌리기는 어렵다. BBC 뉴스는 익명 취재원 이용과 관련된 가이드라인의 제한적 규정을 철저하게 준수하려는 기자 개인의 내면화와 조직 차원의 실천이 잘 어우러진 관행과 조직 문화의 결과물이라는 시사를 얻기에 충분하다. KBS 뉴스의 익명 취재원 오·남용 현실은 이와 너무 거리가 멀다.

정직하고 투명한 취재 보도의 인용 원칙

배정근

요즘 뉴스에서 부쩍 자주 접하게 되는 단어 중 하나가 '관행'이다. 그런데 그 쓰임새는 매우 부정적이다. '갑질', '불공정', '리베이트', '전관예우'처럼 불명예스럽고 지탄받는 행위에 따라붙는다. 긍정적 의미로 쓰이는 경우라 해도 무언가 사회적 비판의 대상이 된 사람이 자신을 합리화하는 옹색한 변명이기 십상이다. 그렇지만 오래전부터 관례처럼 행해져온 일을 의미하는 관행은 개인과 집단의 행동 방식을 설명하는 유용한 개념이다.

언론학에서도 뉴스 생산 관행은 언론이 어떻게 뉴스를 만들어내며, 그 과정에 어떤 요인이 작용하는지를 이해할 수 있게 해주는 중요한 연구 대상이다. 언론학자 슈메이커와 리스(Shoemaker & Reese, 1996)는 뉴스 생산 관행을 언론 종사자가 직무를 수행하기 위해 이용하는 '정형화되고, 관습적이며, 반복되는 활동과 형식'으로 정의한다. 이러한 관행은 뉴스 발생의 불확실성, 마감 시간, 취재 가능성 같은 수많은 제약 속에서 효율적이고 안정적으로 뉴스를 생산해야 하는 언론 조직의 요구에 부합한다.

언론 보도가 조직적 관행의 산물이라는 시각은 뉴스가 현실을 그대로 비추는 거울이 아니라, 언론에 의해 만들어지고 구성된 현실임을 시사하는 것이어서 그 의미가 가볍지 않다. 뉴스 관행은 뉴스 수집, 가치 판단, 게이트키핑, 제작 방식, 보도 방식 등 언론의 취재 보도 활동 전 과정에 걸쳐 작용하며 결과적으로 뉴스 내용에 지대한 영향을 미친다.

언론은 우리 사회의 구시대적이고 불공정한 많은 관행을 매일 비판하지만, 언론 내부에도 저널리즘의 원칙과 가치를 저버리는 잘못된 관행이 산적해 있고, 좀처럼 바뀌지 않는다. 2018년 11월에 연합뉴스가 보도한 정세현 전 통일부 장관 방북설 오보만 보더라도 그렇다. 문제의 오보는 연합뉴스가 중국 선양의 '한 교민'의 전언을 근거로 정세현 전 통일부 장관이 선양을 거쳐 평양에 들어갔다고 보도한 것이다. 기사는 비행기 편명까지 제시했다.

하지만 정 전 장관은 그 시점에 서울에 있었고, 언론사의 사실 확인 전화에 일일이 응대했지만 사전에 연합뉴스와는 아무런 접촉도 없었다고 한다. 전화 한 통이면 해결할 수 있는, 당사자 확인이라는 취재의 기본 절차도 지키지 않은 어설픈 기사였다. 충실한 사실 확인보다 속보 경쟁을 우선시하는 한국 언론의 고질적 관행이 빚어낸 참사다. 다른 언론도 아니고 뉴스의 도매상인 연합뉴스가, 혼자만 취재한 사안을 이렇게 성급하게 보도한 배경과 내부 게이트키핑이 작동하지 않은 이유가 무엇인지 이해하기 어렵다. 이제는 통신사도 제휴사에 대한 뉴스 공급보다 포털 공간에서 다른 매체와의 속보 경쟁이 더욱 중요해졌기 때문이 아닌가 추측할 뿐이다.

그러나 이 오보 사태에서 정말 부끄러운 치부를 드러낸 언론사는 따로 있었다. 많은 언론사들이 이 오보를 그대로 보도했지만, 일부 언론사는 연합 통신을 인용하지도 않은 채 마치 자신들이 취재한 내용처럼 보도했다. 여기에는 KBS를 비롯한 지상파 방송사와 유력 신문들도 예외가 아니었다. 다만 온라인에만 보도되고, 곧바로 삭제했기 때문에 조용히 넘어갔을 뿐이다.

이 소동이 보여주듯 국내 언론이 기초적인 저널리즘의 원칙조차 지키지 않는 대표적 관행이 뉴스의 출처를 정확히 밝히지 않거나 취재원을 제대로 인용하지 않는 것이다. “뉴스는 일어난 일이 아니라 누군가가 일어났다고 말한 것”이라는 언론학자 레온 시갈(Leon Sigal, 1986)의 말은 뉴스에서 취재원이 차지하는 중요성을 강조하면서, 뉴스가 본질적으로 취재원의 말을 인용하는 전달 양식임을 일깨워준다. 따라서 취재원이 누구인지를 분명히 적시하고, 그 발언 내용을 정확히 인용하는 것은 기사 작성의 초보적 원칙이다. 마치 글쓰기에서 맞춤법을 지켜야 하는 이치와 같다. 열거하자면 끝도 없이 많을 한국 언론의 잘못된 관행 가운데 이 문제를 특히 중요하게 거론하는 이유다. 박재영 · 이완수(2007)는 “인용은 기자가 제3자적 관찰자로서 보고 듣고 얻은 정보로 기사 내용이 구성됐음을 증빙하는 도구이며, 취재원 적시는 그런 정보의 원천과 입수 방식을 보여주는 것”이라고 설명한다.

출처 공개와 정확한 인용 원칙은 모든 기사 내용에 다 적용되고, 세부적으로 따지고 들어가면 매우 다양하고 복잡한 유형의 문제들이 내포돼 있다. 그중에서도 심각한 현상이 언론 상호 간의 인용과 출처 적시 관행이다. 타 언론사가 보도한 기사를 아무런 출처와 인용 없이 그대로 베껴 쓰거나 표절하는 행태가 언론계에 만연해 있기 때문이다.

가장 대표적 유형이 연합뉴스 같은 통신 기사를 거의 전문 그대로 가져다 쓰면서 출처를 밝히지 않는 것이다. 특히 통신사와 전재 계약을 맺고 있는 언론사 사이에서는 이를 당연시하는 경향마저 있다. 그러나 이는 명백한 표절 행위다. 여러 언론에 난 기사를 조금씩 짜깁기해서 쓰는 기사 역시 정도는 덜해도 마찬가지 표절이다. 일부에서는 단순히 사실을 전달하는 뉴스는 저작권을 인정받지 못한다는 주장을 펴기도 하지만, 전체적인 구성이나 논조에 창작성이 있는 경우 기사도 저작권 침해를 인정하는 것이 최근 법원 흐름이다.

또 다른 빈번한 유형은 타사 기사를 인용하면서 해당 언론사 이름을 굳이 밝히지 않는 경우다. '언론 인터뷰를 통해', '한 매체와의 인터뷰에서', '한 언론 보도에 따르면', '해당 지역신문 보도에 따르면' 식으로 넘어간다. 그렇지만 인용한 내용이 논란의 소지가 있거나 소송 등 당사자 반발이 우려될 경우에는 인용한 언론사 이름을 적시하는 이중적 태도를 보이기도 한다. 최초 보도한 언론사의 노고는 존중하지 않으면서 책임 소재는 그쪽에 넘기려는 얄팍한 태도다.

타 언론에 보도된 내용을 어떻게 다뤄야 하는지에 대해 뉴욕타임스는 매우 구체적인 가이드라인을 갖고 있다. 1998년 발표된 이 신문의 '정직성integrity 가이드라인'에 따르면, 기본적으로 타 언론의 뉴스는 반드시 사실 여부를 확인해서 뉴욕타임스 독자적으로 보도하는 것이 원칙이다. 시공간적 제약 등으로 불가피하게 타 언론 보도를 인용할 경우 그 언론사를 적시해야 하며, 이는 통신사 보도 역시 마찬가지라고 못박고 있다. 특히 타 언론 보도를 확인해서 자체적으로 쓰는 경우에도 '정직성과 타사에 대한 예의 차원'에서 최초 보도한 언론사를 기사에 밝히도록 권고하고 있다. 국내 신문 윤리 실천 요강에도 통신 기사의 출처 명시와 타 언론사 보도 표절 금지 원칙(제8조)이 명확하게 규정돼 있다.

기사의 출처와 보도의 근거가 되는 자료들을 투명하게 밝히는 자세는 디지털 뉴스 환경에서 새롭게 강조되는 언론 윤리 기준이다. 미국의 저명 언론 연구 기관인 포인터연구소는 그동안 '언론인을 위한 지도 원칙Guiding Principles for Journalists'으로 '진실성', '독립성', '피해 최소화' 세 가지를 제시해왔으나 2013년 이 가운데 '독립성'을 '투명성'으로 대체했다. 누구든지 뉴스를 생산할 수 있는 변화된 디지털 환경에서 뉴스 생산자의 독립성은 모호해지고 있으며, 저널리즘이 신뢰를 확보하기 위해 더 중요한 기준은 투명성이라고 봤기 때문이다.

투명성 원칙의 첫 번째 권고는 이렇다. "어떻게 취재했으며, 왜 사람들이 신뢰해야 하는지를 보여줘라. 취재원과 증거 그리고 여러분이 내린 선택을 설명하라. 여러분이 알 수 없는 부분을 밝혀라. 지적 정직성을 지침으로 삼고, 겸손함을 자산으로 삼아라."(McBride & Rosenstiel, 2014).

디지털 환경으로 인해 이제 시민들은 뉴스의 출처와 원본을 언론인과 거의 동시에 확인할 수 있다. 기자들에게 배포되는 공공기관의 보도자료는 곧바로 해당 기관 홈페이지에 공개되고, 민간 기관이나 기업 등에서 나오는 각종 데이터와 자료 역시 마찬가지다. 이러한 추세를 반영해 해외 명망 있는 언론사들은 기사의 출처가 된 원자료 또는 그 출처를 기사 본문에 링크해 독자들이 바로 확인할 수 있도록 하는 서비스를 제공하고 있다. 국내에서는 규모가 큰 언론사조차 시도하지 않고 있다.

이들 언론사가 부가적인 투자와 노고를 감수해가며 기사의 출처와 근거 자료를 제시하는 까닭은 당연히 독자의 신뢰를 얻기 위해서다. 언론의 생명이 신뢰에 있음은 상식이다. 영국 로이터저널리즘연구소가 매년 38개국을 대상으로 조사해 발표하는 보고서에서 한국은 2016년부터 2019년까지 4년 연속 뉴스에 대한 신뢰도가 꼴찌를 기록했다 (Newman, 2019). 사회적 자본으로 표현되는 신뢰가 이렇게 추락하고 있는 것은 언론 자체뿐 아니라 공동체의 미래를 어둡게 하는 심각한 문제다. 이런 불신은 취재 대상에게는 엄격한 원리 원칙과 가혹한 도덕적 잣대를 들이대는 언론이 정작 자신들은 원칙도 없고 비윤리적인 취재 보도 관행에서 탈피하지 못하고 있는 현실과 무관치 않다.

국내 언론이 잃어버린 신뢰를 되찾으려면 무엇보다 먼저 독자 앞에서 정직해야 한다. 뉴욕타임스의 윤리 규범은 매우 상세하고 방대한 것으로 유명한데 이를 통해 확보하려는 가치도 바로 정직성이다. 정직한 보도는 투명한 보도에서 시작된다. 그러기 위해 인용과 적시라는 기본 원칙부터 확고한 관행으로 만들어가야 한다.

베끼는 관행은 그만, 독자적 취재의 원칙을 지키자

이나연

'한국 저널리즘의 문제점'이라는 대학 강의에서 취재원과 인용을 주제로 수업할 때였다. 기사를 직접 읽으면서 한국 뉴스 매체에서 주로 사용하는 취재원은 누구인지, 그리고 취재원 사용의 문제점은 무엇인지를 살펴보던 중 한 학생이 손을 들었다.

"교수님, 제가 찾아본 기사는 일본에서 카를로스 곤 닛산 회장이 부정 혐의로 검찰에 체포되었다는 국제부 기사인데요, 이 기사는 'NHK 등에 따르면'이라고 되어 있어요. 그럼 NHK가 취재원인가요? 언론사가 언론사를 취재원으로도 사용하나요? 기사에는 모두 닛산 관계자의 발언을 모두 직접 인용했는데, 이 발언은 국내 매체의 기자가 취재한 건가요?"

기사를 찬찬히 들여다보니, 수업에서 강조했던 취재원 사용의 원칙들은 제대로 지켜지지 않았다. 기사의 출처를 NHK 등이라고 밝혀 인용한 매체가 정확히 어디인지를 파악하기 어려웠고, 보도된 사실fact 중 타사 보도의 내용과 국내 기자가 직접 취재한 내용을 구분하기도 어려웠다.

그렇다면, 해외의 유력 매체들은 이러한 사안을 어떻게 보도할까? 우리는 같은 사건을 이들 매체가 어떻게 보도했는지를 찾아보기로 했다. 뉴욕타임스와 워싱턴포스트는 같은 날 현지 특파원이 닛산이 개최한 기자 회견에 참석하여 해당 이슈에 대해 직접 취재하고 확인한 내용을 토대로 기사를 작성했다. 따라서 기사화된 모든 사실은 해당 언론사의 기자가 직접 취재한 것이었으며—따라서, 타사 보도를 인용할 이유가 없었으며—취재원 사용 원칙에 어긋난 사례도 찾기 어려웠다. 물론, 우리의 경우 언론사별로 기자의 수가 이들 매체에 비해 턱없이 적어 현지 취재는 꿈도 꾸기 어려울지도 모른다.

국내 뉴스 매체에선 "A언론사에 따르면" 등과 같이 다른 뉴스 매체의 기사에 의존한 기사를 쉽게 볼 수 있다. 특히, 국내 뉴스 매체의 관행상 국제부 기사는 해외에서 발생한 사건이나 이슈를 다룬다는 점에서 해당 국가 뉴스 매체의 보도를 인용하는 데에 일종의 '면죄부'를 받아온 측면이 강하다. 하지만, 온라인 미디어 환경에서 국내 이슈를 다룬 기사에서도 타사 보도의 인용이 갈수록 많아지고 있다. 문제는 타사 보도를 인용하면서, 인용의 원칙을 정확히 지키지 않을 뿐 아니라, 출처를 밝힌 기사에도 문제점이 적지 않다는 점이다. 이 글에서는 출처를 밝히고 다른 매체의 뉴스를 인용한 사례들의 문제를 다루기로 한다. 즉, 국내 뉴스 매체에서 타사의 기사를 인용할 때 어떤 문제가 있는지, 그리고 서구의 주요 뉴스 매체에서는 이와 관련해 어떠한 원칙을 제시하고 준수하는지를 살펴보자.

우선, 국내에서 다른 뉴스 매체의 기사를 가져다쓰는 관행이 생겨난 이유는 국내 뉴스 매체의 열악한 근무 환경에서 찾을 수 있다. 해외의 주요 매체에 비해 턱없이 적은 숫자의 기자가 많은 기사를 다루다 보니, 자체 취재나 사실 확인에 소홀할 수밖에 없다. 한국언론진흥재단의 2017년 조사에 따르면 한국 기자는 주 평균 22.4개의 기사를 작성한다. 주 5일 근무라면 하루 4.4개의 기사를 쓰는 셈이다. 국가별 기자의 업무 부담은 매체별 기자 숫자로 추정해볼 수 있다. 미국의 일간지 뉴욕타임스는 약 1,400명, 일본의 일간지 아사히도 약 2,300명에 이르지만, 한국은 종합 일간지 11곳의 전체 기자 숫자가 2,615명에 불과하다(한국언론진흥재단, 2018). 산술적으로는 언론사별 기자 숫자가 200명을 조금 웃도는 수준이다. 해외 이슈를 다루는 국제 기사에서 타사 기사의 짜깁기가 많은 이유도 해외 파견 특파원 숫자가 국내 언론사별로 채 10명도 되지 않는 현실에 기인할 것이다.

그럼에도 불구하고, 다른 뉴스 매체의 기사를 인용하는 것은 저널리즘의 기본 원칙인 '독자적 취재Originality'를 위반한다는 점에서 문제가 있다. 기자의 업무란 사실을 확인fact-checking하는 것이며, 독자적 취재란 사실 확인을 다른 누구에게 의존하지 말고 스스로 하라는 원칙이다. 만일 A사가 "B언론사에 따르면"이라는 기사를 내보낼 경우, A사는 "B사에서 충분한 취재를 통해 사실 확인을 했을 것"이라고 암묵적으로 가정하면서 자사의 보도에 대한 사실 확인 의무를 B사에 떠넘긴 것으로 볼 수 있다. 게다가 B언론사의 보도가 정확하지 않을 경우에는 A언론사는 사실을 확인하지 않는 채 보도했다는 비난, 그리고 오보를 시민들에게 퍼 나른 것에 대한 책임도 피할 수 없다. 이 때문에 독자적 취재는 기사의 정확성accuracy을 담보한다고 여겨진다.

정확성은 또한 해당 매체에 대한 시민들의 신뢰도와도 직결된다. 영국의 공영방송 BBC는 자사가 추구하는 최고의 가치가 시민의 신뢰trust이며 정확성accuracy과 불편부당성impartiality을 통해 획득할 수 있다고 밝힌다. 이 때문에 해외의 주요 뉴스 매체는 반드시 필요한 경우에 한해 제한적으로 타사 기사의 인용을 허용하며 독자적 취재를 핵심적 원칙으로 제시하고 있다.

또한 해외의 주요 뉴스 매체들은 타사 인용 보도의 원칙을 제시하고 이를 준수하도록 독려한다. 주요 내용을 살펴보면, 첫째, 타사의 보도를 인용할 때 출처를 명확하게 밝히며, 그렇지 않을 경우 표절의 위험이 있다고 본다. 이는 통신사의 기사를 인용할 때에도 마찬가지이다. 따라서, 국내에서 자주 사용하는 "한 언론 보도에 따르면" 등과 같이 인용은 허용되지 않는다.

둘째, 다른 언론사의 기사를 인용할 때에도 타사에서 보도한 내용과 자사 기자가 스스로 취재한 내용을 각각 명확하게 구분한다. 구체적으로, 워싱턴포스트는 "독자는 우리의 기자가 본 것과 통신, 공동 취재단, 이메일, 웹사이트 등에서 얻은 내용을 구분할 수 있어야 한다"는 원칙을 제시한다. 그러나 국내에서는 기사를 시작하면서 "워싱턴포스트에 따르면"이라고 출처를 적시한 뒤, 마치 담당 기자가 직접 보고 들은 것처럼 작성하는 경우가 많다. 아예, "NHK, 아사히 등에 따르면"이라고 한 뒤 각 신문에 나온 내용을 짜깁기로 작성하는 기사도 적지 않다. 이러한 기사를 접한 독자들은 어떤 뉴스 매체에서 어떤 사실을 보도한 것인지 구분할 수 없다.

셋째, 어떤 뉴스 매체의 보도를 인용할 것인가도 제시한다. BBC는 자사 기자가 다른 언론사의 보도 내용이 사실임을 확인했거나 혹은 권위 있는 통신사의 기사만을 보도한다는 지침을 갖고 있다. 이에 비해 최근 국내에서는 익숙하지 않은 매체의 뉴스마저 인용하는 보도가 적지 않다. 같은 맥락에서 타사에 보도된 내용이라도 원자료를 확인해 자체적으로 보도할 필요가 있으나 우리는 이를 어기는 사례가 적지 않다. 예를 들어, "김정은 북한 노동당 위원장의 해외 은닉자산이 30억~50억 달러(약 3조 3,825억~5조 6,375억 원)에 이른다고 조봉현 IBK경제연구소 부소장을 인용해 아사히신문이 8일 보도했다"(동아일보, 2017년 9월 9일)의 경우 조 부소장을 직접 취재하여 기사를 작성해야 하지만 이러한 원칙을 지키지 않은 것이다.

마지막으로, 타사의 익명 보도에 대해서는 원칙적으로 인용해 보도하지 않는다. 이와 달리, 국내에서는 "뉴시스는 24일 대북 소식통을 인용해 '북한은 핵실험과 대륙간탄도미사일(ICBM)의 시험 발사 중단과 핵실험장 폐기를 결정한 노동당 중앙위 제7기 3차 전원 회의(20일) 직후인 22일 0시를 기점으로 그와 같은 보도 지침을 내려 보냈다'고 전했다"(조선일보, 2018년 4월 26일)와 같은 기사를 쉽게 접할 수 있다. 이와 관련, 미국의 전문 팩트체크 기관인 폴리티팩트PolitiFact는 익명의 취재원을 토대로 작성한 다른 뉴스 매체의 기사는 뉴스 가치가 매우 높을 때에만 인용하며, 이 경우에는 폴리티팩트가 자체적으로 사실 확인을 할 수 없었다는 점을 밝히도록 하고 있다.[1]

아마도 현장 기자라면 누구나 이제까지 소개한 원칙들을 이미 잘 알고 있을 것이다. 다만, 하루하루 열악한 취재 현장에서 치열하게 뛰다

---

1 In cases where PolitiFact must cite news reports from other media that rely on unnamed or unattributed sources (usually due to the extreme newsworthiness of the report), we note that we cannot independently verify their reporting(www.poynter.org).

보면 이러한 원론적 원칙은 한가한 소리일 뿐이라고 항변할 수도 있다. 그러나 업무 환경을 감안하더라도 갈수록 그냥 지나치기 어려운 사례가 많아지고 있다. 예를 들어, 기사 대부분의 내용을 타사에서 취재한 내용으로 채우는 기사가 넘쳐나는 등이다. 구체적으로 보면, “5일 뉴스1이 경기분당경찰서로부터 입수한 재선씨 요양급여내역(2012년 2월~2017년 9월) 압수자료에 따르면”(중앙일보, 2019년 1월 5일), “김보름은 11일 채널A와의 인터뷰에서 ‘밝히기 힘들었던 부분인데 2010년 선수촌에 합류할 때부터 작년까지 괴롭힘을 당했다’”(한국일보, 2019년 1월 11일) 등의 기사다.

잘못된 관행을 지적하며 기자만을 탓하기에는 국내 미디어 산업의 환경은 너무나 열악하다. 그러나 ‘독자성’이라는 기본적인 원칙마저 저버린다면, 저널리즘에 대한 신뢰 회복은 점점 더 요원할 것이다.

세계 주요 뉴스 매체의 ‘다른 뉴스 매체의 기사’ 보도 지침

▶ AP

AP 기자는 표절하지 않는다. 표절이라는 것은 타사의 기사를 우리의 기사인 것처럼 내보내는 것을 의미한다. (중략) 우리는 일반적으로는 중요한 사실이지만 확인할 방법이 없을 때에만 제한적으로 다른 언론의 보도를 인용해 보도한다.

▶ BBC

우리는 제3자로부터 획득한 정보에 대해서는 정보 제공자의 평판reputation을 고려하려고 각별히 유의한다. 일반적으로 뉴스 통신사의 보도의 경우 BBC의 특파원이 해당 사실을 확인했을 때에만, 그리고 명성이 있는 뉴스 통신사의 보도만 출처를 밝힌 뒤 사용한다.

▶ **가디언**Guardian

다른 신문이 보도한 내용과 같이 간접적인 정보원에는 각별한 주의를 기울이며, 이를 명확하게 밝힌다. 표절은 용인되지 않는다.

▶ **LA타임스**LA Times

우리가 다른 언론사의 기사에 의존할 때는 이를 명확하게 밝힌다. 뉴스 통신사의 기사를 사용할 때에도 명확하게 출처를 적시해야 한다.

▶ **로이터**Reuters

정확성accuracy이란 우리가 취재하지 않은 내용에 대한 출처를 명확하게 밝히는 것이다. 고객과 공중은 기사의 포함된 정보를 어디에서 획득했는지에 대해 우리가 정직할 것으로 기대한다. (중략) 우리가 직접 취재하지 않은 내용에 대해서는, 그것이 경쟁사라 하더라도 해당 출처를 명확하게 알려야 한다. 이것이 투명성transparency의 핵심이다. 또한 이를 어길 때에 표절의 책임을 질 수 있다.

▶ **워싱턴포스트**Washington Post

우리 자신이 취재하지 않은 사실과 인용에 대해서는 반드시 출처를 밝혀야 한다. 다른 미디어로부터 획득한 모든 정보에 대해서는 출처를 밝혀야 한다. 표절은 허용되지 않는다. (중략) 독자들은 워싱턴포스트의 기자가 직접 보고 취재한 것과 통신사, 공동 취재단, 웹사이트 등과 같은 다른 정보원으로부터 획득한 정보를 구분할 수 있어야 한다. (중략) 기자가 현장에서 있지 않았던 현장을 묘사할 때에는 이를 분명하게 밝혀야 한다.

한국 언론의 익명 취재원 사용 관행

독자의 신뢰와 취재원의 프라이버시, 무엇이 더 중요한가?

이재경

2017년은 미투me too 운동이 시작된 해였다. 미투의 거센 물결은 2017년 10월 5일 뉴욕타임스가 영화 제작자 하비 와인스타인Harvey Weinstein의 성폭력 사례들을 보도하며 시작됐다. 뉴욕에서 시작된 이 물결은 태평양을 건너, 2018년에는 서울까지 밀려와 한국 사회를 흔들었다. 현직 도지사가 낙마했고, 전직 검찰 간부도 과거 잘못을 책임져야 했다. 뉴요커the New Yorker 잡지와 와인스타인 기사를 공동 보도해 세계적 반향을 불러일으키며 퓰리처상까지 가져간 딘 베케이Dean Baquet 뉴욕타임스 편집인이 당시 상황을 설명하는 얘기를 유튜브를 통해 들을 기회가 있었다. 이 신문의 회사 변호사인 데이비드 매크로David McCraw 씨가 쓴 책을 소개하는 2019년 4월 2일 타임스 토크Times Talk 대담에서였다.

베케이 편집인은 이 보도가 성공한 결정적 요인은 유명한 여배우 취재원을 실명으로 실을 수 있었기 때문이라고 말했다. 이 배우는 애슐리 저드Ashley Judd였다. 베케이 씨는 이 배우가 설득되기 전에 자신은 담당 기자들에게 기사를 빨리 출고하자고 주장했다고 말했다. 그가 보기에 보도에 필요한 내용이 모두 확보됐었다는 것이다. 그러나 담당 기자들은 안 된다고 저항하며, 모두가 알아볼 만한 유명한 배우가 실명 보도에 동의해줄 때까지 기다리기를 고집했었다. 그렇게 며칠 기다리는데, 하루는 담당 기자가 눈물을 흘리며 편집인실로 들어와 애슐리 저드가 동의해 이제 기사를 낼 수 있다고 말했다는 상황을 설명했다. 결과는 엄청난 사회적, 세계적 반향이었다. 물꼬가 터지자, 다른 유명 여배우들도 실명 보도를 받아들였다. 베케이 편집인은 한 명의 실명 취재원이 기사 가치를 얼마나 올리는지 실감했다고 고백했다. 자신의 판단이 틀렸다며, 취재 기자들의 고집을 칭찬하기도 했다.

이러한 베케이 편집인 얘기를 들으며, 어쩔 수 없이 우리 언론의 현실을 생각했다. 우리 신문에서도 이처럼 취재원 한 사람을 실명으로 싣기 위해 기자들이 눈물겨운 노력을 하고 있을까? 한국 편집국장 가운데도 현장 기자가 기다리기를 요구하면, 거의 완성된 기사를 출고하지 않고 며칠씩 기다려주는 사람이 있을까? 물론 한국 기자들도 기사의 품질을 높이기 위해 최선을 다한다. 최대한 좋은 취재원을 확보하려고 가능한 방법을 모두 동원한다. 에디터들 역시 수준 높은 뉴스를 제작하기 위해 가능한 자원을 모두 활용한다. 그러나 독자가, 시청자가 마주하는 한국 기사들의 모습은 최고 수준의 품질과는 거리가 먼 게 부인하기 어려운 현실이다. 특히 취재의 투명성 문제는 심각한 수준이다.

주요 매체가 생산한 기사를 읽으며 특히 2019년 들어 "A씨"라는 표현이 부쩍 많이 보이는 느낌을 받았다. 취재원을 A씨로 표현하는 방식은 “김모 씨”, “청와대 관계자”, “학계의 한 인사”, “문화계 관계자” 등 과거의 익명 취재원 표현 방식과는 확연히 다른 익명성으로 다가왔다. 거의 완전한 익명화가 아닌가 생각됐다.

한국 언론의 신뢰도 저하가 심각하게 걱정됐다. 가뜩이나 독자의 이탈 속도가 가파른 데다, 가짜뉴스가 넘쳐나는 환경에서 실존 여부를 전혀 짐작도 할 수 없는 취재원 밝히기 방식은 상황을 급격히 악화시킬 것이 분명해 보였다.

기자를 준비하는 학생들과 이 문제를 진단해보기로 했다. 윤세영 저널리즘 스쿨에서 공부하는 다섯 명의 학생이 분석할 자료를 수집했다. 서울에서 발행하는 5개 일간지, 2개 경제지, 지상파와 종편 방송사 6곳의 메인뉴스, 그리고 연합뉴스의 기사를 일주일 치씩 모았다. 선진적 사례와 비교해보기 위해 뉴욕타임스 기사도 일주일 치를 모아 살펴봤다(스토리 오브 서울[www.storyofseoul.com] 기사, “A씨를 찾아서”, 2019년 5월 27일 게재). 분석 기간은 2019년 2월 11일부터 16일까지였다.

결과는 예상대로였다. 매체별로 적지 않은 A씨 기사가 발견됐다. 가장 많은 기사를 게재한 매체는 연합뉴스였다. 엿새 동안 무려 373건의 기사에 A씨가 등장했다. 하루에 60건 꼴이다. 신문들은 이보다는 적었다. 경향신문이 상대적으로 많아 23건, 동아일보 17건, 중앙일보 13건, 조선일보는 7건, 한겨레 4건 등으로 확인됐다. 방송사는 JTBC 9건, 채널A 7건, MBC 4건, KBS와 SBS는 3건씩 조사 대상 기간 동안 A씨가 취재원으로 등장하는 기사를 보도했다. 안타까운 점은 A씨가 취재원으로 등장하는 기사를 쓰지 않은 한국 매체는 없었다는 사실이다. 비교를 위해 수집한 뉴욕타임스의 기사들에서는 A씨 류의 기사는 한 개도 찾을 수가 없었다.

언제부터 이러한 종류의 취재원을 쓰기 시작했는지를 알아보기 위해 언론진흥재단의 데이터베이스인 빅카인즈를 가지고 검색을 시도했다. 한국 매체에 A씨가 등장하기 시작하는 시기는 1992년쯤으로 추정된다. 그러나 1990년대에는 그 수가 아주 적었다. 눈에 드러날 정도로 빈도가 늘어난 시기는 2010년쯤부터다. 2016년 정도 되니, A씨를 취재원으로 사용한 기사 수가 260개 정도 검색됐다.

다음 사례들은 실제 기사에서 A씨 형식의 취재원이 사용된 경우들이다.

> A씨는 지난 4월 10일 인구조사를 빙자하여 방문한 중앙교육사 방문판매원의 선전에 못 이겨 '곰돌이 천재교육' 등 3종의 도서를 49만 4천 원에 24개월간 할부 구매키로 하고 국민카드로 결제했다(연합뉴스, 1990년 12월 7일).

> 재정 상태가 나쁜데도 협회는 전임회장 A씨(2018년 초까지 재직)에게 퇴임직후 4억여 원의 성과급을 지급했다(중앙선데이, 2019년 2월 6일).

기사 내용을 검토해보면, 취재원이 익명이어야 하는 이유를 발견하기 어렵다. 이름이 알려질 경우 신변에 불이익이 가해질 일이 있어 보이지 않는다. 두 번째 기사는 심지어 취재원도 아니다. 이렇게 완벽하게 익명성을 보장해야 하는 이유를 짐작하기 어렵다. 이러한 기사를 읽으며, 독자는 의심을 지우기 어렵다. 과연 A씨는 실제로 존재하는 인물인가? 기사를 취재한 기자는 A씨라는 사람을 만나 관련 사실을 확인했을까? 혹시 취재 시간이 부족해 가공의 인물을 만들어 쓰지는 않았을까? 『저널리즘의 기본 원칙』을 쓴 코바치와 로젠스틸은 디지털 시대에 독자 신뢰를 확보하는 가장 중요한 요건은 기사의 투명성transparency이라고 말했다. 그들이 강조하는 투명성의 핵심은 취재원과 취재 과정을 독자가 확인할 수 있게 보여주는 일이다. 취재원의 신분을 드러내면 안 되는 경우는 왜 그래야 하는지를 독자가 이해할 수 있게 설명하라는 게 그들의 주문이다. 코바치와 로젠스틸은 저널리즘과 가짜뉴스를 가르는 핵심 기준이 투명성임을 강조한다.

뉴욕타임스는 『윤리적 저널리즘*Ethical Journalism*』이라는 자사의 윤리 규정집에 "익명성과 그 장치들Anonymity and Its Devices"이라는 항목을 제시한다. 이 규정은 첫 줄에 "익명 취재원은 뉴스 가치가 있는 정보를 다른 방법으로는 게재할 수 없는 경우에 한해 제한적으로 허용된다"고 강조한다. 평상적으로 사용하는 기사 쓰기 방식은 아니라는 의미다. 뉴욕타임스는 또 기자는 익명 취재원을 사용해야 하는 경우 취재원에게 그러한 내용을 약속하기 전, 또는 취재를 시작하기 전에 담당 에디터와 이 문제를 반드시 협의해야 한다고 규정한다. 기자가 데스크 이해 없이 자의적으로 익명 취재원을 사용하면 안 된다는 뜻이다. 또 에디터는 익명 취재원에 관한 한 취재원에 관한 정보를 기자와 상세히 공유해야 한다는 의미이기도 하다.

익명의 취재원을 써야 하는 경우, 뉴욕타임스 윤리 규정은 기자는 독자에게 해당 취재원은 어떠한 위치에 있는 사람인지, 그리고 그러한 사람이 어떠한 배경에서 뉴욕타임스 기자에게 기사에 게재하는 정보를 제공하기로 합의했는지를 최대한 자세하게 설명해야 한다고 요구한다. "취재원이 요구해서 익명으로 보도한다"는 방식의 상투적 표현은 사용하면 안 된다는 내용도 규정에 포함돼 있다. 또 한 명의 취재원을 여러 명으로 포장하는 행위도 뉴욕타임스 기자는 하면 안 된다고 분명히 경계한다.

뉴욕타임스 규정에는 한 가지 더 우리 기자들이 학습해야 할 내용이 있다. 익명의 취재원을 사용해서는 누군가를 공격하거나 비판하는 내용을 기사에 쓰지 못한다는 내용이다. 실제로 이 내용을 좋은 저널리즘 연구회가 분석해보니 한국의 10대 일간지 기사들 가운데는 기사 세 건에 한 차례 빈도로 부정적 직접 인용구를 익명으로 사용하는 실태가 확인됐다(김경모 외, 2018: 141쪽). 그러나 뉴욕타임스 경우는 조사한 72건의 기사 가운데 그러한 사례를 하나도 찾을 수가 없었다. 청와대 인사는 물론, 여당, 야당 정치인 할 것 없이 자신은 드러내지 않으면서 정적을 공격하는 행위에 일상적으로 언론이 이용당하는 한국의 현실을 다시 생각하게 하는 뉴욕타임스의 윤리 규정이다.

이번 학기에 학생들에게 보도자료 기사 쓰기를 가르치다 경찰서 보도자료에서 피의자에 대한 표현으로 A씨, B씨의 표현이 일상적으로 사용되는 사실을 발견했다. 그리고는 불안해졌다. 일선 경찰들이 보도자료에 사용하는 표현을 경찰 취재 기자들이 기사에 그대로 옮겨 쓴 결과가 기사에 등장하는 A씨들은 아닐까? 그렇지는 않으리라 믿고 싶다.

A씨가 취재원으로 등장하는 기사가 사라지기를 희망한다. 익명 취재원 기사가 모두 잘못됐다는 주장은 아니다. 단지 기자들이, 언론사들이 기사를 취재하고 완성하는 과정에 독자에 대한 예의, 관심을 구조화하기를 바랄 뿐이다. 기자들이 어려운 환경에서 일하고 있다는 사실을 잘 안다. 그래서 더 윤리적이기를 바란다. 그래야 독자의 신뢰가 다시 만들어지고, 저널리즘에 대한 존경이 가능해지기 때문이다. 그리고 이러한 바탕에서야 기자일이 전문직으로 존중될 수 있기 때문이다.

비판적 내용에서 익명 취재원을 쓰면 안 되는 이유

이재경

익명 취재원은 저널리즘에서 "모든 악의 뿌리다the root of all evil." 미국 언론인 앨 뉴하트Al Neuharth 씨의 말이다. 2010년 미국 옴부즈맨협회가 홈페이지에 발표한 글에 인용된 말이다. 뉴하트 씨는 『유에스에이 투데이*USA Today*』 신문을 창간해 성공시킨, 평생을 언론인으로 산 사람이다. 그러한 언론인이 이렇게 얘기하는 걸 보면, 그만큼 익명 취재원 문제가 미국 언론계에서도 핵심적인 문제라는 뜻이다.

미국기자협회SPJ, Society of Professional Journalists가 발표한 익명 취재원 사용 준칙을 설명하는 글을 보면, 역사상 가장 유명한 익명 취재원은 워터게이트 사건의 핵심 취재원인 딥 스로트Deep Throat였다. 나쁜 의미의 익명 취재원을 대표하는 존재는 퓰리처상을 취소당한 자넷 쿡Janet Cooke 기자가 날조해 만든 마약에 중독된 어린이였다. 그리고 그에 못지 않게 주목을 받았던 사례로는 제이슨 블레어Jayson Blair 기자가 표절, 날조해 생산한 2002/2003년 뉴욕타임스 기사들에 등장하는 취재원들을 꼽았다. 이들 사례에 주목하는 이유는 이 기사들이 모두 미국을 대표하는 신문인 워싱턴포스트와 뉴욕타임스에 실렸기 때문이다. 최고의 저널리즘을 한다고 존경받는 매체들에서 가장 고약한 취재원 오용 사례가 발생했다는 사실은 이 문제가 얼마나 저널리즘 생태계와 밀접하게 연결돼 있는지를 알려준다.

디지털 세상이 확장하며, 한국 언론계는 익명 취재원에 대한 경계심이 거의 사라진 느낌이 든다. 신문, 방송, 통신 할 것 없이, 요즘 우리 매체들은 A씨를 취재원으로 가장 즐겨 사용한다. 전혀 신분을 짐작도 할 수 없게 만드는 완벽한 익명 쓰기다. 이러한 방식의 취재원 사용은 사생활 보호, 인격권 보호 등을 고려한 결과로 이해할 수도 있지만, 과연 실존하는 인물인지, 말하는 분야에 대해 믿을 수 있는 지식을 갖추고 있는 사람인지를 알 수 없다는 점에서 기사에 대한 신뢰를 떨어트릴 수밖에 없다.

익명 취재원 사용과 관련해 더 주목해야 하는 문제는 어떠한 경우 절대로 익명 취재원을 쓰면 안 되는가에 대한 기자들의 인식이다. 한국 언론계는 저널리즘 전공 학자들의 지속적인 문제 제기 덕분에 신문사를 중심으로 그나마 조금씩 익명 취재원 문제에 민감해지는 에디터가 늘어나는 추세다. 2017년, 좋은 저널리즘 연구 발표회에 참석한 한겨레신문 에디터는 자신이 경제부장으로 일하는 동안 부원들을 설득해 모든 취재원을 실명으로 쓰도록 독려해 실제로 경제 기사에 관한 한 취재원을 거의 모두 실명화했다고 말했던 경우도 있다.

일부 신문사들은 새롭게 취재 준칙을 세밀화하며 무원칙한 익명 취재원 사용을 경계하는 내용을 추가해가고 있기도 하다. 다음 내용은 조선일보가 2017년 발표한 새로운 윤리 규범 가운데 익명 취재원에 관련된 조항들이다.

> **조선일보 윤리 규범 가이드라인(2017년 12월)**
>
> 다만 다음의 경우에는 취재원을 익명으로 표기할 수 있다.
>
> 1. 의견이나 추측이 아닌 정보로서 뉴스 보도에 필수적인 경우
> 2. 익명을 요구한 출처를 제외하고는 해당 정보를 입수할 수 없을 경우
> 3. 출처를 신뢰할 수 있고 취재원이 정확한 정보를 얻을 수 있는 위치에 있을 경우
> 4. 실명이 드러나면 각종 위해나 신분상 불이익에 노출될 위험이 있을 경우
> 5. 국가 안보 등 공익을 위해 부득이한 경우

조선일보 윤리 규범은 이와 함께 취재원이 익명을 요청하는 사유와 그럼에도 불구하고 그를 신뢰할 수 있는 근거도 기사 속에서 설명해야 한다고 규정한다. 또 익명을 유지하며 제3자를 비판, 비방, 공격하는 경우는 익명 요청을 허락해서는 안 된다고 밝혔다.

한겨레 신문의 보도 준칙도 비슷한 내용을 포함한다. "사실에 관련된 정보가 아니라 의견이나 주장, 추측 등을 수집해 보도할 때에는 실명 표기를 원칙으로 한다." 이 신문은 또 "익명으로 표기된 의견은 독자에게 '필자의 주관적 견해'라는 오해를 불러일으킬 수 있으므로 절대 남용하지 않는다"는 내용도 준칙에 포함시키고 있다.

문제는 이러한 보도, 윤리 준칙이 실제 기사를 검토하고, 출고하는 과정에서 지켜지지 않는 점이다. <표 1>은 좋은 저널리즘 연구회가 익

<표 1> 익명 취재원을 인용한 부정적 직접 인용구 수

	기사당 인용구 수	최소	최다
국내 일간지	0.32	0	10
뉴욕타임스	0	0	0
더 타임스	0.15	0	3
아사히신문	0.10	0	6

출처: 기사의 품질(2018, 141쪽)

명으로 누군가를 비판하는 부정적 인용문의 빈도를 해외 유수 매체와 비교해 정리한 결과다.

이 결과는 뉴욕타임스와 국내 신문의 차이를 분명하게 드러내준다. 뉴욕타임스 경우는 조사 대상 기사 72건 가운데, 어느 기사에서도 익명으로 누군가를 공격, 비판하는 인용문을 찾을 수 없었다. 그에 비해 한국 신문의 경우 거의 3개 기사에 하나꼴로 익명 취재원을 인용해 누군가를 비판하는 내용을 발견했다. 많은 경우, 한 기사에서 열 개의 인용문이 이러한 방식으로 포함되기도 했다. 일본의 아사히신문이나 영국의 더 타임스의 경우는 완전히 없지는 않았지만, 역시 우리 신문들보다는 크게 적은 부정적 인용문을 익명으로 사용하는 것으로 조사됐다.

국내 신문들 사이의 차이는 크게 의미를 두기 어려웠다. 다음 <표 2>가 그 내용을 보여준다. 대체로 기사 두 개나 세 개에 한 차례꼴로 부정적 코멘트를 익명으로 사용하고 있는 현실을 알 수 있다.

조선일보와 한겨레 신문의 경우처럼, 한국 신문도 익명 취재원을 사용해 써서는 안 되는 내용을 분명히 준칙에 포함시키고 있다. 이 내용은 다음 세 가지로 모아진다. 첫째는 사실에 관한 정보가 아닌, 취재원 개인의 의견opinion이다. 둘째는 확실하지 않은 정황에 대한 취재원의

<표 2> 국내 일간지의 익명으로 된 부정적 내용의 직접 인용구 수

	기사당 인용구 수	최소	최다
경향신문	0.30	0	10
국민일보	0.56	0	7
동아일보	0.31	0	9
문화일보	0.20	0	4
서울신문	0.30	0	8
세계일보	0.21	0	6
조선일보	0.40	0	9
중앙일보	0.27	0	6
한겨레	0.34	0	9
한국일보	0.32	0	4
전체	0.32	0	10

출처: 기사의 품질(2018, 141쪽)

추측성speculation 발언이다. 그리고 마지막으로, 가장 하면 안 되는 일은 누군가를 공격attack하거나 비판criticize하는 내용을 담은 인용문을 익명의 취재원을 사용해 기사에 포함시키는 경우다. 그렇게 할 경우, 언론 매체는 특정한 세력이나 인물에 이용당하는 결과로 이어질 가능성이 높다. 뿐만 아니라, 저널리즘이 추구하려는 진실의 발견 과정 또한 심각하게 왜곡될 가능성이 높다.

이러한 이유로 미국에서는 대학의 저널리즘 스쿨에서부터 이 문제를 강력하게 학생들에게 인식시킨다. "아주 특별한 상황이 아니면, 기자는 누군가에게 비판적인 인용을 익명 취재원을 사용해 기사에 포함시키면 안 된다. 만약 어느 취재원이 익명으로만 취재에 응하겠다고 요구하면, 기자는 그 사람의 이름과 직업, 주소 등 신원에 관한 사항을 반드시 교수에게 보고해야 한다." 이 내용은 뉴욕대학교 저널리즘 스쿨에서 실습 과목 수업을 듣는 학생들에게 교육하는 안내서에 포함되어 있다.

저널리즘의 가치는 결국 현장에서 기사를 생산하는 기자들의 도덕성과 전문적 능력의 수준으로 지탱될 수밖에 없다. 여전히 선진국 언론에 비해 크게 뒤지는 익명 취재원 사용의 문제에 대해서도 이제는 좀 더 체계적인 대응이 시급하다.

주요 해외 매체 취재 준칙

▶ LA Times

When we use anonymous sources, it should be to convey important information to our readers. We should not use such sources to publish material that is trivial, obvious or self-serving.

Sources should never be permitted to use the shield of anonymity to voice speculation or to make ad hominem attacks.

▶ AP

Stories that use anonymous sources must carry a reporter's byline. If a reporter other than the bylined staffer contributes anonymous material to a story, that reporter should be given credit as a contributor to the story.

And all complaints and questions about the authenticity or veracity of anonymous material—from inside or outside the AP—must be promptly brought to the news manager's attention.

▶ Propublica

We strive to identify all the sources of our information, shielding them with anonymity only when they insist upon it and when they provide vital information—not opinion or speculation; when there is no other way to obtain that information; and when we know the source is knowledgeable and reliable.

제목 인용 부호 사용의 현주소

따옴표 선정주의의 문제

이재경

59.1% : 2.8%

한국의 10대 일간지와 뉴욕타임스가 기사 제목에 따옴표를 사용하는 비율을 비교한 수치다. 2016년 기사 자료를 가지고 좋은 저널리즘 연구회가 분석한 내용이다. 영국의 더 타임스지로 비교 대상을 바꾸면, 59.1: 0이 된다. 한국 신문 기사 열 개 가운데 여섯 개에서 따옴표 달린 제목을 볼 수 있는 데 비해, 영국의 더 타임스는 제목에서 따옴표를 발견할 수 없다는 뜻이다.

한국 신문 가운데 2016년 분석 대상으로 표집한 자료에서 제목에, 홑 따옴표를 포함해서, 따옴표를 가장 많이 사용한 것으로 조사된 신문은 중앙일보(68.3%) 였다. 서울신문(67.6%), 문화일보(66.7%), 한국일보(65.3%), 조선일보(63.9%) 등이 그 뒤를 이었다. 경향신문(44.3%), 국민일보(47.2%) 는 상대적으로 적은 숫자의 제목에 따옴표를 사용하

<표 3> 해외 신문 제목의 직접 인용구 유무 비율(%)

	직접 인용구 있음	직접 인용구 없음
뉴욕타임스	2.8	97.2
더 타임스	0.0	100.0
아사히신문	13.9	86.1
국내 일간지	59.1	40.9

출처: 기사의 품질(2018, 146쪽)

는 것으로 조사됐다. 그러나 이 숫자도 전체 기사의 절반에 가깝다. 우리 신문은 적게 사용하는 회사에서도 기사 두 개 가운데 하나 정도 비율로 제목에서 따옴표를 사용한다는 뜻이다.

퀄리티 저널리즘quality journalism을 구별하는 요소 가운데 하나가 제목에 사용되는 따옴표의 비율이다. 뉴욕타임스는 편집 지침에 제목에 따옴표를 사용하면 안 된다는 내용을 포함하고 있다. 좋은 저널리즘 연구회 분석에서 조사 대상이었던 뉴욕타임스의 72개 기사 가운데 두 개에서만 따옴표가 나타난 결과가 이러한 지침이 실천되고 있는 현실을 잘 드러낸다. 영국의 더 타임스는 54개 기사에서 한 건의 따옴표도 찾을 수 없을 만큼 이 원칙을 철저하게 지키고 있는 셈이다.

2009년 11월 국민일보에 칼럼을 쓰기 위해 훨씬 제한적인 신문을 대상으로 같은 비교를 해본 적이 있다. 우리 신문 가운데 조선일보, 동아일보, 중앙일보와 국민일보에서 기사를 10개씩 표집했고, 미국의 뉴욕타임스, 워싱턴포스트, 로스앤젤레스 타임스에서도 기사를 10개씩 선택했다. 당시의 분석 결과는 2016년 조사와 거의 차이가 없었다. 미국 신문에서는 세 신문 모두에서 따옴표 달린 기사를 하나도 찾지 못했다. 그러나 한국 신문은 조선일보(5개), 동아일보(8개), 중앙일보(6개), 국민일보

<표 4> 한국 신문 제목의 직접 인용구 유무 비율(%)

	직접 인용구 있음	직접 인용구 없음
경향신문	44.3	55.7
국민일보	47.2	52.8
동아일보	53.5	46.5
문화일보	66.7	33.3
서울신문	67.6	32.4
세계일보	52.8	47.2
조선일보	63.9	36.1
중앙일보	68.3	31.7
한겨레	63.4	36.6
한국일보	65.3	34.7
전체	59.1	40.9

출처: 기사의 품질(2018, 148쪽)

(5개) 등에서 모두 다섯 개 이상의 기사에서 따옴표 사용이 확인됐다.

온라인 판과 모바일 쪽으로 가면 제목 따옴표 사용이 더 많이 발견된다. 독자의 시선을 붙잡으려는 시각적 자극을 강화하기 위한 조치로 읽힌다. 그러나 해외 유력지들은 온라인이나 모바일에서도 따옴표를 철저히 제한하는 같은 원칙을 관철하고 있다.

제목에 따옴표를 사용하는 관행이 왜 문제가 되는가? 한국 신문은 어떻게 이러한 부정적인 관행을 만들고 유지해왔는가? 한국 신문의 취재와 편집 관행이 만들어지는 과정에서 오랜 시간 동안 양식적 토대를 제공했다고 받아들여지는 일본 신문에서 학습한 결과인가? <표 3>에서 제시한 아사히신문의 자료를 보면, 일본 신문도 서양 권위지와 비교해볼 때, 따옴표 단 제목의 비율이 13.9%밖에 안 된다. 열 개 기사 가운데 하나 남짓한 정도 빈도로 따옴표를 사용한다는 뜻이다. 절반 이상 기사에서 따옴표를 사용하는 우리 신문의 제작 방식과는 많이 다른 현실을 확인할 수 있다. 그렇게 보면 제목에 따옴표를 과도하게 사용하는 관행은 우리가 스스로 고착시켜온 한국형 기사 포장 방식으로 볼 수밖에 없다.

신문은 한 나라의 사회 문화적 맥락을 폐쇄적으로 반영한다. 모국어로 같은 나라 안에서 같은 사회 구성원끼리 생산하고 소비하기 때문이다. 특별한 계기가 있기 전에는 해외 사례와의 벤치마킹을 시도하지 않는다. 그러면서 다른 나라 매체도 비슷한 방식으로 기사를 제작한다고 단정해버린다. 제목에 따옴표를 사용하는 관행 역시 그렇게 인식되어 왔었다. 그런 이유 때문에 국내 신문 사이에는 따옴표 사용 관행에서 현격한 차이를 발견할 수 없는 것이다.

별거 아닌 것 같은 관행이지만, 선진국에서는 제목에 사용하는 따옴표 문제를 대단히 중요하게 고려해왔다. 신문을 제작하는 기자들이 기사를 대하고, 독자를 대하는 자세를 가늠하는 지표가 될 수 있기 때문이다. 신문의 제목은 독자가 기사를 접하는 가장 중요한 시각적 지표다. 제목 때문에 기사를 읽게 되고, 제목만 보고 기사 내용을 단정하기도 한다. 많은 독자는 제목만 읽고 떠나기도 한다. 따라서 기사 제목은 언론사의 전문성과 윤리, 철학 등이 응축된 저널리즘의 상징이기도 하다.

선진 언론계에서 고려하는 제목 따옴표의 문제는 크게 세 가지다. 첫 번째 문제는 제목에 달린 따옴표가 독자로 하여금 기사에 의구심을 갖게 한다는 점이다. 제목의 일부분 내용에 따옴표를 치게 되면 독자는 그러한 시각적 신호를 접하며, 따옴표 안의 내용은 기자가 판단을 유보한 내용이라고 읽게 된다. 다시 말하면 독자는 기자가 제목으로 전하기는 하지만, 따옴표 안의 내용이 의미하는 바를 철저히 확인하지 못했다고 이해한다는 뜻이다. 런던의 킹스 칼리지에서 정치학을 강의하는 에

이드리언 블라우Adrian Blau 교수는 자신의 블로그에서 BBC 홈페이지에 나타나는 제목 따옴표 문제를 지적하며, 특히 이 부분을 강조했다.

두 번째 문제는 따옴표 뒤에 가려진 취재 기자와 언론사의 책임 회피 행위이다. 기자는 전하는 기사에 담겨 있는 내용이 진실임을 자신이 취재해 입증해줘야 하는 기본적 책임을 자임해야 하는 사람이다. 그러나 많은 한국 기자는 따옴표 뒤에 숨어 그러한 의무를 수행하지 않는다. 기자의 임무는 누가 어떠한 말을 했는지까지만 전달하는 선에서 그쳐도 된다는 직업관이 이러한 관행에 녹아 있다는 뜻으로 볼 수도 있다. 그러나 그렇게 전하는 말이 진실을 담고 있는 게 아니면 거기에 대해서는 기자나 언론사가 책임지지 않겠다는 선언이 따옴표의 또 다른 지극히 부정적인 기능이다. 가뜩이나 낮은 언론 신뢰도를 더 깎아 먹는 기사 제작 관행이다.

세 번째 문제는 독자의 시선을 끌려는 선정주의 욕구다. 제목에 따옴표를 달면 독자는 아무것도 없는 제목에 비해 시각적 자극을 느끼게 된다. 무언가 특별한 내용이 있는 것 같은 착각을 할 수도 있다. 블라우 교수는 이런 장치를 통해 기자가 자신의 주관적 관점을 독자에게 강요할 수 있게 된다고 주장한다. 또 의미 없는 강조의 효과를 만들기도 한다.

모든 한국 신문이 퀄리티 저널리즘을 할 수 있다고 생각하지 않는다. 그러나 신문의 역사가 140년에 다가가는 나라에서 적어도 두세 개 신문은 어디 내놓아도 부끄럽지 않은 수준의 저널리즘을 지향하기는 해야 한다고 생각한다. 자유롭고 책임 있는 언론은 검증을 포기하겠다는 따옴표 뒤에서는 만들어질 수가 없다. 대단히 사소해 보이지만 기사 제목에서 따옴표를 없애는 노력은 한국 저널리즘의 수준을 크게 선진화할 수 있는 의미 있는 변화의 중요한 출발점이다.

큰따옴표를 사용한 기사 제목의 심각성

인용 의미 사라지고 선정성과 편향성의 도구화

배정근

"큰따옴표(" "): 인용문에 주로 사용되며 시각적 작용으로 독자에게 감동을 줄 뿐만 아니라 문장상으로도 크게 어필한다."

위의 글은 한국편집기자협회가 2011년 발간한 『세상을 편집하라: 신문편집의 이론과 실제』라는 책에서 신문 제목에 자주 사용되는 큰따옴표의 유용성을 설명한 대목이다. 큰따옴표는 남의 말이나 글을 그대로 직접 인용했음을 의미하는 문장 기호다. 신문 편집을 실무 차원에서 알기 쉽고 상세하게 설명하는 이 책은 큰따옴표를 제목의 극적 효과를 높이는 강력한 표현 도구로 소개하고 있다. 이 책은 신문 제목의 유형을 크게 '객관 제목'과 '주관 제목'으로 나누면서, 객관 제목은 또다시 본문의 내용을 요약하는 '단순 요약형'과 기사의 특정 부분을 거의 그대로 제목에 반영하는 '인용형'으로 구분하고 있다. 큰따옴표를 사용하는 인용형 제목이 객관적이라고 판단하는 것이다.

앞의 글에서 해외의 저명한 언론에서는 금기시하는 따옴표 제목이 국내 언론에서는 너무 당연시되고 빈번하게 사용되는 문제점을 다뤘다. 그 까닭이 무엇인지를 위에 소개한 편집 기자들의 지침서를 통해 간접적으로 확인할 수 있다. 신문에서 제목을 책임지고 있는 편집 기자들이 인용형 제목에 별다른 문제의식을 느끼지 않을뿐더러 도리어 객관적이고 호소력 있는 편집 기술로 여기는 것이다. 독자의 주목을 끌고, 기사를 강조하는 기능 측면에서만 본다면 그런 효용성이 분명히 있다. 그러나 직접 인용 제목이 어떻게 사용되고 있는지를 조금만 자세히 들여다봐도 저널리즘 원칙에서 크게 어긋나는 문제가 많은 관행임을 쉽게 알 수 있다. 최근 한국 언론이 '따옴표 저널리즘' 혹은 '받아쓰기 저널리즘'이라고 질책을 받는 것도 직접 인용형 제목의 책임이 적지 않다.

이를 위해 2019년 5월 한 달간 국내 6개 종합 일간지(경향, 국민, 동아, 조선, 한겨레, 한국) 1면 메인 제목에 대해 간이 분석을 해봤다. 분석 대상 468건의 기사 가운데 제목에 직접 인용이 들어간 기사는 164건이었다. 이들 기사에서 우선 확연히 드러나는 현상은 대통령이나 정치인, 관료들의 말을 그대로 옮기는 제목이 압도적으로 많다는 점이다. 발화자+발언 또는 발언 자체만으로 이뤄진 제목(예: <"文 대통령 국정-사법농단 청산 뒤 협치">, 동아일보 5월 3일)이 10건 가운데 7건이 넘었다. 발화자는 문재인 대통령이 21.9%로 가장 많았고, 트럼프 미국 대통령(19.1%), 정부 관료나 정부(18.2%), 정치인이나 정당(10%) 순이다. 이들 통계는 한국 신문 1면의 제목들이 취재원의 말을 그대로 옮기는 '받아쓰기' 방식을 벗어나지 못하고 있음을 보여준다.

언론의 독립성이란 외부의 압력과 제약으로부터 자유로운 상태를 의미하지만 목적은 언론의 자유롭고 독자적인 판단이 왕성하게 작동하도록 하기 위함이다. 그런 점에서 해당 사안에 대한 자신들의 평가와 분석, 가치 판단이 없이 단순히 취재원의 말을 중계하는 보도 방식은 저널리즘의 책무를 스스로 포기하는 것이나 마찬가지다. 설사 기사에서 아무리 충실하게 사실을 검증하고 분석하는 내용을 담고 있다고 하더라도 제목이 그렇지 못하다면 의미 없는 일이다. 서구 언론이 직접 인용 제목을 달지 않는 이유가 바로 여기에 있다.

인용형 제목에서 쉽게 발견할 수 있는 또 다른 문제점은 제목이 기사의 내용을 정확하게 옮기지 않는다는 것이다. 기사 원문에 적시된 내용을 임의로 바꾸는 제목들이 너무 많고, 심지어 원문에 없는 내용도 인용 표시를 한다. 예를 들어 5월 29일자 한국일보 1면 황교안 자유한국당 대표 인터뷰 기사의 제목은 <“한국당은 원팀… 박근혜 기획사면해도 총선 문제 없다”>라고 달았지만 기사 원문 발언은 “박근혜 전 대통령이 내년 총선 직전 사면된다 해도 당이 흔들리는 일은 없을 것이다”였다. “당이 흔들리는 일은 없다”는 발언을 의미와 맥락이 다른 “총선 문제 없다”로 둔갑시켰다. 제목을 단 기자는 그 말이 그 말이라고 할지 모른다. 그러나 원문 내용을 정확히 그대로 전해야 한다는 인용quotation의 명제는 저널리즘 원칙에 앞서 상식에 가깝다. 뉴욕타임스 내부 가이드라인은 인용한 내용을 “임의로 재구성하지 않는다”라고 명시하고 있다. 특히 ‘거의 비슷한approximate quotations’ 인용도 독자의 신뢰를 해칠 수 있다고 경고한다. 그러나 한국 기자들은 취재원의 발언을 인용할 때 조금씩 수정하거나 심한 경우 전혀 다르게 바꾸는 것을 주저하지 않는 경향이 있다. 대충 비슷하면 되는 것 아니냐는 심리다. 취재원들이 기자와의 대화를 기피하는 이유 중 하나도 자기 발언이 어떻게 각색될지 알 수 없기 때문이라고 한다. 예를 들어 정치권에서 추진하는 검경수사권 조정안을 반박하는 문무일 검찰총장의 5월 16일 기자 회견을 다룬 각 신문 기사를 비교하면 같은 발언을 인용하는데도 그 내용은 서로 아주 달랐다. 일차적으로 기사 단계에서 부정확하게 인용된 내용을 제목에서 또다시 변형할 경우 기사의 왜곡은 증폭될 수밖에 없다.

이보다 더욱 심각한 문제는 기사 원문에도 없는 내용을 제목으로 뽑는 관행이다. 이번 분석에서 이러한 유형의 제목은 보수적으로 잡아도 전체 기사의 20%가 넘었다. 예를 들어 5월 24일자 경향신문은 한미 정상의 통화 내용을 주미대사관 관계자가 야당 의원에게 유출한 사건의 조사 결과를 보도하면서 <“주미대사관 직원들 한미 정상 통화 내용 돌려봤다”>라고 제목을 달았다. 정식 발표가 아니라 여권 고위관계자를 취재원으로 적시한 이 기사 어디에도 제목 같은 발언은 없었다. ‘조사 결과를 한마디로 정리하면 이런 내용’이라는 뜻에 가깝다. 이렇게 기사 원문에 없는 내용을 제목에 반영하는 행태는 기자들이 큰따옴표를 단순히 강조의 의미 정도로 혼동하고 있음을 보여준다. 여성 경찰관의 활약상을 다룬 5월 25일자 동아일보 기사의 제목 <“마약여성 딱 걸렸다”>, 헝가리 유람선 사고를 다룬 5월 31일자 한국일보 기사의 제목 <“제발” 다뉴브강에는 절규가 흘렀다>가 그런 예다. 신문 편집에서 강조의 의미로 큰따옴표를 쓰는 것이 이미 관행이 되었다고 하더라도 독자는 인용의 의미로 받아들일 수 있기 때문에 바람직하지 못하다.

이렇게 기사 원문과 상관없이 편집자 판단에 따라 자의적으로 제목을 다는 관행은 과장과 편향으로 이어질 수 있기 때문에 위험하다. 예를 들어 5월 8일자 조선일보의 <“200조 원 쓴 탈원전 값비싼 실패”

독일의 후회> 제목은 기사 이곳 저곳에 나온 내용을 조합해서 만든 인용구이다. 독일 슈피겔지의 보도를 소개한 이 기사는 원문 자체를 본래 의미와 다르게 인용했다는 논란에 휘말리기도 했다. 기자가 취재한 내용을 마치 해당 기관에서 발표한 내용처럼 인용 처리하는 제목도 마찬가지다. 5월 9일자 국민일보는 김학의 전 법무부 차관이 건설업자 윤중천에게 사업상 편의를 제공하는 대가로 목동의 집 한 채를 요구했다는 진술을 검찰이 확보했다고 보도했다. 이 기사의 제목은 <"김학의 목동 집 한 채 요구">라고 달았지만, 기사에는 윤중천 씨의 발언이 나오지 않는다. 유사한 경우로 한겨레는 5월 14일 기사에서 대검 과거사 진상조사단이 검찰과거사위원회에 보고한 내용이라며 <"고 장자연 문건 사실일 가능성 있다">고 제목을 달았지만 기사에는 이런 발언이 없을 뿐 아니라 취재원도 명시돼 있지 않았다. 제목만 보는 독자라면 두 기사 모두 윤중천 씨가 직접 말한 내용이거나 검찰 보고서를 확인하고 쓴 기사로 착각하기 쉽다.

인용형 제목은 필연적으로 공정성 시비에 휘말릴 소지가 많다는 점도 간과할 수 없다. 누군가의 말이나 글을 일방적으로 크게 부각함으로써 해당 사안에 대한 다른 견해를 배제하는 결과로 이어지기 때문이다. 특히 서로 다른 의견이 첨예하게 맞서고 있거나 정치적으로 민감한 내용의 기사라면 공정성 훼손 위험은 더욱 크다. 예를 들어 검찰과 경찰이 조직의 사활을 걸고 맞서 있는 검경수사권 조정 법안과 관련해 5월 4일자 조선일보와 한겨레는 전혀 상반된 제목을 달았다. 한겨레는 전날 열린 수원고검 개청식에서 박상기 법무부 장관이 한 발언을 토대로 <박상기 검찰이기주의 경고… "수사권 재조정해야">라는 전단 제목으로 보도했다. 반면 조선일보는 이날 문무일 검찰총장과 전화통화가 이뤄졌다며 <"경찰에 과도한 권한… 수사권 조정 이대론 안 된다">는 제목을 달았다. 기사 중에는 박 장관의 발언 내용도 들어 있었는데 이 부분은 <"검찰, 겸손해야">라는 소제목으로 다뤘다. 반면 한겨레는 기사 마지막 부분에 문무일 총장이 한 언론과 통화한 내용을 간략히 소개했지만 제목으로는 다루지 않았다.

인용형 제목의 폐해가 가장 극명하게 드러나는 분야는 정치 기사이다. 정책을 둘러싼 진지한 논의는 사라지고 상대방에 대한 공격과 폭로, 비방, 말싸움이 지배하는 한국의 정치 풍토는 언론의 인용형 제목에 안성맞춤이다. 정치권의 공방에 대해 일일이 시시비비를 가리는 부담을 가질 필요 없이 양쪽 주장을 따옴표에 넣어 그대로 옮기면 그만이기 때문이다. 실제로 김춘식 한국외국어대 교수가 1992~2012년 사이 대통령 선거 기간 3대 지상파 방송의 저녁 뉴스를 분석한 결과에 의하면 인용형 제목 사용이 갈수록 크게 증가했다. 1997년 선거까지는 제목에 인용부호가 등장한 뉴스가 10% 미만에 불과했지만, 2002년 선거에서는 약 30%로 늘었고, 2012년 선거에서는 81.3%를 차지했다. 이 가운데 거의 절반은 큰따옴표를 사용한 직접 인용 제목이었다. 정치권에서 툭하면 불거지는 막말 파문은 언론에게도 책임이 있다. 정치 기사의 주요 관심사가 정당이나 정치인 사이 대립과 갈등이고, 언어가 그 도구가 되는 언론 환경에서 정치인들은 언론의 주목을 받기 위해서라도 더욱 자극적이고 선정적인 발언을 쏟아내려고 하기 마련이다.

앞에 소개한 책 『세상을 편집하라』는 큰따옴표를 제목에 사용하는 데에는 그 내용이 사실과 다르더라도 면책을 주장하려는 의도가 담겨 있다고 지적한다. 그러나 실제로는 법적·윤리적 책임을 피하기 어려우므로 신중히 사용할 것을 조언하고 있다. 한국 언론이 직접 인용 제목을 남용하는 배경에는 주목도를 높이는 선정성 효과를 보면서도 보도의 책임을 발언 당사자에게 전가하려는 책임 회피의 의도가 깔려 있음을 시사한다. 저널리즘 원칙에서 이탈한 직접 인용 제목을 바람직한 관행처럼 받아들이는 왜곡된 언론계 인식부터 바뀌어야 한다.

4장

뉴스 기사와 영상

잘못된 서술어 표현이 저널리즘의 객관주의를 무너뜨린다

이완수

기사 문장의 일차적 조건은 객관성이다. 기자들이 쓰는 기사 문장은 사실fact을 전달하는 데 그 목적이 있기 때문에 객관적 표현은 다른 어떤 요소보다 중요하다. 기사 문장이 객관성을 지니기 위해서는 몇 가지 요인이 전제되어야 한다. 무엇보다 전달하는 정보가 사실에 기반을 둬야 한다. 사실적 내용과 객관성은 불가분의 관계를 지닌다. 또한 그 정보를 전달하는 정보원의 입장이 중립적이어야 함은 말할 것도 없다. 전달하는 표현이 지나치게 선정적이거나 어느 한편에 치우쳤다는 느낌을 주어서도 안 된다. 그러나 기사의 객관성은 이런 조건이 충족됐다고 실현되는 문제는 아니다.

기사의 객관성은 문장의 서술어를 어떻게 표현하는가에 따라서도 직접적으로 영향을 받는다. 다른 요소들이 아무리 객관적이라고 하더라도 문장의 마지막 서술어 표현을 잘못 쓰면 기사의 객관성은 무너진다. 기사의 객관성은 기사 문장의 서술어에 달려 있다고 해도 크게 틀리지 않다. 한국 기자들이 쓰는 기사 문장의 서술어는 객관성 측면에서 심각한 흠결이 자주 발견된다. 대표적인 예가 피동형 서술어 문장이다. '~라는 지적이다', '~로 추정된다', '~로 풀이된다', '~로 예상된다', '~로 전해진다' 등의 예가 그런 경우에 속한다.

피동형 서술어는 엄밀히 말하면 주어가 없는 엉터리 문장이다. 이런 무주체 피동태 문장에서는 누가 지적한다는 것인지, 누가 추정한다는 것인지, 그리고 누가 풀이하고, 예상한다는 것인지 알 수 없다. 무엇보다 이런 무주체 피동태 문장은 국어 문법 측면에서도 문제이지만, 객관적 사실 전달이 생명인 저널리즘 관점에서는 더 큰 문제다. '~라는 지적이다', '~로 추정된다', '~로 풀이된다', '~로 예상된다'와 같은 서술어 표현이 저널리즘 관점에서 특히 문제가 되는 이유는 '지적하거나, 추정하거나, 풀이하거나, 예상하는'정보 제공 주체가 명확히 드러나 있지 않기 때문이다.

만약 기자들이 기사를 쓸 때"알려졌다", "전해졌다", "관측이다", "전망이다"라는 표현을 사용했다면, 누구가 알렸는지, 전했는지, 관측하고 있는지, 그리고 전망하고 있는지 알 수 없기는 마찬가지이다. 그 주체가 명확하지 않기 때문에 소문이나 추정을 마치 사실처럼 보도했다는 의심을 피하기 어렵다. 기자가 취재를 바탕으로 기사를 작성했다고 하더라도 관행적으로 이런 표현을 사용하면, 독자들은 기자가 존재하지 않은 사실을 임의적으로 포함했거나 기자 자신의 주관적 생각을 마치 객관적인 정보처럼 가장한 것으로 오인하기 쉽다(이완수·박재영, 2013).

기사의 사실성이 서술어 표현에 좌우되는 것은 이런 이유 때문이다.

같은 내용의 기사라도 표현을 어떻게 마무리하는가에 따라 의미는 전혀 다르게 전달된다. 뉴스의 객관적 사실성은 무엇보다 인용의 주체가 분명하고, 기자의 주관적이고 감정적인 언어를 최대한 배제함으로써 실현될 수 있다. 기사 문장에서 서술어 사용에 특별히 유의해야 하는 이유이다.

기자들은 언어적 표현을 통해 정보를 객관적으로 전달하는 직업인이다. 따라서 기자들은 정보의 주체자를 명확히 드러내고, 선택하는 언어와 서술어를 객관적으로 표현하기 위해 애쓰는 게 당연하다. 정보의 주체자가 드러나 있지 않은 피동태 문장은 올바른 서술어를 갖추기 어렵다. 능동태 문장은 주어와 술어가 호응하기 때문에 의미 전달이 비교적 분명하지만, 피동태 문장은 주어(혹은 주체)가 없거나 주어가 있더라도 술어와 서로 엇짐으로써 뜻 전달이 모호해진다. 무엇보다 정보 주체자가 빠진 피동태 문장은 글을 쓰는 사람의 주관적 편견이나 견해가 드러나 보이기 때문에 문제가 된다. 그것은 저널리즘의 객관성을 의심하게 만든다. 사소해 보이는 술어 표현이 객관주의를 추구해야 하는 저널리즘의 근본 가치를 훼손할 수 있다.

객관주의 저널리즘이 뿌리내린 미국 사회 기자들은 평소에 정보원을 제시하는 능동형 기사 문장을 쓰도록 철저히 훈련받는다. 이에 반해 한국 기자들은 주체가 없는 피동태 술어 문장을 관행적으로 쓰는 편이다. 좋은 저널리즘 연구회가 수행한 연구에 따르면 국내 주요 일간 신문들은 기사 1건당 평균 1.19개의 무주체 피동형 표현을 사용했다. 이는 단 한 건도 사용하지 않은 미국 뉴욕타임스, 영국 더 타임스, 그리고 일본 아사히신문 0.82건과 비교해 월등히 많다(김경모 외, 2018). 한국 기자들이 상대적으로 무주체 피동형 문장을 사용하는 데 무신경함을 보여준다.

이런 이면에는 주체를 밝혀야 하는 부담을 덜기 위한 한국 기자들의 게으름이 숨어 있다. 기자가 정보 주체를 명확히 밝히기 위해서는 정보원의 말과 정보를 더 엄격히 확인하는 과정과 절차를 거쳐야 한다. 그만큼 취재 과정에 더 많은 시간과 힘을 기울여야 한다는 뜻이다. 취재 과정에 투명한 취재원을 통해 사실을 확인하는 노력을 기울이지 않는 한 주체가 없는 피동체 문장 쓰기는 피하기 어렵다. 정보원의 주체가 분명하게 제시되면 문제의 서술어는 자연스럽게 해결된다. '~라는 지적이다', '~로 추정된다', '~로 풀이된다', '~로 예상된다'와 같은 피동형 표현이나 '알려졌다', '전해졌다', '전망이다'와 같은 주체가 없는 어색한 서술어 표현을 사용할 이유도 없다. 언론학자들은 한국 기자들이 피동형 서술어 문장을 쓰는 이유에 대해 취재원이 누구인지 밝히기 곤란할 때, 특정 내용을 지나치게 일반화하고 싶을 때, 그리고 기자 개인의 의견을 객관적으로 포장할 때 주로 사용한다고 말한다(김경모 외, 2018; 이완수·박재영, 2013). 무주체 피동형 서술어는 투명하지 못하다는 점에서도 문제이지만, 정확성이 부족하고 기자 자신의 생각을 취재원의 생각처럼 교묘하게 보이게 한다는 점에서 심각한 문제에 속한다(박재영·이완수, 2007; 이완수·박재영, 2013).

직접 인용구의 주관적 술어 표현도 객관주의 저널리즘을 훼손하는 요인의 하나로 꼽힌다. 큰따옴표로 묶인 직접 인용구 다음에 나오는 최종 술어가 주관적인 느낌을 주는 경우이다. 그런 예로 '["~"라고] 주장했다', '강조했다', '요구했다', '의견을 제시했다', '희망했다', '열변을 토했다', '애원했다', '넌지시 말했다' '웃었다', '미소 지었다', '한숨지었다', '분노했다', '격노했다', '불만을 토로했다' 등을 들 수 있다. 얼핏

보아도 말하는 사람의 주관적인 감정이 배어 있음을 알 수 있다. 이런 표현은 저널리즘 글쓰기 준칙에 맞지 않거나 극도로 자제해야 하는 감정 개입적인 표현들이다. 감정 개입적인 이런 술어 표현을 보고 화자話者가 어떤 사실을 객관적으로 말했다고 믿을 사람은 없다. 그런데도 한국 기자들은 취재원의 말을 직접 인용하면서 주관적 술어를 남발하는 편이다. 심지어 기자들이 화자의 생각과 달리 상황을 멋대로 해석해 이런 감정적 표현을 쓴다. 좋은 저널리즘 연구회가 발표한 연구 결과를 보면 한국 신문들이 사용하는 주관적 술어는 기사당 평균 1.40개로 영국 더 타임스(평균 .72개), 일본 아사히신문(평균 .85개), 그리고 미국 뉴욕타임스(평균 1.22개)에 비해 많다(김경모 외, 2018).

말하는 사람의 감정이 담긴 편향적인 술어 표현은 객관주의 저널리즘에 있어 치명적이다. 기사 문장에서 감정 개입적인 언어 표현은 수용자에게 전혀 다른 인상을 주기 쉽다. 미국 저널리즘 교과서가 직접 인용구에 사용하는 술어에 대해 엄격히 제한하는 원칙을 제시하는 것도 감정적 술어 표현이 사실의 객관적 전달에 방해가 된다고 보기 때문이다. 직접 인용구 다음에 나오는 최종 술어는 원칙적으로 '했(었)다', '말했(었)다', '밝혔(었)다', '덧붙였다' 등 4개만 쓰는 게 바람직하다(박재영 · 이완수, 2007). 실제로 미국 기자들은 'said(말하다)'를 주로 쓰고, 간혹 'added(덧붙였다)'를 쓰는 정도이다. 감정 개입적인 술어 표현은 가급적 쓰지 않는 것을 원칙으로 한다. 그만큼 직접 인용구의 술어표현에 엄격하다는 의미이다.

기사 문장은 누구나 알아들을 수 있도록 쉬워야 하고, 동시에 객관적이어야 한다. 말이나 글의 목적은 어떤 경우에도 공정하게 소통하는 데 있기 때문이다. 소통이 어려운 말이나 글은 아무리 그것이 멋지고,

그럴싸하게 보여도 쓸모가 없다. 일반 대중과 대화해야 하는 언론인의 말과 글은 더 말할 필요도 없다. 기사 문장은 언론인이 일반 시민과 대화하는 표현 수단이다. 표현은 쉽고, 단정하고, 객관적이어야 한다. 그것이 바로 말과 글의 품격이고, 인격이다. 그러나 한국 기사 문장은 그렇지 못한 것 같다. 반대로 어렵고, 거칠고, 때로는 주관적이어서 불편함을 준다.

필자는 한국 기자들이 쓰는 말과 글의 문제점을 대략 여섯 가지 정도로 꼽고 싶다.

먼저 한국 기자들이 사용하는 말과 글은 너무 어렵다. 전문가가 아니면 쉽게 이해하기 어려운 말들이 너무 많다. 대중의 말이 아니다. 한마디로 "기자들은 글(말)을 썼(했)고, 독자는 읽었고, 시청자는 들었다"고 해야 할 것 같다. 그것은 대화도 아니고, 소통도 아니다. 교수들이 강단에서 사용하는 어려운 이론적 언어를 대중에게 일방적으로 전달하는 식이다. 뉴스 소비자들은 어느 누구도 언론 매체를 통해 어려운 글을 읽거나 말을 듣고 싶어 하지는 않는다.

둘째는 권위적인 언어 표현 사용하기이다. 한국 기자들이 사용하는 언어는 너무 위계적이고, 권위적이다. 권위주의 시대에 사용하던 소환, 신병처리, 송치, 이첩, 파기환송, 구형과 같은 표현의 기사 언어가 여전히 사용된다. 뉴스에 담겨 있는 이런 표현은 무섭고, 거칠고, 오만하고, 때로는 서슬이 퍼렇다. 국민을 위에서 내려다보는 표현들이다. 기자들이 재판정에서 논고하는 판사의 근엄한 언어를, 범죄 사실에 대해 구형하는 검사의 고압적 언어를, 군부 권위주의 시대의 케케묵은 관료들의 언어를 거르지 않고 그대로 사용하고 있지는 않은지 되돌아볼 필요가 있다. 모두 편안한 언어가 아니라 몸을 움츠러들게 하는 불편한 언어들이다.

셋째는 권력 카르텔을 위한 기사 언어 사용하기이다. 한국 기자들의 말과 글은 지나치게 권력 집단화에 편입되어 있다는 느낌이 든다. 기자들은 정부 관리, 기업 임원, 판사, 검사, 의사, 교수 등 이른바 사회 엘리트들이 사용하는 말을 그대로 옮겨 확대 재생산한다. 기자들의 말과 글은 특정 집단에서만 사용하는 어렵고, 배타적이라는 느낌을 준다. 그런데도 한국 기자들은 일반 시민의 말이 아닌, 특정 권력집단의 말을 거르지 않고 전파한다. 말과 글은 집단의 카르텔을 만들고, 그 카르텔은 그들의 말을 또 다시 재생산한다. 언론이 그 매개 역할을 한다.

넷째는 사대주의적인 기사 언어 표현이다. 한국 기사 문장은 한국어를 사용하는 것이 원칙이다. 어쩔 수 없이 외래어를 사용할 수밖에 없는 경우를 빼고는 한국어를 써야 옳다. 그러나 한국 기사 문장은 분별없이 영어, 일본어, 한자어를 마구 갖다 쓰는 편이다. 한국 국민에게 정보를 전달해야 하는 기자들이 영어, 일본어, 중국어 등 외래어를 쓰는 것은 심각하게 고려해봐야 한다.

다섯째는 관행적인 기사 언어 사용하기이다. 한국 기자들은 자신들이 사용하는 말과 글을 오랫동안 사용해왔다는 이유만으로 쉽게 버리지 않는다. 언어는 끊임없이 변화한다. 시대가 바뀌면 말이나 글도 바뀐다. 그러나 한국 기자들은 그들이 이전부터 사용해오던 말이나 글을 관습적으로 사용한다. 그 말과 글이 옳고, 타당하다면 문제될 게 없다. 하지만 시대에 뒤떨어졌거나, 처음부터 잘못된 말이나 글이고 표현이라면 하루빨리 고치는 것이 옳다. 반대로 정체불명의 신조어를 거르지 않고 마구 쓰는 경우도 마찬가지로 문제이다. 사전에도 없고 대중들의 언어 생활에도 없는 이상한 은어, 조어, 축약어를 버젓이 저널리즘 언어로 사용한다. 모두 버려할 언어 습관들이다.

여섯째는 저널리즘 규범을 벗어난 기사 언어 표현이다. 말이나 글은 국어의 문제이면서 동시에 저널리즘의 문제이다. 언론이 말이나 글을 객관적이고, 공정하게 전달하는 것은 올바른 문법과 표현을 사용하는 것 못지않게 중요하다. 기사 문장이 아무리 문법을 잘 지켰다고 하더라도 그것이 사실을 제대로 반영하지 못하면 곤란하다. 기사 문장은 언어 문제 이전에 저널리즘 가치가 더 중요하기 때문이다. 한국 언론은 옳고 반듯한 말과 글을 사용하는 국어 순화자가 되는 동시에, 사회 현실을 언어를 통해 제대로 반영하는 저널리즘의 기본 의무를 간과해서는 안 된다. 언론의 신뢰도는 결국 올바른 언어로 사실을 균형적이고 객관적으로 전달할 때 실현될 수 있다. 문장의 올바른 서술어 사용하기가 저널리즘 객관주의 실천을 위한 첫걸음이다.

뉴스가 역사의 초고草稿라면, 문장은 기사의 초고이다

이완수

모든 뉴스는 문장과 표현에서 시작한다. 뉴스가 역사의 초고草稿라면, 문장은 기사의 초고라고 할 수 있다. 뉴스 가치, 취재원, 관점, 인용, 사실성, 미디어 윤리와 같은 저널리즘의 일반 원칙 가운데 어떤 것도 뉴스 문장이나 표현을 앞설 수 없다. 기사 문장을 어떻게 다듬고, 표현할 것인가는 뉴스 구성의 일차적 조건이자 원칙이다. 뉴스의 객관성이나 공정성 여부도 결국은 기사 문장이나 표현을 어떻게 쓰는가에 따라 좌우된다.

아무리 좋은 뉴스라도 문장과 표현이 거칠고 올바르지 못하면 그 가치를 인정받기 어렵다. 뉴스의 신뢰성을 의심받는 것은 물론이다. 그런데도 우리는 기사 문장을 관심 있게 들여다보지 않는다. 신문이나 방송 뉴스는 국어 문장인 동시에 기사 문장이다. 기사라는 글은 다른 글과 마찬가지로 언어(국어) 측면의 기준이 적용될 뿐 아니라, 저널리즘 측면에서도 엄격한 준칙이 함께 적용된다(이완수 · 박재영, 2013). 뉴스 문장은 어떤 글보다 더 까다롭고 더 철저해야 하는 이유이기도 하다. 뉴스 문장은 문법적으로 올바른 단어와 표현을 사용해야 하며, 사실 정보에 기초하고, 사실 정보와 의견 정보를 구분해야 하며, 기자의 주관적인 표현을 가능한 한 배제해야 한다(이완수 · 박재영, 2011). 이런 과정과 절차를 잘 지켜야 올바른 기사 문장을 쓸 수 있으며, 저널리즘의 객관성과 공정성을 보장받는다.

이 글에서는 한국 기자들이 뉴스 언어나 문장을 쓸 때 범하는 잘못은 무엇인지, 그 잘못을 어떻게 고치는 것이 바람직한지에 대해 생각해보고자 한다. 먼저 기사 문장을 쓸 때 저지르는 국어학적 오류다. 어휘 측면에서 일본식 한자어(예: 납득, 식량, 고수부지), 국적 불명의 외래어(예: 프랜차이즈, 콤비, 인플레), 같은 의미의 어휘를 반복해 사용하는 동의어 중복(예: 깊은 심호흡, 깊은 숙고, 달리기 경주), 우리말에서 관형격 조사로만 쓰이는 '의'와 같은 일본식 조사(예: 범죄와의 전쟁, 저마다의 소질) 등 잘못된 문법이 대표적인 예다. 표현 측면에서도 수동태 문장 표현으로 자동사를 피동사로 잘못 쓰거나(예: 일반화되다, 구체화되다) 원래 피동사인데 피동형을 중첩적으로 쓰거나(예: 보여지다, 쓰여지다) 자동사로 바꿔야 할 타동사를 피동사로 잘못 쓰기도 한다(예: 키워지다[올바른 표현은 '자라다'], 식혀진[올바른 표현은 '식은']).

잘못된 어휘 사용과 함께 문장의 기본 조건을 갖추지 못한 경우도 자주 눈에 띈다. 기사 문장을 읽다 보면 '~라는 지적이다', '~라는 입장이다', '~라는 반응이다', '~라는 분석이다', '~라는 전망이다'라는 표현이 보이는데, 이는 주어가 없는 엉터리 문장이다. 주어 없이 서술어만 있는 문장이나, 반대로 주어는 있는데 서술어가 없는 잘못된 문장도 마구 쓴다. 예를 들어 "A 중학교 인근에 최근 장례식장이 들어서려다 중단됐다"는 문장은 주어 없이 '중단됐다'는 술어만 있는 경우다. "이 보고서는 긴축 경제를 제안하고 있다는 점에서 과거와는 다른 것으로 꼽혔다"는 문장은 주어는 있지만 이 주어에 맞는 술어가 없다.

주어와 술어를 갖췄더라도 서로 엇지는 경우도 있다. 예컨대 '더불어민주당은 시민 공청회를 여는 등 충분한 토론을 하자는 주장이다'에서처럼 주어(더불어민주당)와 술어(주장이다)가 서로 맞지 않는 경우도 있다. 방송 뉴스에서 '맑고 있습니다', '빗발치고 있습니다', '예상되고 있습니다'와 같은 말을 자주 듣는다. 이것 역시 상태를 나타내는 형용사나 진행의 의미를 담을 수 없는 동사를 진행형으로 잘못 쓴 경우다. 이외에도 '~에 대해', '~에 의해', '~을 위해'와 같은 불필요한 표현이나 행위, 제고, 개최, 시행 등의 어려운 관공서식 용어 모두 잘못 쓰인 국어 문법에 해당한다.

문법적 오류 못지않게 저널리즘 관점에서 범하는 오류는 사실 더 큰 문제다. 기사의 잘못된 표현이나 오류는 대중의 언어 사용에 나쁜 영향을 주기도 하지만(이완수·박재영, 2013), 사람들에게 세상에 대한 그릇된 상像을 심어줄 수 있다. 한 예로 기자들이 기사 작성 과정에서 자주 쓰는 위기, 파동, 폭탄, 분노, 격노, 감탄, 욕망, 공포, 폭로, 혐오와 같은 표현은 지나치게 과격하고 주관적이며 감정 편향적이다.

취재원의 말을 인용하는 기사 문장에서 사용하는 감정적이고 주관적인 표현도 마찬가지다. 한국 기자들은 인용구 맺음말(술어)에서 습관적으로 '~라고 분노했다', '~라고 비난했다', '~라고 강조했다', '~라고 주장했다', '~라고 일축했다'는 식으로 쓴다. 이런 표현은 기자의 감정과 평가가 개입된 주관적 술어방식이다. 뉴스 문장의 일차적 원칙은 어떤 경우에도 사실을 토대로, 가치 배제적으로 기술하는 것이 중요하다. 예를 들어 '분노했다', '비난했다', '주장했다', '일축했다', '희망했다', '한숨지었다'와 같은 표현은 저널리즘 글쓰기 준칙에 맞지 않거나 자제해야 할 감정 개입적인 표현이다(이완수·박재영, 2011).

객관주의 저널리즘의 오랜 전통을 지닌 미국 언론의 인용 술어 방식은 그런 점에서 시사적이다. 미국 언론은 누구의 말을 인용할 때 반드시 끝말을 '말했다said'로 쓴다. 미국 기자들이 인용구의 끝말로 said를 쓰는 이유는 명확하다. 이 표현이 다른 어떤 표현보다 더 가치 배제적이고, 객관적이라고 보기 때문이다. 박재영과 이완수(2007)는 기사의 직접 인용구 다음에 나오는 최종 술어는 원칙적으로 '했(었)다', '말했(었)다', '밝혀(었)다', '덧붙였다' 등 4개만 쓰는 게 바람직하다고 말한다.

무주체 피동체로 쓰는 문장 쓰기도 문제다. 기자들은 문장을 쓸 때 '알려졌다', '전해졌다', '관측이다, '전망이다'라는 말을 습관적으로 사용한다. 문제는 누가 알렸는지, 전했는지, 관측하고 있는지, 전망하고 있는지 알 수가 없다. 주체가 명확하지 않기 때문에 소문이나 추정을 마치 사실처럼 보도한다는 의심을 피하기 어렵다. 기자가 취재를 바탕으로 기사를 작성했다 하더라도 관행적으로 이런 표현을 사용하면, 독자들은 기자가 존재하지 않는 사실을 임의적으로 포함했거나 기자 자신의 주관적 생각을 마치 객관적인 정보처럼 가장한 것으로 오인하기 쉽다(이완수·박재영, 2013). 뉴스의 객관적 사실성은 무엇보다 인용 주체가 분명하고, 기자의 주관적이고 감정적인 언어를 최대한 배제함으로써 실현된다.

기사 문장에서 사실fact과 의견opinion을 구분해 사용해야 한다는 원칙을 강조하는 것도 이런 이유 때문이다. 저널리즘에서 사실과 의견은 모두 공표할 수 있다. 하지만 사실과 의견을 구분해 사용해야 한다는 원칙을 훼손해서는 안 된다. 사실과 의견이 뒤섞이면 사실의 왜곡과 편향이 일어날 수밖에 없다. 영국의 저명한 저널리스트 찰스 스콧Charles Scott의 "의견은 자유지만, 사실은 신성하다opinion is free, facts are sacred"는 금언은 저널리즘에서 사실의 중요성을 특별히 강조한 말이다.

정치적 편향이나 가치 판단이 개입된 언어나 특정 집단에 대한 편견을 담은 문장 표현도 자제해야 한다. '공권력', '민중', '날치기'와 같은 정치 편향적 표현, 'SKY대', '파출부', '청소부', '매춘부'와 같은 직업과 사회적 지위 편향적 표현, '얼짱', '몸짱', '근육질' 등의 외모 편향적 표현, '여기자', '여군', '여교수', '여성 CEO', '미혼모' 등의 성차별적 표현, '동남아 근로자', '조선족'과 같은 인종이나 국적 편향성으로 비치는 표현은 모두 특정 대상이나 집단에 대해 사회적 왜곡과 편향을 불러올 수 있다. '문심', '박심', '친노계', '친박계', '북풍' 등의 무리한 조어나 '사상 최악의 물난리', '통신대란', '대반란', '총체적 난국'과 같은 강렬하고 극단적인 표현인 과過 어휘도 가치 개입적 표현으로, 세상을 바라보는 사람들의 생각이나 판단을 바꿔놓거나, 사상이나 이념에 영향을 미칠 수 있다(Kuo & Nakamura, 2005).

언론이 특정 계층의 생각을 반영하거나, 정치적 편향성을 가미하거나, 시청자들에게 과도한 위기감과 의견의 양극화를 조장할 수 있는 용어나 표현을 사용하는 것은 사실을 공정하게 보도해야 하는 언론의 사회적 책무를 벗어난 행위다(임태섭, 1999; 황치성, 2008). 기사 표현이 감정적이거나 가치 편향적으로 쓰이는 순간 뉴스의 객관적 사실성은 무너진다.

뉴스 문장을 사실성과 객관성을 바탕으로 가치 배제적으로 쓰기는 물론 쉽지 않다. 기자들은 뉴스 작성 과정에 불가피하게 개인의 의견, 선호도, 감정, 조직과 사회문화적 이데올로기로부터 영향을 받으며, 이 과정에 특정 프레임이나 편향성을 드러낸다. 하루하루 마감 시간에 쫓기는 기자들이 올바른 문장과 객관적 표현을 사용하기는 특히 더 어렵다. 더구나 최근 뉴스의 디지털화로 속보성이 강조되면서 잘못된 기사 문장이 더 많이 양산되고 있는 게 현실이기도 하다. 과거에는 교열부 기자들이 표현을 고치고 문장을 다듬는 교열 과정이라도 있었지만, 지금은 그런 절차마저 사라졌다.

뉴스 언어는 세상의 일이나 인물에 대한 의미, 특징, 관점을 보여주는 도구이기 때문에 객관적으로 쓰는 것이 중요하다(Fowler, 2013). 좋은 기사 문장은 올바른 표현과 함께 객관적 사실을 바탕으로 공정하게 쓰는 것이다. 좋은 문장의 기사만큼 좋은 뉴스도 없다.

언론의 신뢰도 위기는 잘못된 뉴스 문장 쓰기에서 비롯한다. 언론 신뢰도는 기사가 사실에 기초해 객관적으로 쓰였는지, 또 한쪽으로 치우치지 않고 공정하게 쓰였는지에 달려 있다. 뉴스가 객관성을 지니기 위해서는 기자가 사실을 있는 그대로 기록해야 함은 물론이다. 기자 개인의 의견, 선호도, 감정을 최대한 배제해야 하는 것은 말할 것도 없다. 좋은 뉴스는 사실을 수집해 객관적으로 보도하고 편향성을 배제했는지, 어떤 사안에 대해 당사자의 의견을 동등하게 반영했는지, 또 언어나 관점이 한쪽으로 치우치지 않았는지에 따라 평가된다. 이 과정에서 수용자들이 동의할 수 있을 정도로 명확하고, 왜곡되지 않은 언어 사용은 필수적이다. 한국 기자들은 뉴스의 객관성, 정확성 그리고 공정성과 같은 저널리즘 규범과 원칙이 올바른 뉴스 표현과 문장에서 시작된다는 점을 잊어서는 안 될 것이다.

사건 속의 사람으로 사건 풀어가기

박재영

장기기증 기사를 기획한다면, 기자들은 우선 죽음의 문턱에서 누군가의 장기를 기다리는 환자 서너 명을 확보해야 한다. 섭외가 쉽지 않겠지만, 장기기증자도 꼭 필요하다. 장기기증에 대한 법규를 찾아봐야 하며 장기기증의 현황과 어려움, 이식 수술, 장기기증 활성화 대책, 장기기증 선진국의 모범 사례도 알아볼 것이다. 그리되면, 기사는 이런 순서로 작성된다.

환자 #1의 다급한 사례를 소개한 다음에 장기기증을 기다리는 환자는 많지만, 기증자는 적다는 주제를 제시한다. 장기기증의 절차는 간단한데도 기증자가 많지 않은 이유를 설명하고, 환자 #2와 #3을 보조 사례로 덧붙인다. 장기기증자의 선행 사례와 함께 장기기증의 활성화를 강조하며 기사를 마무리한다. 그러면서 기사 곳곳에 관련 법규와 통계, 전문가 코멘트를 덧붙일 것이다. 기사에 따라 내용의 순서는 조금 바뀔지 몰라도 구도는 똑같다. 작년에 모 일간지는 200자 원고지 25매짜리 기사를 꼭 이렇게 보도했다. 이보다 더 의욕적이라면, 설문조사와 빅데이터 분석, 전문가 좌담도 시도할 것이다. 이런 식의 보도는 장점과 함께 단점도 지닌다.

장점은 사안을 일별하게 해준다는 점이다. 장기기증의 A부터 Z까지를 단박에 알고 싶다면, 이런 기사를 보면 된다. 단점은 기사가 사안의 모든 부분을 중시하는 바람에 어느 한 부분도 특별히 기억되지 않는다는 점이다. 기사가 강렬한 인상을 주고 싶다면, 어느 한 부분이라도 유다르게 부각해야 한다. 장기기증 사안에서 그럴 만한 곳은 역시 장기기증자와 수혜자다. 이들 속으로 깊숙이 들어가면, 장기기증의 실태를 적나라하게 보여줄 수 있다. 2021년 2월에 동아일보는 '환생'을 보도하면서 그렇게 했다.

'환생'의 디지털 버전 1화는 장기기증자 사례를 두 부분으로 나눴다.[1] 첫 부분은 6m 높이에서 떨어져 두개골이 부서진 동생과 그의 장기기증을 결정했던 형을 다뤘다. 동생의 치명적인 사고를 듣는 형의 전화 통화 장면, 동생의 끔찍한 얼굴 모습, 동생의 손에 얼굴을 묻고 하염없이 이름을 부르던 어머니, 담당 의사가 형에게 절망적인 사실을 전해주는 장면, 동생의 죽음을 예견하고 부모에게 장기기증을 의논하던 형, 장기 적출을 위해 수술실로 가기 전에 동생의 얼굴을 어루만지며 눈을 감겨주던 아버지, 수술실로 가는 동생을 보고 발을 동동 구르며 병상을 부여잡은 어머니…. 기사는 이런 장면들을 그대로 카메라로 찍고 글로 옮겼다.

---

1 https://original.donga.com/2021/rebirth1

1화의 두 번째 부분은 장면이 확 바뀌어 국립장기조직혈액관리원(KONOS, 이하 코노스) 상황실을 보여준다. 코노스는 부산에 있는 동생의 심장을 이식받을 수 있는 환자를 꼬박 하루가 걸려 서울에서 찾아냈다. 부산 취재팀이 동생을 취재하는 동안 서울 취재팀은 이 수혜자를 만났다. 6개월째 인공 심장을 달고 사는 수혜자는 심장 기증 소식에 놀라움과 감사, 미안함, 이식 수술의 불안감을 기사에 표현했다. 심장 이식은 4시간 안에 이뤄져야 해서 동생의 심장은 부산의 병원을 떠나 부산역에서 고속열차를 타고 수서역에 도착한 뒤, 구급차로 서울의 병원에 이르자마자 수술실로 들어갔다. 취재팀은 군사작전 같았던 이 3시간 58분을 생생하게 기사에 담았다.

'환생' 1화에 담긴 장면들은 기존 기사에서 본 적이 없다. 장기기증의 디테일을 이렇게 적나라하게 적은 기사는 없었다. 기사가 예사롭지 않아서 그런지 댓글도 남달랐다. "기사를 읽고 울어본 적 처음이다", "자다 깬 새벽에 기사를 읽다 눈물범벅이다", "모처럼 기사다운 기사를 읽는다", "삶과 죽음을 돌아보게 만드는 기사" 등 동생의 명복을 비는 위로의 댓글은 수천 개나 됐다. 왜 이런 댓글이 이렇게 많이 달렸을까?

이 기사는 사례-주제문-사례-통계-코멘트 식으로 전개되는 대신 그저 여러 장면을 보여줬다. 마치 다큐멘터리 같았다. 기사를 이렇게 쓸 수 있었던 것은 취재를 다르게 했기 때문이다. 기자들은 취재원의 말이 아니라 장면에 주목했다. 취재원에게 질문을 하기보다 취재원들의 대화를 들었다. 그리고 그들의 표정과 움직임을 관찰했다. 인터뷰도 취재원의 내면이 드러나는 데까지 깊숙이 들어갔다. 기자가 알고 싶은 것을 취재원에게 요구하는 대신 취재원이 스스로 보여줄 수 있도록 기다렸다. 한마디로, 가장 우둔하고 비효율적인 취재였다. '환생'은 이렇게 전통적 취재와 기사 형식에서 완전히 벗어났기에 근래 보기 드문 성공작이 될 수 있었다. 그런데도 이 기사는 한국 언론에 두 가지 고민거리를 던진다.

첫째는 “이 기사의 작품성을 더 높일 수 없을까?”에 대한 고민이다. 기사에 웬 작품성이냐고 의아해하겠지만, 그렇지 않다. 영화가 대중성과 작품성을 모두 잡으면 최상이듯이, 이 기사도 대중성만큼이나 작품성을 잡았더라면 한국 언론사史에 남을 ‘레전드 기사’가 됐을 것이다.

사실, ‘환생’은 1화 기증자, 2화 수혜자, 3화 장기기증을 기다리는 사람들, 4화 한국장기조직기증원 소속의 장기기증 코디네이터, 5화 장기기증을 둘러싼 오해, 6화 장기기증 활성화를 위한 과제로 나눠 보도했다. 앞에서 봤듯, 1화도 굳이 두 부분으로 쪼갰다. 각화는 그 자체로 하나의 작품이지만, 이들을 모두 합쳐서 엮는다면 더 크고 화려한 작품을 만들 수 있을 것이다. 소설이나 영화는 언제나 그렇게 한다. 내용을 쪼개거나 나누는 대신 합치고 엮는다. 그렇게 하지 않으면, 사람들을 수백 쪽의 줄글과 2시간의 영상에 내내 몰입하도록 만들 수 없기 때문이다. 부분만으로는 단조롭고 평탄한 1인극이지만, 부분들을 엮으면 여러 인물이 등장해 경쟁하는 입체적인 구도로 바뀐다. 이것이 진짜 ‘이야기’다. 이야기의 힘은 세계의 모든 작가가 바이블로 여기는 『시학』에서 아리스토텔레스가 이미 2,300여 년 전에 설파한 터라 여기서 재론할 필요는 없다.

이야기의 제1요소는 주인공이다. 주인공 없는 소설이나 영화는 없다. ‘환생’ 기사에서 주인공을 물색한다면, 당장 장기기증자가 떠오른다. 기증자의 가족도 괜찮다. 하지만 누구나 기증자를 선호할 것이므로 오히려 수혜자를 주인공으로 잡고 기증자를 조연으로 삼는 차별화 전략도 좋다. 더 도발적인 기자는 4화의 코디네이터를 주인공으로 잡을지 모른다. 가족에게 장기기증을 안내하고 뇌사 확인부터 이식 수술까지 기증의 전 과정을 조율하는 코디네이터는 기증자와 수혜자의 처지, 장기기증의 법규와 문제점, 왜곡된 사회적 시선 등을 모두 다 잘 아는 유일한 인물이다. 그래서 그를 통해 장기기증의 전모를 보여주기 수월하다. 실제로, '환생' 4화의 코디네이터는 간호사 출신으로서 이식 수술과 같은 전문적 의학 지식도 지녔다. 이렇게 되면, 코디네이터가 주연을 맡고, 기증자와 수혜자는 조연을, 가족과 의사 등은 엑스트라 역할을 맡는 구도가 된다. 이제 기사는 장기기증 사안의 각 부분을 순차적으로 나열하는 대신 부분들을 종횡으로 엮는다. 평탄 구조가 입체 구조로 바뀌는 것이다.

예를 들어, 코디네이터가 등장해 기증자 #1의 사연을 소개하다가 수혜자 #1의 처지가 나오고, 다시 기증자 #1로 돌아왔다가 기증자 #2, 수혜자 #1 또는 수혜자 #2, 가족, 의사 등이 번갈아 나오면서 이야기는 전진한다. 소설이나 영화의 모든 장면에 주인공이 등장하지 않듯이, 기사에서도 주인공이 모든 장면을 통제할 필요는 없다. 전체적으로 주인공이 이야기를 끌어가는 분위기를 내는 것만으로도 충분하다. 이처럼 기사의 주인공은 이야기를 끌어가는 인물이라는 점에서 캐릭터character로 부른다(박재영, 2020). 결국, 기자는 '코디네이터의 눈'으로 사람들에게 장기기증의 세계를 보여주게 된다.

'환생'과 관련한 두 번째 고민은 "언론은 무엇을 위해 이런 기사를 쓰는가?"와 연관된다. 다시 말하지만, 이 기사는 현재로도 매우 좋다. 많은 독자가 이미 울었으며 지금 이 글을 읽는 사람도 당장 '환생'을 보면 울 것이라고 장담할 수 있다. 하지만 '사람 울리기'가 저널리즘의 본질이나 목표는 아니다. 동아일보 내에서도 '환생'에 대해 감정 과잉 아닌가, 휴머니즘이 기사의 목표인가와 같은 의문이 제기됐다. 언론이 이런 아이템을 보도하는 목적은 두 가지다. 장기 기증의 '선행 바이러스' 전파와 정책적 문제점 노출. 기사에 대한 독자의 반응이 뜨거웠던 것으로 보아 전자의 목적은 어느 정도 달성된 것 같다. 문제는 후자, 즉 장기기증의 문제점 같은 사회적 문제의식을 드러내는 것이다. 기자로서 더 욕심을 내고 싶은 곳도 당연히 여기다. '환생' 취재팀도 그것을 시도했지만, 원하는 만큼의 효과를 보지 못했다.

'환생' 6화는 장기기증 전문가 4명에게 장기기증 현황이나 장기기증 정책과 관련한 문제점을 인터뷰해 그 결과를 Q&A 형식으로 정리해 보도했다. 그런데 6화의 페이지뷰는 당황스러울 정도로 적어서 동아일보는 급히 웹사이트 톱 자리에서 기사를 내려야 했다. 기자들이 강조하고자 했던 콘텐츠를 독자는 철저하게 외면했다. 그것이 중요하지 않다거나 그런 것에 관심 없기 때문이 아니다. 그것을 전달하는 방식에 문제가 있었기 때문이다. 기증자와 수혜자의 애절한 사연을 들려주다가 장기기증 현황이나 의료 정책의 문제점을 정색하고 지적하면, 독자는 흥미를 이어가기 어려울 것이다. 중대한 문제를 엄숙하게 가르치듯이 말하면, 누구도 기분 좋게 들으려 하지 않는다. 수험서 같은 주입식 콘텐츠에 지칠 대로 지친 한국인 아닌가? 그런 묵직한 콘텐츠는 오히려 편하게 읽고 스스로 느낄 수 있도록 제공될 필요가 있다. 휴머니즘 같은 소프트 콘텐츠에 정책 같은 하드 팩트hard facts를 집어넣으려면, 둘을 따로 주면 안 되고 섞어줘야 한다. 쓴 약을 맛있는 밥에 섞어 먹이는 것과 비슷하다. 누구도 밥과 나물을 따로 먹지 않으며 비벼서 비빔밥으로 먹는다. 이야기 속에 하드 팩트 녹여 넣기! 이를 위해서도 코디네이터의 주인공 설정은 매우 유용하다. 코디네이터가 전하는 기증자나 수혜자의 사례를 통해 장기기증의 문제점이 노출되면, 독자의 '분노 게이지gauge'는 더 높아질 수 있다. 이것이 이야기의 힘이다. 저널리즘의 미학이기도 하다.

기사는 소설이 아닌데, 주인공을 설정하고, 그가 이야기를 이끌어가도록 하는 것이 얼마나 가능할까 싶다. 하지만, 조금만 상상력을 발휘해보면 그렇게 할 수 있는 아이템은 의외로 많다. 가출 청소년을 통해 한국 가정의 위기와 부실한 사회 안전망을 드러낼 수 있으며, 은퇴 노부부의 일상에서 초고령화 사회의 실태를 보여줄 수 있다. 주인공과 주제를 더 짝지어보면, 평범한 직장인과 현대 샐러리맨의 애환, 북한 이탈 주민과 통일시대 민족 화합의 문제, 이주노동자와 한국 사회의 다문화 역량, 연쇄살인마와 인간의 악마성, 트랜스젠더와 인간의 정체성 찾기 등이 떠오른다. 노인학당을 통해 인간은 왜 배우려고 하는지를 보여줄 수 있으며 신혼부부를 통해 한국인에게 집이 지니는 무게감, 아이돌 그룹을 통해 산업으로서 음악의 의미, 생활고를 비관해 자살한 외국인을 통해 코리안드림의 실체를 전할 수 있다.

'환생' 기사는 여러 면에서 언론계의 주목을 받을 만했다. 조선일보 노동조합의 <조선노보>는 '디지털 근육 키울 콘텐츠 실험해야'라는 제목의 기사에서 '환생'을 제작했던 동아일보 '히어로 콘텐츠팀' 2기를 소개했다(조선노보, 2021). 취재 기자 5명, 프로젝트 기획 담당 기자 2명, 사진·동영상 기자 3명 등 총 18명이 제작에 참여했으며 취재 기간만 5개월이 걸렸다고 했다. 그러면서 "조선일보 기자라면 누구나 갖고 있을 마음속 킬러 콘텐츠를 꺼내 다양한 방식으로 표현해볼 수 있는 기회가 주어져야 한다"라고 했다. 기사에 대한 파장은 그러나 동아일보 사내에서 더 컸던 것 같다.

'환생'의 동아일보 사내 반응은 대체로 호평이었다. 그것은 그간에 이 정도의 기사도 없었다는 방증이다. 가장 의미 있는 변화는 '환생' 기사를 통해 동아일보에 "스토리가 잘 읽히더라"라는 공감대가 형성됐다는 점이다. 동아일보 기자들은 예전에 없던 기사를 바로 옆에서 보게 되면서 눈높이가 상당히 높아졌다. 독자의 눈높이도 높아졌을 것이다. 생산자와 소비자의 눈이 높아지면, 제품은 고품질로 갈 수밖에 없다. 여기에 더해 <조선노보>에 나타난 조선일보 기자의 부러움이 실제로 구현된다면, 동아일보와 함께 고품질 기사 경쟁이 본격화할 것이다.

모든 사건에는 사람이 개입돼 있다. 그간에 기자들은 사건을 사건 중심으로 보았을 뿐이지 사람 중심으로 보지 않았기 때문에 이야기로 발전시킬 생각을 아예 하지 않았다. 사건을 사람으로 치환해보면, 모든 사안에 이야기가 숨어 있음을 알게 된다. 역시, 모든 것은 사람의 일이다. 모든 사건이나 사안을 꼭 스토리로 만들려고 하거나 주인공을 설정하려고 애쓸 필요 없다. 가해자나 피해자와 같은 사람을 중심으로 해당 사건을 풀어가기만 하면 된다. 그것이 곧 사람 이야기다. 사람이라는 '그릇'에 사건이나 사회적 문제의식을 담아보자는 것이다. 이제 관건은 "누구 또는 어떤 캐릭터를 통해 주제를 보여줄 것인가?"이다. 이런 발상의 전환은 발생 사실 자체를 보도하는 그간의 관습을 넘어 사안의 근원과 배경, 맥락, 인간의 이야기를 발굴하게 해준다.

"눈에 보이는 것은 모두 기사다"라는 상투적인 말을 다시 환기한다. 그간에 썼던 스트레이트 기사를 모두 이야기 기사로 바꿔 쓸 수 있다. 그래서 아이템은 넘쳐나고 할 일은 많다. '환생' 기사와 같은 대형 기획은 당연히 무시로 나올 수 없다. 그러나 매일의 뉴스 제작에서 그보다

작은 아이템 한 개라도 이야기 형식으로 만들어볼 것을 권장한다. 그런 실험을 반복하다 보면 기자들의 이야기 역량도 커질 것이다. 사람들은 한 가지 이유만 있어도 특정 매체를 선호하게 된다고 하는데, 그 한 가지로 이야기 기사를 강하게 추천한다.

대안을 제시하기보다 '시민의 분노'를 유발하라

박재영

"비판만 하지 말고, 대안도 제시하라." 언론학 교수나 시민단체 사람들이 기자에게 하던 이 말을 요즘 일반 시민과 학생도 한다. 기자가 스스로 이렇게 말하는 것을 들은 지도 제법 오래됐다. 이 말은 워낙 좋아서 말하는 사람이 우월감까지 느낄 수 있다. 그러나 이것은 언론을 잘 모르는 사람들이 생각 없이 하는 말이다.

사사건건 비판만 하는 언론에 식상하고 짜증 난 사람은 기자에게 그런 충고를 할 법하다. 기자가 스스로 그런 생각을 해냈을 수도 있다. 끊임없이 문제점을 비판해도 잘 고쳐지지 않으니 아예 문제 해결 방법을 직접 알려주는 것이 낫겠다고 생각할 수 있는 것이다. 실제로 매우 많은 기사가 대안을 보도했다. 예를 들어, 언론은 복지 문제에 스웨덴 모델을, 노인 대책에 일본의 경험을, 환경 정책에 독일의 성공 사례를 대안으로 보도했다. 이런 굵직한 기획 기사뿐 아니라 자잘한 일반 기사도 자주 대안을 제시했다. 주로 전문가를 통해 조언이나 제언을 전달했다. 대안까지 보도했으므로 기자의 마음은 뿌듯했겠지만, 그런 대안은 과연 얼마나 효과적이었는가?

기사가 제시한 대안이 유효했다면, 우리 사회의 많은 문제는 해결됐어야 한다. 하지만, 문제는 해결되기는커녕 더 악화했다. 문제 해결의 책임이 있는 공무원에게 대안이 담긴 기사를 보여주면 그들은 피식댄다. 기자가 대책까지 알아봐주었으니 이제 다 해결돼 아무 걱정 없겠다는 투로 빈정거리기도 한다. 대개 공무원은 문제점을 파악하고 있으며 무엇을 해야 하는지도 안다. 그러나 예산이 없거나 정책 순위에 밀려서 불가피하게 대책을 집행하지 못하는 경우가 많다. 또한, 해외의 모범 사례를 그냥 국내에 적용한다고 문제가 해결되는 것은 아니다. 해외의 사례를 토착화하면서 우리만의 해법을 찾아내는 것이 관건인데, 그러려면 많은 시간과 비용을 감수해야 한다. 그래서 예산을 확보하고 정책을 밀고 나가려면 상당한 동력이 필요하다. 하지만, 그간에 기사가 제시했던 대안들은 그런 동력을 제공하지 못했다. 그렇다면, 기사를 어떻게 써야 문제점을 고칠 수 있는지에 대해 근본적으로 다시 생각해보아야 한다.

최근에 우리는 기사가 문제점을 고치는 것을 넘어 세상을 바꾸기까지 한 사례를 목격했다. 최순실의 국정농단에 이은 박근혜 전 대통령의 탄핵 보도가 그것이다. 과연 언론은 어떻게 이 어마어마한 변화를 끌어냈는가? 그 메커니즘은 간단하다. ①언론의 보도가 있었으며 ②기사를 본 시민들은 걷잡을 수 없이 분노했으며 ③국회의원들은 시민 눈치를 보며 대통령 탄핵에 가결했다. 첫 번째 단계인 언론 보도가 없다면 아예 그 이후도 없겠지만, 언론 보도가 있다고 해서 항상 그 이후의 단계가 활성화되지는 않는다. 반면에 두 번째 단계인 시민의 분노가 있으면, 세 번째 단계는 거의 보장된다. 결국 시민의 분노가 핵심인데, 그것은 대통령 탄핵을 '시민혁명'으로 부르는 데서도 알 수 있다. 대통령 탄핵이 초유라는 점에서, 시민의 분노가 대단한 힘을 지니고 있다는 것은 분명하게 증명됐다. 따라서 필요한 것은 그냥 기사가 아니라 시민의 분노를 유발하는 기사다. 국정농단 기사는 어떠했기에 시민을 그토록 분노하게 했을까?

언론은 국정농단을 보도하면서 법을 어기거나 부도덕한 짓을 한 장본인들의 이름 석 자를 그대로 기사에 공개했다. 그들의 잘못을 입증하는 증거를 찾아내면, 그것의 진위를 제2, 제3의 증거로 확인하고 재확인했다. 무엇이든지 하나를 물면, 집요하게 파고들어서 끝장을 냈다. 그렇게 정밀하게 퍼즐 조각을 맞춰 큰 그림을 그려나갔다. 그 과정에서 그들이 무엇을 어떻게 잘못했는지 적나라하게 들춰냈다. 이런 요소들이 한국 언론이 세상을 바꿀 수 있었던 원천이다. 또한, 이것이 시민의 분노를 유발하는 기사의 조건들이다. 국정농단 보도는 워낙 훌륭해서 이런 요소를 모두 갖출 수 있었겠지만, 일반 기사는 그렇지 못할 수 있다. 그래도 탐사 보도는 유일하게 제도나 정책의 변화를 목적으로 하는 기사이므로 이런 요소를 갖추고 있을 것으로 기대할 수 있다. 미국의 대표적인 탐사 기사는 퓰리처상 탐사 보도 부문 수상작이며 한국의 기사 중에 그와 가장 유사한 것은 한국기자협회 '이달의 기자상'의 기획 부문 수상작이다. 그래서 그 둘을 비교해보았는데, 한국 기사는 매우 실망적이었다(남재일 · 박재영, 2020).

미국 기사는 법을 어기거나 부도덕한 짓을 한 사람들을 거의 모두 실명으로 보도했으며 한국 기사는 익명으로 보도했다. 특히, 그런 사람들 전원을 실명으로 보도한 경우는 미국이 기사 10개 중 7개(70%)나 됐으며 한국은 1~2개(17%)밖에 없었다. 다수의 미국 기사(63%)는 여러 문제점 중 대표적인 1~2개를 선택해 집중적으로 파헤쳤고, 대부분의 한국 기사(78%)는 여러 사례를 소개하듯이 나열했다.

입증의 다원성, 즉 기사가 얼마나 다양한 종류의 증거 자료를 활용하는가에서도 차이가 났다. 여기서 증거 자료는 당사자나 관계자의 증언, 당사자나 관계자의 개인 문서, 수사기관의 기록, 수사기관 외 정부기관의 공문서, 기업이나 여타 기관의 문서, 전문가의 분석을 포함한다. 대부분의 미국 기사(87%)는 두 종류 이상의 증거 자료를 활용했으며 한국의 경우에는 그런 기사가 절반 조금 넘게(59%) 발견됐다. 바꿔 말하면, 한 종류의 증거에만 의존한 기사에서는 한국이 미국보다 더 많았다. 미국의 경우, 두 종류의 증거를 활용한 기사는 25%, 세 종류는 22.5%, 네 종류는 45%이며, 심지어 다섯 종류의 증거를 활용한 기사도 7.5%나 됐다. 미국 기사는 다양한 경로로 여러 종류의 증거를 수집해 주제를 입체적으로 증명했다. 반면에 한국의 경우에는 한 종류의 증거 자료를 활용한 기사(41%)와 두 종류의 증거 자료를 활용한 기사(59%)뿐이었다.

미국 기사는 4개 중 1개꼴(27%)로 대안을 제시했으며 한국 기사는 약 절반(52%)이 대안을 제시했다. 이렇게 보면 미국 기사도 대안을 제시한 것 같지만, 속을 들여다보면 그렇지 않다. 미국 기사는 오로지 문제의 실태에 집중해, 실태를 파헤치면서 원인을 찾아내고 원인 속에서 자연스럽게 해결책을 드러냈다. 즉 기자가 실태를 취재하면서 대안이 드러난 것이지 대안을 찾기 위해 따로 취재를 한 것이 아니다. 이에 비해 한국 기사는 문제점을 확인하는 선에서 실태 파악을 끝내고, 전문가나 모범 사례를 취재해 원인을 분석하고 대안을 제시했다. 그래서 문제의 실태와 원인, 대안의 연계성이 낮았다.

또 다른 차이는 캠페인 보도에서 발견됐다. 캠페인 보도는 "~~을 하자"라는 식으로 행동을 권유하거나 사람들을 동원하는 기사를 뜻한다. 한국 기사는 10개 중 약 1개(12.5%)가 캠페인 보도였지만, 미국 기사는 캠페인 보도를 전혀 하지 않았다. 시민에게 무엇을 권유하거나 그들이 행동하도록 부추기는 것은 정부 기관이나 시민단체가 해야 할 일이다. 언론이 캠페인을 자임하면 문제점을 들춰내는 어려운 일은 대충 수행하고, 캠페인 같은 그럴싸한 일에 치중하게 된다. 물론, 과거에 미국 언론도 캠페인 보도를 한 적이 있다. 예를 들어, '자유의 여신상'의 기단을 만들기 위해 미국 신문은 지면을 통해 모금 운동을 벌였다. 이런 보도는 한때 유행하며 '행동 저널리즘action journalism' 또는 '십자군 저널리즘crusade journalism'으로 불렸다(Schudson, 1981/2019). 그것이 1880년대의 일이니, 미국에서 140여 년 전에 사라졌던 저널리즘을 한국 언론은 지금도 하고 있는 것이다. 종합하면, 앞의 분석 결과들은 한국 기사가 문제점을 많이 비판하면서도 비판의 칼날은 무뎠음을 보여준다.

일반 기사에서 대안은 흔히 전문가 코멘트를 통해 제시된다. 대개 기사의 마지막에 전문가가 등장해 "~을 해야 한다"라거나 "~을 하면 안 된다"라고 지침을 주는 식이다. 예를 들어, 청소년 범죄를 다룬 기사에서 전문가는 "이를 해소하려면 교육이 중요합니다. 특히, 어릴 때 가정교육이 중요합니다"라고 말한다. 전문가 코멘트는 대부분 하나마나한 말이어서 정보도 의미도 없는 군더더기다. 모 기자는 데스크에게 전문가 코멘트의 무용성을 말했다가 야단만 맞았다. 현장의 기자들은 지금도 이런 쓸데없는 것을 구하려고 아까운 시간과 에너지를 낭비하고 있다. 한편, 독자는 전문가 코멘트를 읽으면서 언론이 자기를 가르치려 한다고 느낄 것이다. 저널리즘의 금언 중 하나가 "독자를 가르치려 하지 마라" 아닌가? 기사 마지막의 전문가 코멘트는 한국 언론 특유의 관행이다. 기자는 마지막에 힘을 주고 싶어서 전문가 코멘트를 넣지만, 역효과만 낳을 뿐이다. 기사의 마지막은 독자가 사안을 생각해볼 수 있도록 여운을 남기며 끝나는 것이 좋다.

솔루션 저널리즘solutions journalism 때문에 미국 언론도 대안 제시를 권장한다고 말하는 사람들이 있다. 하지만, 그런 사람은 솔루션 저널리즘을 잘못 이해하고 있다. 솔루션 저널리즘은 흔히 한국 언론이 하는 것처럼 대놓고 대안을 제시하거나 해법을 제공하는 저널리즘을 뜻하지 않는다. 오히려 솔루션 저널리즘은 "현장과 유리된 탁상공론식 대안, 무비판적 해외 사례 소개, 해결책 단순 열거 같은 상투적 제언이나 피상적 처방에 머무는 보도를 경계한다"(김경모, 2019: 235쪽). 솔루션 저널리즘에서 중요한 것은 대안 자체가 아니라 어떤 정책이나 대책이 성공하게 되는 과정이다. 성공의 전제 조건이나 실행 조건에 주목한 채 정책이나 대책의 전모를 보여주는 것이 핵심이다. 솔루션 저널리즘의 목적은 문제 해결의 성공과 실패의 경험을 긍정적인 관점의 이야기로 보도하여 유사한 고민을 지닌 공동체나 지역사회가 스스로 문제를 해결할 수 있도록 돕는 것이다. 그래서 솔루션 저널리즘은 성공 사례라 하더라도 단점이나 한계점을 함께 소개한다.

한국 기자들이 언론의 대안 제시 기능을 내면화하고 자기의 임무로 받아들인 지는 이미 오래됐다. 한국 언론의 계몽 지향성과 한국 기자들의 엘리트주의가 그것을 부추겼을 것이다. 하지만, 이제 그간의 무딘 비판과 섣부른 대안 제시를 냉정하게 반성해볼 때가 됐다. 기사로 문제를 해결하고자 한다면, 시민을 움직여야 한다. 핵심은 '시민의 분노'다. 따라서 그저 그런 비판이 아니라 시민을 분노하게 만드는 비판이 필요하다. 문제의 장본인을 공개하고 그들의 잘못과 엉망진창이 된 실태를 적나라하게 보여줄수록 시민들은 더 분노한다. 그래야 국회의원과 공무원이 움직인다. 국회의원은 법을 만들고 예산을 편성하며 공무원은 그 예산으로 대책을 집행한다. 대뜸 대안을 제시하는 것은 오히려 시민들의 분노를 식힐 수 있다. 대안을 제시해야 할 의무는 문제를 일으킨 책임자들에게 있다. 그들이 대안을 마련할 수밖에 없도록 몰아붙이는 것이 언론이 해야 할 일이다. 여전히, 비판이 가장 강력한 대안이다.

방송 뉴스, 영상의 사실성은 어디에?

이나연

2020년 8월 초 전국에 내린 집중 호우의 피해를 보도하던 국내 뉴스 전문 종합편성채널 YTN은 영상 관련 대형 오보誤報를 냈다. 보도 당일에는 폭우로 서울 시내의 여러 도로가 통제되었는데, YTN의 한 프로그램은 서울 올림픽대로가 물에 잠기고 그 위를 달리던 차량들이 오도 가도 못하는 모습을 담은 영상을 내보냈다. 기자는 "급격히 불어난 물이 도로 위를 넘쳐흐르면서 지금 보시는 것처럼 차량들이 꼼짝 못하고 있는 상황"이라고 보도했지만, 해당 화면은 9년 전 연합뉴스의 사진인 것으로 밝혀졌다. YTN 측은 당시 프로그램이 시청자의 제보 사진으로 진행되었는데, 기자가 제보자에게 전화로 확인했지만, 마감 시간의 촉박성 때문에 충분히 검증하지 못했다고 오보의 발생 경위를 설명했다(박서연, 2020년 9월 3일).

이 사건은 YTN의 해명처럼 새로운 미디어 환경에서 뉴스 이용자의 참여가 늘어나고, 방송사에서 이를 실시간으로 방송하다 보니 확인할 시간이 부족해 발생한 오보다. 하지만, 동시에 이 사건은 TV 뉴스에서 영상을 사용할 때, 얼마나 정확성에 대한 엄격함이 떨어지는지를 보여주는 한 단면이기도 하다.

실제로 국내의 선행 연구는 국내 TV 뉴스의 품질을 분석한 뒤, 영상 처리와 관련한 여러 문제점을 지적해왔다(오해정 · 김경모, 2020; 이윤희 · 조연하, 2017; 이재경, 2004). 해외의 주요 방송사인 영국의 공영방송 BBC나 미국의 NBC 등과 비교할 때, 국내 TV 뉴스에서 취재원이나 취재 대상을 모자이크 처리하거나 자료 화면을 부적절하게 사용하는 등의 사례가 유독 많다는 것이다. 특히, 사실 전달이 생명인 뉴스에서는 허용되기 어려운 재연reconstructions과 같은 영상 기법도 적지 않게 발견된다. 선거와 같은 주요 이슈에서 TV 뉴스에 대한 시민들의 의존도가 높다는 점을 감안할 때, 사실성과 직결된 TV 뉴스의 영상 처리 문제는 반드시 해결되어야 할 잘못된 관행 중 하나다. 그렇다면 사실성이 부족한 영상 처리는 무엇이며, 왜 자주 등장하는 것일까?

우선, 국내 TV 뉴스에서는 취재원과 취재 대상에 대한 모자이크 처리가 많다. 좋은 저널리즘 연구회가 2018년 국내 지상파 3곳(KBS, MBC, SBS)과 종편 4곳(JTBC, TV조선, 채널A, MBN) 등 7개 방송사의 메인 뉴스와 미국의 NBC, 영국의 BBC, 일본의 NHK의 메인 뉴스를 비교한 결과, 국내 방송사의 모자이크 처리는 전체 기사의 53.2%인 243건에 이르렀지만, BBC는 3건(9.7%), NBC는 8건(12.9%), NHK는 1건(1.6%)에 불과했다.

이처럼 모자이크 처리가 많은 이유는 방송과 신문을 막론하고, 뉴스에 무분별하게 익명 취재원을 사용하기 때문이다. 뉴스에 등장하는 대다수 취재원을 익명으로 처리하다 보니, 이들에 대해 자연스럽게 '시각적 익명 처리', 즉 모자이크 처리나 화면 흐리기 등이 많아지는 것이다. 초상권에 대한 시민들의 인식이 높아지는 것도 TV 뉴스의 '화면 흐리기'에 영향을 주고 있다. 국내의 한 연구는 방송 기자와의 인터뷰를 통해 TV 뉴스에서 취재원을 익명으로 처리하는 동기를 분석한 뒤, 그 결과로 1) 더 깊숙한 내막과 뒷이야기까지 알아내려는 기능적 동기, 2) 취재원 보호 및 관계를 유지하려는 사회적 동기, 그리고 3) 취재 과정에서 소요되는 시간과 비용을 절약하려는 편의적 동기 등을 제시했다(이윤희 · 조연하, 2017). 즉 풍부한 정보를 제공하기 위한 목적뿐 아니라 기자들이 쉽게 뉴스를 만들 수 있기 때문이라는 것이다.

자료 화면의 빈번한 사용과, 부적절한 사용도 문제로 지적된다. 예를 들면, 화면을 확보하지 못한 사건을 보도하면서, 해당 사건과 직접적으로 관련이 없는 영상을 내보내는 것으로, 이러한 보도 행위는 사실성의 측면에서 용인될 수 없다. 실제로 2018년 TV조선은 태풍 '솔릭'의 피해를 보도하면서 중국 지역의 영상을 자료화면으로 내보내 방송통신심의위원회에서 '권고' 처분을 받았다. 어느 정도 관련이 있어 보이는 화면이나 영상을 시청자가 알아볼 수 없도록 적당히 화면 흐리기 등으로 처리하여 방송하는 일도 자주 발견된다. 2020년 9월 초 MBC 뉴스데스크는 심층기획보도 '의료계까지 퍼진 뒷광고'를 보도하면서 관련이 없는 다양한 유튜버들의 모습을 배경화면으로 사용했다가 사죄하는 일까지 벌어졌다(<그림 1> 참고). 이외에도 뉴스에서 자료화면을 사용하면서 등장인물을 알아보지 못하도록 음영을 넣는 등으로 처리했다가 문제가 된 경우도 적지 않다.

방송 뉴스에서 더 심각한 관행은 재연이다. 재연은 사건을 명백하게

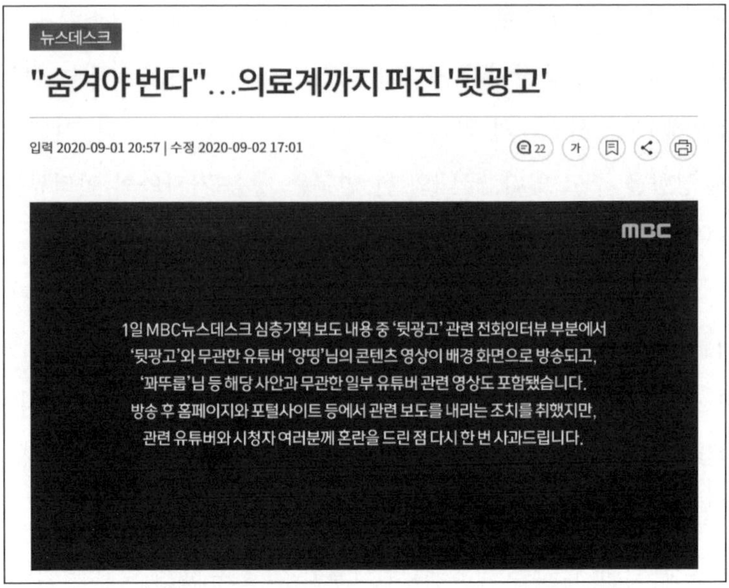

<그림 1> 잘못된 영상 사용으로 올린 MBC 사과문

재연출하는 것으로 뉴스에서는 어떠한 상황에서도 허용될 수 없다. 국내 방송 기자들도 재연이라는 영상 기법이 뉴스 제작에 등장하는 현실에 대해 문제로 인식하고 고쳐야 할 관행으로 지적한 바 있다(심석태 외, 2014).[2] 그러나 이러한 관행은 완전히 개선되지 못한 것으로 보인다. 이번 좋은 저널리즘 연구회의 조사에서도 영국의 BBC와 일본의 NHK의 뉴스에서는 재연이 단 한 건도 없었지만, 국내 방송은 11건(2.4%)에 이르렀다. 예를 들면, SBS의 <8시뉴스>가 "최태원, '악성 댓

2 국내 방송 기자와 방송학자는 2014년 『방송 뉴스 바로 하기』라는 책을 발간하고, 한국 방송 뉴스의 고질적인 병폐 7가지를 지적했다. 7가지 병폐 중 하나가 '시청률 집착'이었는데, 재연은 시청률 집착의 한 결과물로 소개했다. 즉 방송사들이 '시청률 집착'에서 선정적인 장면을 재연으로 방송한다는 것이다.

<그림 2> 재연으로 영상 화면을 사용한 SBS 뉴스

글 폐해 직접 호소'…이례적 증인 출석"이라는 제목으로 보도한 뉴스에서는 어둠 속에서 한 남성이 노트북을 통해 댓글을 쓰는 장면을 재연한 뒤 '자료화면'이라고 표지했다(2018년 8월 14일). 그러나 해당 화면은 '아래한글' 문서에 작업하는 것으로 보여 사실성이 떨어질 뿐 아니라 이러한 재연이 필요했는지도 의문이다(<그림 2> 참고). 종편 MBN의 뉴스에서는 아예 연기를 하는 방식의 재연이 보도되었다. 2018년 1월 15일 "'돈에 눈 먼 경찰'…성매매 눈감아주고 100만원 받아"라는 제목으로 노래방 운영주가 식사비 명목으로 현직 경찰관에게 돈을 주었으며, 이 경찰관은 동료와 식사비를 나눠 가졌다고 보도했다. 이 과정에서 노래방 운영주가 돈을 건네는 장면, 그리고 경찰관들이 식사비를 나눠갖는 장면을 모두 연기자가 재연했다(<그림 3> 참고).

2018.01.15

'돈에 눈먼 경찰'…성매매 눈감아주고 100만 원 받아

글자크기 + −

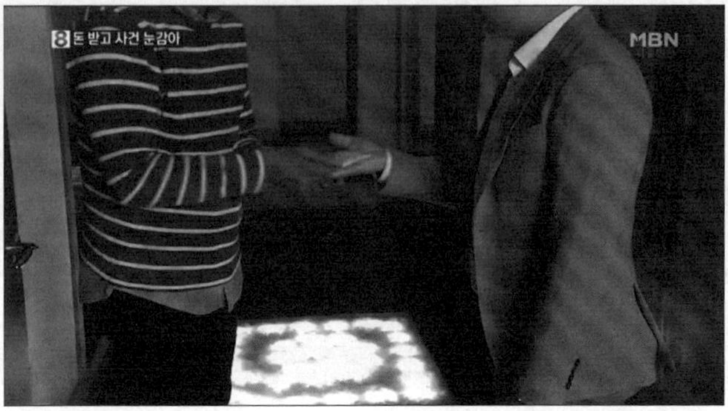

<그림 3> 기사 내용을 재연으로 처리한 MBN 뉴스

TV 뉴스에서 영상은 시청자들이 해당 뉴스의 사실 관계를 인식하는 데에 핵심적인 영향을 미친다. 영상을 최대한 정확하게 사용해야 하는 이유도 이 때문이다. 실제로 영국의 BBC는 정확성accuracy을 제작 지침의 첫 번째 조항으로 정하고, 시청자를 오도할 가능성이 있는 그 어떤 영상의 사용에 대해서도 정확성 지침을 어긴 것으로 판단한다. 이처럼 엄격한 잣대는 뉴스뿐 아니라 사실 기반의 다큐멘터리에도 동일하게 적용된다. 이러한 사례들은 BBC의 최고 심의기구인 BBC트러스트에서 2007년부터 2014년까지 시청자들의 이의 사항에 대해 심의한 결과에서 쉽게 찾을 수 있다.[3] 예를 들면, BBC트러스트는 웨일즈

3 BBC는 시청자가 이의를 제기하는 불만사항(appeals)을 3단계를 거쳐 대처하고 있으며, BBC의 1, 2단계 대처에도 시청자의 이의가 해소되지 않을 경우 3단계는 BBC트러스트에서 판정하도록 하고 있다. BBC트러스트는 BBC의 외부 관리기관(governing body)으로

지역의 자치정부 추진 움직임을 다룬 다큐멘터리 'Power and people'이 정확성 지침을 어겼다고 판정했다(2008년 3월). 그 이유는 웨일즈 지역의 탄광에서 일어난 시위를 다루면서 이와는 상관없는 오그리브 탄광 관련 자료 화면을 사용했는데, 이 화면이 웨일즈 지역의 폭동보다 더 심각한 수준에서 경찰과 대치하는 모습을 담고 있어 해당 화면이 시청자들이 인식하는 시위의 심각성 수준을 오도할 수 있다고 판단한 것이다. 또한 'Panorama: Comeback Coal'이라는 프로그램에서는 화석연료를 사용하는 발전소와 이산화탄소의 배출, 그리고 지구온난화에 대해 다뤘는데, 특정 영상이 정확성을 위배했다고 판단했다(2009년 7월). 즉 이산화탄소가 눈에 보이지 않기 때문에 냉각탑에서 나오는 수증기를 화면에 내보내면서 이산화탄소에 대해 언급했는데, 이러한 영상이 무해한 수증기를 유해한 것으로 인식하도록 시청자들을 오도할 가능성이 있다고 판단했다.

이처럼 BBC에서 화면 자료를 사용할 때에는 그 영상이 얼마나 정확한지, 그리고 그 영상을 통해 시청자를 오도할 가능성이 있는지를 엄격하게 따진다. BBC트러스트는 "우리는 특정 사건에 대한 자료를 사용할 때, 시청자가 그 사건이 아닌 것으로 인식하게 만드는 자료를 사용해서는 안 된다"[4]고 밝혔다(방송통신위원회, p. 104). 그러나, 모자이크가 53%에 이르는 국내 TV 뉴스의 현실을 감안하면, 과연 국내 방송

2007년 설립되었으며 BBC의 이사회와 독립적으로 운영된다. BBC트러스트가 설립된 2007년부터 2014년 3월까지 시청자의 이의가 완전히 받아들여진(upheld) 34건의 사례 분석에 대한 상세한 내용은 '스마트미디어시대 방송저널리즘 평가척도 기준정립 연구(방송통신위원회)'를 참고하면 된다(연구진은 숙명여대 산학협력단).

4 We should not use library materials of one event to illustrate another in such a way as to suggest the audience is seeing something it is not.

사들은 뉴스의 영상을 제작할 때, 정확도를 얼마나 중요하게 생각하는지, 그리고 이러한 영상을 시청자들이 어떻게 인식할 것인지, 다시 말해, 혹시라도 사실과 다르게 인식하거나 오도될 가능성에 대해 고민하는지를 의심할 수밖에 없다.

『저널리즘의 기본 원칙』의 저자인 코바치와 로젠스틸은 '사실 확인의 저널리즘'이라는 장에서 사실성을 추구하는 첫 번째, 그리고 두 번째 원칙으로 각각 "절대로 애초에 없었던 것을 추가하지 마라"와 "절대로 수용자를 속이지 마라"라고 제시했다(Kovach & Rosenstiel, 2014). 또한, 저자들은 퓰리처상을 탄 존 허시가 '기자를 천직으로 여기는 사람들이 새겨야 하는 말'이라는 글에서 강조한 '저널리즘을 설득력 있게 만드는 원칙'을 소개했다. 그것은 "절대로 창작하지 마라. 저널리즘의 내적인 신조는 '여기 있는 것 가운데 지어낸 것은 없다nothing here is made up'이다"였다. 뉴스와 허구의 경계가 흐려지는 새로운 미디어 환경에서, 그러기에 더 되새겨야 할 원칙이 아닐까 생각한다.

모자이크로 범벅된 방송 뉴스

게으른 저널리즘과 인격권의 공생 전략

김지현

월터 리프만Walter Lippmann은 '언론인들이 가장 책임져야 할 것이 있다면 그것은 취재원의 신뢰도에 대한 그들의 판단'이라고 했다 (Lippmann, 1965: 226쪽). 우리가 언론과 같은 신뢰할 수 있는 정보원을 통해 정보를 얻는 것처럼 언론도 마찬가지로 신뢰할 수 있는 취재원을 통해 정보를 얻고, 해당 취재원을 독자/시청자에게 제시하는 방식으로 정보의 신뢰성을 증명한다. 언론은 '취재원으로 말한다'라는 말은 이 '투명성의 규칙Rule of Transparency'이 언론인의 기초적인 직업 윤리임을 보여준다. '누구나' 뉴스를 생산할 수 있는 미디어 환경에서 우후죽순처럼 생겨나는 가짜뉴스로 인해 사회가 혼란한 시기일수록 이 직업 윤리를 통해 저널리즘의 존재 가치는 더욱 유려하게 빛을 발한다. 뉴스에서 드러난 정보원을 확인함으로써 독자/시청자는 '진짜' 뉴스와 '가짜' 뉴스를 구별할 수 있고, 사회적 사안에 대한 합리적인 가치 판단을 할 수 있게 되기 때문이다. 이러한 뉴스 정보의 생산/소비 메커니즘이 제대로 작동하기 위해 가장 먼저 행해지는 것이 바로 취재원의 신뢰도에 대한 언론인의 판단이다. 그런데 언론은 때때로 뉴스의 공익성과 국민의 알권리보다 우선시되는 다른 부득이한 사유, 이를테면, 취재원 보호와 같은 이유로 취재원을 투명하게 드러내기 어려운 경우를 겪기도 한다. 이때 언론은 취재원을 익명으로 보도하는데, 이 경우 언론인이 내린 취재원 신뢰도에 대한 판단의 책임은 더욱 무거워진다. 무엇보다 독자나 시청자가 익명의 취재원을 통한 정보를 소비할 때는 언론인의 판단에 의지할 수밖에 없기 때문에 그렇다. 그래서 언론은 익명 취재원의 사용을 되도록 지양해야 하며, 어쩔 수 없는 경우에는 독자의 가치 판단에 도움을 줄 수 있을 만큼의 친절한 설명을 덧붙여야 한다.

방송 뉴스는 취재원으로부터 얻은 정보를 언어와 영상이라는 두 가지 방식으로 전달한다. 취재원의 인격권 보호에 대한 목소리가 높은 요즘, 방송 뉴스 기자들은 언어 정보와 영상 정보 모두를 대상으로 취재원의 익명 처리 여부를 결정해야 하는 이중고를 겪는다. 특히 방송 뉴스의 경우 취재원 자체뿐만 아니라 취재원 접촉 장소, 그 배경이 되는 건물이나 사회의 일상적 모습 등이 영상에 담겨 통합적으로 정보가 제공된다. 따라서 시청자의 정보 이해의 맥락에 있어서 영상 정보의 투명성은 언어적 정보의 투명성만큼이나 중요하다. 혹자의 말처럼, 방송 뉴스는 '영상으로 말하는' 저널리즘 방식을 표방하므로 영상 정보의 투명성은 시청자의 가치 판단을 위한 정보의 왜곡을 막는 중요한 기제다. 그런데, 요즘의 방송 뉴스에서는 너무 많은 영상 정보가 모자이크/블러blur 처리(이후 모자이크로 용어 통일)를 통해 '익명화'되어 있다.

<표 1>은 좋은 저널리즘 연구회가 국내 방송 뉴스와 해외 주요 방

<표 1> 국내 및 해외 방송사의 모자이크 유무(단위: %, 건)

	있음	없음	전체
국내 방송사	53.2(244)	46.8(215)	100.0 (459)
미국 NBC	12.9(8)	87.1(54)	100.0 (62)
영국 BBC	9.7(3)	90.3(38)	100.0 (31)
일본 NHK	1.6(1)	98.4(62)	100.0 (63)

송 뉴스 리포트 영상의 모자이크/블러 처리 여부를 비교 분석한 결과다. 국내 방송사의 경우 뉴스 리포트의 50% 이상에서 모자이크를 사용한 반면, 미국, 영국, 일본의 뉴스 리포트에서는 모자이크 영상을 극히 일부에서만 사용한 것을 확인할 수 있다(χ^2 = 100.76, p < .001). 영상의 익명 처리는 뉴스 리포트의 첫 화면에서도 흔히 볼 수 있다(<그림 4> 참고).

언론 보도는 국민의 알권리 충족과 여론의 감시·비판이라는 책무를 지니기에 많은 경우 누군가의 명예를 훼손하고, 초상권을 침해하게 되는 태생적 속성을 지닌다. 언론의 공공성과 진실성이 인격권의 위법성 조각 사유가 되지만, 이 상반된 가치의 확실한 영역 구분은 쉽지 않다. 이때 요구되는 것이 바로 취재원의 신뢰성에 대한 판단의 책임일 것이다. 언론인의 전문성을 기반으로 검증된 취재원이고, 그 신뢰성을 언론인이 보장할 수 있다면, 취재원 영상의 익명 처리는 누구나 공감할 수 있는 타당한 '직업적 판단'이 된다. 그러나 좋은 저널리즘 연구회가 한국 방송 뉴스 리포트에서 모자이크된 대상을 분석한 결과는 그 판단과 고민의 결과물이 얼마나 처참한 수준인가를 보여준다. 해외 방송사와 달리, 국내 방송사에서는 뉴스 영상에서의 등장인물을 모두 모자이크하거나, 특정 시설 및 장소, 때로는 화면 전체를 모자이크 처리

<그림 4> 방송 뉴스 영상의 첫 화면 모자이크 예시[5]

한 사례도 비일비재한 것으로 나타났다(<표 2> 참고). 뉴스 화면 전체를 모자이크 처리한다면, 실제로 시청자가 마주하게 되는 뉴스 영상은 <그림 5>와 같다는 말이 된다.

좋은 저널리즘 연구회의 방송 뉴스 영상 분석 결과를 보면 너무 많은 합리적 의문이 남는다. 영상으로 정보를 제공하는 방송 뉴스가 모자이크로 뒤범벅이 된 화면으로 이야기할 수 있는 것은 무엇인가? 어디까지가 국민의 알권리와 공익을 위한 것이고, 어디부터가 인격권 보호를 위한 것인가? 방송 저널리즘은 취재원을 투명하게 드러내기 위한 '최선'을 고민해왔다고 자부할 수 있는가? 혹시 모를 법적 분쟁을 의식해 '최

---

5 KBS 뉴스9 <안희정 1심서 무죄..."위력 증거 없다"> 뉴스 리포트 영상 (2018. 08. 14) / MBC 뉴스데스크 <연금까지 빼돌렸다. 시청은 "모르는 일"> 뉴스 리포트 영상 (2018. 04. 12)

<표 2> 국내와 해외 방송사 리포트의 모자이크 대상(단위: %, (개))

	사람 얼굴	사람 전체	등장인물 모두	특정 시설 및 장소	문서	화면 전체	기타
국내 방송사(740)	30.4(225)	6.4(47)	15.7(116)	19.5(144)	5.3(39)	9.3(69)	13.5(100)
미국 NBC(11)	36.4(4)	18.2(2)	0.0(0)	0.0(0)	9.1(1)	0.0(0)	36.4(4)
영국 BBC(4)	25.0(1)	75.0(3)	0.0(0)	0.0(0)	0.0(0)	0.0(0)	0.0(0)
일본 NHK(1)	100.0(1)	0.0(0)	0.0(0)	0.0(0)	0.0(0)	0.0(0)	0.0(0)

<그림 5> 뉴스 영상의 모자이크/블러 처리 화면 예시[6]

대한' 가리는 전략을 사용하는 것은 아닌가? 궁극적으로 뉴스 영상의 모자이크 처리는 인격권 보호를 위한 저널리즘의 '배려'라고 볼 수 있는가? 오히려 '게으른 저널리즘'의 모습을 드러내고 있는 것은 아닌가?

과도하게 모자이크 처리된 뉴스 영상은 뉴스 리포트의 흐름을 끊고, 정보를 제대로 전달하는 것을 어렵게 한다. 나아가 영상 전체를 모자이크로 뒤범벅이 되도록 검열·편집하는 일은 기본적으로 저널리즘이 원칙이 없고, 불성실한 것처럼 보이게 함으로써 저널리즘의 신뢰도를 스스로 손상시키는 결과를 가져온다.

기자의 직업 윤리 실천이라는 관점에서 사안의 맥락, 공익성, 국민의

6 MBN 뉴스8, <돈 받고 사건 눈감아> 뉴스 리포트 영상(2018.01.15) / JTBC 뉴스룸 <특활비 동원 여론조사 무기로…> 뉴스 리포트 영상(2018.02.06)

알권리, 비판과 감시라는 언론의 역할, 인격권 보호 등을 고려해 영상의 익명적 사용 여부를 고민하다 보면, 언론인의 판단의 책임, 그 무게가 너무 무겁게 느껴지는 것이 사실이다. 쉽지 않다. 쉽지 않은 판단은 '명확한 기준'이라는 테두리 안에서 좀 더 자유롭게 이루어질 수 있을 것이다. 그런데 언론계 내부 준칙인 한국기자협회의 '인권보도준칙'이나 개별 방송사별로 저널리즘적 영상편집수칙에서 뉴스 영상의 익명 처리에 대한 구체적인 기준을 찾기는 어렵다. 취재원 보호 등을 위해 '어쩔 수 없이' 영상의 모자이크 처리가 불가피하다면, "'애매하면' 모자이크나 블러"가 아니라, 모자이크 사용의 타당한 기준을 만들 필요가 있다.

미국의 한 신문사 편집인은 익명 취재원 사용과 관련, '기사 속의 첫 번째 인용으로 익명의 취재원을 절대 사용하지 않는다'거나 '다른 사람의 의견을 제시하기 위해 익명의 취재원을 사용하지 않는다'와 같은 규칙을 갖고 있다고 한다(Rosenstiel & Kovach, 2001). 국내 주요 신문사들도 '익명 취재원'의 사용 준칙을 마련하고 있듯이(좋은 저널리즘 연구회 2020년 1월 연재 참고) 방송사 역시 뉴스 영상의 모자이크 사용 기준을 통해 언론인의 판단에 대한 신뢰성을 확보하려는 노력이 요구된다. 정보와 취재원의 투명성을 확보하기 위한 기준을 명확하게 함으로써 익명적 영상 처리 문제를 개선해가는 것은 복잡한 뉴스 미디어 환경 속에서 방송 뉴스의 신뢰도를 확보해가는 가장 중요한 단계일지도 모른다. 이러한 확고한 기준이 다른 분야와 저널리즘을 구별하며 방송 저널리즘의 존속을 위한 근간을 제공할 것이기 때문이다. 영상으로 말하는 방송 뉴스가 '모자이크'라는 그늘막 속에서 편히 쉬면서 '뉴스'라는 상품을 찍어내고만 있는 것은 아닌지 깊이 고민해볼 일이다.

진실성 확보를 위한 노력

화면과 음성 변조의 최소화

이재경

미국에서 지낼 때, 일요일 저녁이면 CBS 방송에 채널을 맞추고 <60 Minutes>를 시청했다. 1968년 돈 휴잇Don Hewitt 프로듀서가 만들어 시사 매거진의 원조로 자리잡은 이 프로그램은 지난 50여 년 시청률이나 다루는 주제의 무게감, 등장하는 인터뷰 대상자들의 명망 등에서 미국 방송 저널리즘의 최고봉으로 군림해왔다. 더 감탄스러웠던 점은 15분 정도씩 되는 각 리포트가 드러내는 흠잡을 곳 없는 영상미였다. 프로그램을 시청할 때마다 집중해 살펴봤지만, 한 장면이라도 화면에 특수 효과를 시도하거나 음성을 변조하는 경우는 찾을 수가 없었다. 연기자를 동원한 상황의 재연 역시 한 차례도 본 기억이 없다. 한국의 시사 프로그램을 보며, 자주 등장하는 화면과 음성 변조에 익숙했기에 이러한 <60 Minutes>의 제작 방식은 경이로운 신세계였다.

미국의 저녁 종합뉴스도 같은 관점에서 챙겨봤다. 결과는 같았다.

전혀 화면 변조를 안 하는 것은 아니지만, 그 빈도는 지극히 낮았다. 어떠한 방식으로든 방송되는 영상에 조금이라도 원래 상태에 무언가 새로운 요소를 덧붙인 사례는 찾기가 어려웠다.

좋은 저널리즘 연구회는 지난해, 텔레비전 뉴스의 품질을 분석하는 작업을 시도했다. 2018년 뉴욕타임스 등 해외 선진 언론의 기사와 비교하는 관점에서 신문기사의 품질을 살펴봤던 연구의 후속 작업이었다(『텔레비전 뉴스의 품질』, 2020). 지상파 3사와 종합편성 채널 4사의 리포트가 분석의 대상이었다. 이 글에서는 이 작업 가운데 시청각 매체로서 텔레비전 매체의 특성을 가장 잘 드러내는 영상과 소리 요소의 문제를 집중적으로 들여다봤다. TV 리포트에 사용되는 영상과 소리 요소 가운데 특히 화면 모자이크, 연기자를 사용한 상황의 재연, 그리고 인터뷰 대상자나 현장 목격자의 육성을 기계를 사용해 바꾸는 음성 변조 문제를 미국의 NBC, 영국 BBC, 일본 NHK 등 해외 유수 방송사의 관행과 비교해보았다.

다음의 <표 3>은 국내 방송과 해외 방송 리포트 가운데 화면 모자이크 사례를 포함하고 있는 경우를 조사한 결과를 정리한 내용이다.

분석 대상 한국 TV 리포트는 7개 방송사에서 표집한 457개였다. 이들 가운데 부분적으로 또는 전체적으로 화면을 모자이크 처리한 요

<표 3> 국내 및 해외 방송사의 모자이크 유무(단위: %, 건)

	있음	없음	전체
국내 방송사	53.2(243)	46.8(214)	100.0 (457)
미국 NBC	12.9(8)	87.1(54)	100.0 (62)
영국 BBC	9.7(3)	90.3(38)	100.0 (31)
일본 NHK	1.6(1)	98.4(62)	100.0 (63)

$\chi^2(3) = 100.73$, $p < .001$

소를 포함하는 리포트는 전체의 53%인 243개였다. 우리가 시청하는 두 개 리포트 가운데 하나에 모자이크 화면이 등장한다는 뜻이다. 자료에서 보듯이 NBC나 BBC 뉴스 가운데는 열 개 리포트에 하나 정도 모자이크 처리 화면이 나타나는 것으로 조사됐다. NHK 뉴스에서는 그 빈도가 거의 100개 리포트에 하나꼴이었다. 우리 시청자들이 매일 접하는 텔레비전 뉴스의 현실과 전혀 다른 상황임을 알 수 있다. 해외 유수 방송사는 대단히 모자이크 처리를 절제한다고 판단할 수 있다.

우리 뉴스에는 왜 이렇게 모자이크 처리가 일상화되어 있는가? 한국 시청자들이 모자이크 화면을 더 좋아해서는 아닐 것이다. 이번 연구 자료를 보고 의견을 주었던 방송 기자들은 초상권의 보호, 방송통신위나 언론중재위 등을 통해 가해지는 제도적 규제의 문제 등을 원인으로 제시했다. 모두 현장 기자와 영상 편집자를 압박하는 원인임에 틀림없다. 그러나 그래도 남는 질문은 그러면 미국이나 영국, 일본이 우리나라보다 인권을 소홀히 대하고, 초상권을 가볍게 생각하는 나라들인가 하는 것이다.

<표 4>는 한국의 개별 방송사 뉴스에서 나타나는 모자이크 처리 상황을 정리한 내용이다. 대체로 비슷한 경향을 드러내지만 KBS 뉴스가 상대적으로 모자이크 화면 사용 빈도가 미세하게 적은 것으로 조사됐다.

연기자를 동원해 과거에 벌어졌던 사건을 재연하는 경우는 사용 사례가 모자이크만큼 자주 발견되지는 않았다. 국내 방송 뉴스 경우 조사 대상인 457개 리포트 가운데 11개 리포트에서 재연 화면이 발견됐다. 이는 대체로 100개 리포트 가운데 두 개 남짓한 빈도다. 근본적으로 사실을 전해야 하는 뉴스라는 제품에 인위적으로 제작된 영상을 만들

<표 4> 각 방송사 리포트의 모자이크 유무(단위: %, 건)

	있음	없음	전체
지상파	51.8(101)	48.2(94)	100.0(195)
종편	54.2(142)	45.8(120)	100.0(262)
$\chi^2(1) = .26, p = .607$			
KBS	45.5(30)	54.5(36)	100.0(66)
MBC	57.8(37)	42.2(27)	100.0(64)
SBS	52.3(34)	47.7(31)	100.0(65)
JTBC	53.8(35)	46.2(30)	100.0(65)
MBN	51.5(34)	48.5(32)	100.0(66)
TV조선	55.4(36)	44.6(29)	100.0(65)
채널A	56.1(37)	43.9(29)	100.0(66)
$\chi^2(6) = 2.56, p = .823$			

<표 5> 국내 및 해외 방송사의 재연 여부(단위: %, 건)

	있음	없음	전체
국내 방송사	2.4(11)	97.6(446)	100.0(457)
미국 NBC	1.6(1)	98.4(61)	100.0(62)
영국 BBC	0.0(0)	100.0(31)	100.0(31)
일본 NHK	0.0(0)	100.0(63)	100.0(63)
$\chi^2(3) = 2.40, p = .497$			

어 사용하는 일이 있어서는 안 되는 경우기 때문에 당연한 결과로 판단된다. 해외 유수 방송의 상황을 보면, BBC와 NHK에서는 재연 화면이 사용된 경우를 찾을 수 없었다. NBC에서만 62개 리포트 가운데 한 개에서 재연 화면이 사용된 것으로 확인됐다. 역시 우리 방송과는 매우 다른 제작 현실임을 느낄 수 있다.

<표 6>은 한국의 개별 방송사별 재연 화면 사용 빈도를 정리한 내용이다. KBS와 JTBC, 채널A의 경우 재연 화면을 사용하지 않은 것으로 나타났다. 반면에 MBN, TV 조선 등은 상대적으로 재연을 자주 사

<표 6> 각 방송사 리포트의 재연 여부(단위: %, 건)

	있음	없음	전체
지상파	2.1(4)	97.9(191)	100.0(195)
종편	2.7(7)	97.3(255)	100.0(262)
χ^2(1) = .20, p = .657			
KBS	0.0(0)	100.0(66)	100.0(66)
MBC	3.1(2)	96.9(62)	100.0(64)
SBS	3.1(2)	96.9(63)	100.0(65)
JTBC	0.0(0)	100.0(65)	100.0(65)
MBN	6.1(4)	93.9(62)	100.0(66)
TV조선	4.6(3)	95.4(62)	100.0(65)
채널A	0.0(0)	100.0(66)	100.0(66)
χ^2(6) = 10.22, p = .113			

용하는 것으로 분석됐다.

얼굴이 안 나오는 상황에서 목소리를 감추는 음성 변조의 경우는 해외와 한국 방송의 차이가 더 극명하게 드러났다. <표 7>은 해외 TV 뉴스와 한국 뉴스에 나타난 음성 변조 현황을 정리한 내용이다. 이 자료를 보면 NBC와 BBC 뉴스에는 목소리를 인위적으로 가공해 신원을 짐작할 수 없게 하는 사례가 하나도 없었다. NBC 62개, BBC 31개, 모두해서 93개의 리포트에서 인터뷰이의 목소리는 모두 본인의 목소

<표 7> 국내와 해외 방송사 리포트의 취재원 육성 변조 비율(단위: %, 건)

	육성 변조 있음	육성 변조 없음	전체
국내	19.5(89)	80.5(368)	100.0(457)
미국 NBC	0.0 (0)	100.0(62)	100.0(62)
영국 BBC	0.0 (0)	100.0(31)	100.0(31)
일본 NHK	4.8 (3)	95.2(60)	100.0(63)
전체	15.0 (92)	85.0 (521)	100.0 (613)
χ^2(3) = 28.8, p <.001			

리가 사용됐다는 의미다. 그러나 한국 방송의 현실은 크게 달랐다. 전체 리포트의 거의 20%에서 육성이 변조된 소리가 방송된 사실이 확인됐다.

개별 방송사별 육성 변조 사용 현황은 아래 <표 8>에 정리되어 있다. MBC와 SBS가 25% 내외로 거의 네 개 가운데 한 리포트에 변조된 육성을 사용하는 것으로 조사됐고, KBS(13.6%), JTBC(13.8%) 등은 상대적으로 변조된 육성의 사용을 절제하는 것으로 분석됐다.

미국의 "라디오 텔레비전 디지털 뉴스협회Radio Television Digital News Association"는 자체 윤리 준칙을 통해 "시청자는 방송사에서 소리나 영상을 어떻게 편집하는가에 의해 심각하게 영향을 받는다"고 강조한다. 그렇기 때문에 영상과 오디오 편집자들은 "기자나 프로듀서가 기사에 사용할 단어나 사실, 현장 증인의 육성 등을 선택할 때 거쳐야 하는 철저한 검증 과정을 똑같이 체질화해야 한다"고 강조한다. 그래

<표 8> 국내 방송사의 육성 변조(단위: %, 건)

	있음	없음	전체
지상파 (195)	21.5(42)	78.5(153)	100.0 (195)
종편 (263)	17.5(47)	82.5(215)	100.0 (262)
$\chi^2(1) = .92,\ p > .05$			
KBS	13.6(9)	86.4(57)	100.0(66)
MBC	26.6(17)	73.4(47)	100.0(64)
SBS	24.6(16)	75.4(49)	100.0(65)
JTBC	13.8(9)	86.2(56)	100.0(65)
MBN	13.6(9)	86.4(57)	100.0(66)
TV조선	21.5(14)	78.5(51)	100.0(65)
채널A	22.7(15)	77.3(51)	100.0(66)
전체	19.5(89)	80.5(370)	100.0(457)
$\chi^2(6) = 7.95,\ p > .05$			

서 이 협회 윤리 준칙의 첫 번째 원칙은 "진실을 재구성하지 말라(Do not reconstitute the truth)"이다. 영상 윤리를 연구하는 빌 니콜스Bill Nichols 교수는 2006년 논문에서 이와 관련해 두 가지 근본적인 원칙을 제시했다. 첫째는 취재 대상이 되는 인물의 인격humanity에 해가 되는 어떠한 행위도 하지 말라는 내용이다. 두 번째 원칙은 시청자의 신뢰를 손상시키는 어떠한 행위도 해서는 안 된다는 내용이다(Do nothing that would violate the humanity of your subject and nothing that would compromise the trust of your audience).

우리 방송 뉴스에서 화면 변조와 음성 변조가 자주 사용되는 가장 중요한 이유는 취재원 보호다. 이는 절대로 소홀히 할 수 없는 고려 사항이다. 그러나 방송은 모든 시민이 시청하는 공적 텍스트이기도 하다. 니콜스 교수가 제시하는 두 번째 원칙, 시청자의 신뢰를 손상시키는 요소들에 대한 성찰도 매우 중요하다는 뜻이다. 방송 뉴스의 선진화는 기사뿐 아니라 영상과 음성 요소의 진실성을 최대한 확보하려는 노력을 필요로 한다. 심의나 법률적 규제가 문제가 되면, 시청자의 신뢰를 바탕으로 제도를 바꾸어나가는 노력을 기울여야 한다. 한국을 대표하는 방송 뉴스들에서 자주 사용되는 화면 변조와 재연 그리고 음성 변조 테크닉은 저널리즘의 신뢰를 끌어내리는 잘못 일상화된 편법들일 뿐이다.

편향적 언론

양적 다양성보다는 관점의 다양성을

김지현

편향의 시대다. 개인이 원하는 만큼 많은 정보를 다양하게 얻을 수 있는 미디어 환경이 구축되었지만, 결과적으로 사람들은 내가 원하는 미디어를 통해 내가 원하는 정보만 간편하게 소비한다. 내가 보고 싶지 않은 정보는 굳이 찾아볼 필요가 없고, 적극적으로 찾아보지 않는 한 나의 인지 부조화cognitive dissonance를 자극할 만한 '피곤한' 정보는 가볍게 패스할 수 있다. 말하자면, 극대화된 정보 선택의 자율성은 위태로울 만큼 편향된 정보 소비 패턴으로 귀결된 것 같다. 자신의 가치관과 신념에 부합하는 정보에만 주목하며 원래 가지고 있던 생각을 재확인하려는 심리적 기제인 확증편향confirmation bias은 사람들이 뉴스 정보를 소비하는 방식에도 그대로 적용된다. 특히 내가 이미 소비한 콘텐츠를 기준으로 그와 비슷한 정보를 큐레이션curation해 개인 맞춤형 정보를 제공하는 시스템은 이러한 정보 소비 패턴을 더욱 강화시킨다.

SNS의 활발한 이용까지 더해져 비슷한 정보를 소비하는 사람들 간 소통은 강화되는 반면, 다양한 사람들이 서로 다른 의견을 공유하는 숙의熟議 과정은 자연스럽게 멀어진다. 더욱 강화된 기존의 신념과 가치관, 더욱 극단화된 집단의 의견으로 여론이 양극단으로 갈리는 쏠림 현상이 짙어지고 있다.

사람들은 한국 언론의 가장 큰 문제점으로 '허위 · 조작정보(24.6%)'와 '편파적 기사(22.3%)'를 꼽지만(한국언론진흥재단, 2020), 자신이 접한 정보가 정확한 것인가를 점검하기 위해 다른 미디어나 플랫폼을 찾아보는 일에는 인색하다. 그러기엔 너무 바쁘고, 어떤 정보가 신뢰할 수 있는 것인가를 분별하는 것 또한 쉽지 않다. 편파적이지 않으며, 정확한 뉴스 정보를 다양한 관점에서 제공해야 하는 언론의 기능이 절실하게 요구되는 시기다. 언론은 이러한 저널리즘의 가치를 구현함으로써 서로 다른 의견을 나눌 수 있는 숙의의 장을 마련하고, 사회 통합 기능을 실현할 수 있다.

그런데 요즘은 언론의 정의 자체가 무뎌져, 정보를 제공하면 모두 언론이라는 인식이 각인된 것처럼 보인다. 한국언론진흥재단이 발표한 <2020 언론수용자조사>에서 제시한 결과는 다소 충격적이다. 20대의 77.6%가 포털을, 42.7%가 유튜브 같은 온라인 동영상 플랫폼을 언론이라고 생각하며, 26.1%가 네이버를 우리나라에서 가장 영향력 있는 언론사라고 생각한다고 한다. 정치 · 사회적 이슈에 대한 정보를 제공하면 모두 '언론'이라고 생각하는 시대적 오판誤判은 아무 근거 없이 나온 것이 아닐 것이다. 한국 사회의 언론이 포털이나 유튜브에서 얻을 수 있는 정보와 별다른 차이가 없거나, 심지어 질적으로 더 우수하지 못한 뉴스 정보를 제공하고 있는 것은 아닌지 자문해볼 필요가 있다.

저널리즘 전문가들이 만든 뉴스는 적어도 충실한 취재 과정을 거친 정확한 정보로 구성되어야 하고, 정보의 신뢰성이 보장되어야 하며, 다양한 관점과 이해당사자를 충분히 제시함으로써 사람들의 가치 판단에 도움을 줄 수 있어야 한다. 이는 편파적인 정보와 가짜뉴스에 대한 한국 사회의 노이로제가 극에 달한 요즘 시대에 굳건하게 지켜져야 할 언론의 역할이며 본질이다. 그러나 좋은 저널리즘 연구회가 국내 일간지와 방송사의 뉴스 정보를 분석한 결과를 보면, 한국 언론의 질적 수준은 다른 미디어나 플랫폼에서 비언론인이 만들어낸 정보와 다를 바 없어 보인다.[7] 구체적으로 정보의 정확성과 신뢰성, 다양성이라는 저널리즘 가치를 중심으로 이야기해보자.

먼저, 한국 언론사에는 직접 인용이라는 고질적인 문제가 있다. 국내 방송사와 일간지의 제목에서 직접 인용구를 사용한 기사 비율은 각각 30.9%, 59.1%다(미국 NBC는 13.6%, 영국 BBC는 0%, 뉴욕타임스는 2.8%, 더 타임스는 0%다). 특정인이 그렇게 말한 것 자체가 '사실fact'이므로, 직접 인용은 기자에게 주관적 판단의 개입 문제에서 벗어나 사실성을 확보할 수 있는 편리한 기사 작성 방식이 된다. 하지만 취재원의 말은 특정인의 '의견'이나 '주장'이기 때문에 이에 대한 독립적인 사실 확인과 검증이 이루어져야 한다. 저널리즘에서 사실과 의견의 엄격한 분리가 중요한 원칙으로 여겨지는 이유는 특정인의 의견opinion이나 주장argument을 사실fact로 오인하게 함으로써 사람들의 가치 판단

---

7 이 글에서 사용한 데이터는 좋은 저널리즘 연구회가 한국 일간지와 해외 유력지를 비교 연구한 『기사의 품질』(2018년 발행)과 국내외 방송사의 텔레비전 뉴스를 비교 연구한 『텔레비전 뉴스의 품질』(2020년 발행)에서 제시한 분석 결과다. 국내 언론사의 비교군으로서 미국의 뉴욕타임스와 NBC, 영국의 더 타임스와 BBC의 분석 결과를 제시했다.

에 영향을 줄 수 있기 때문이다. 정치인이나 인플루언서의 말, 의견, 주장을 맥락적 정보 없이 단순하게 일차원적으로 보여주는 통로는 그들의 개인 SNS로 충분하다. 굳이 언론이 아니어도 된다.

둘째, 정보의 익명성 문제가 있다. 방송 뉴스에서는 보도 대상을 음성 변조나 모자이크 처리로, 신문 기사에서는 A씨, B씨로 보도하며 취재원을 투명하게 밝히는 일에 소극적이다. 한국 방송사에서 취재원의 육성을 변조한 비율은 19.5%이고(NBC와 BBC는 0%다), 영상을 모자이크 처리한 비율은 53.2%나 된다(NBC는 12.9%, BBC는 9.7%다.). 국내 일간지에서 토대 정보를 제공한 취재원이 익명인 경우는 전체 분석 대상의 8.4%다(뉴욕타임스는 0%, 더 타임스는 3.7%다.). 취재원을 익명 처리할 경우 익명 보도의 이유를 명시해야 하는 저널리즘의 원칙도 거의 지켜지지 않는다. 취재원이 정말로 존재하는 것인지 의심스럽지만, 한층 흥미롭고 자극적인 정보는 온라인 동영상 플랫폼이나 다른 비언론 매체에 넘쳐난다. 언론이 제공하는 '진짜' 뉴스는 정확한 정보원을 밝히지 않은 채 입맛대로 가공된 정보를 내세우는 가짜 정보와는 달라야 한다. 취재원을 투명하게 드러내려는 노력이 그 출발점이 될 수 있다.

셋째, 관점의 다양성 부재 문제다. 취재원 다양성과 관점(의견)의 다양성은 민주주의 사회에서 언론의 공정성을 구성하는 전제 가치이고, 개별 뉴스 기사의 품질을 가늠할 수 있는 중요한 기준이다(Entman, 1985). 다양한 취재원에 근거한 정보는 다양한 관점을 포괄할 수 있기에 취재원 수를 다양성 측정의 척도로 삼기도 하지만, 비슷한 의견과 관점을 지닌 취재원을 여럿 배치한 정보를 내용 다양성이 확보된 것으로 보기는 어렵다. 물론 한국 언론에서 등장하는 취재원 수는 미국이나 영국에 비해 현저히 적은 것으로 나타나지만(국내 방송 뉴스 리포트 1개당 평균 취재원 수는 2.4명, NBC는 3.7명, BBC는 5.2명이다. 국내 신문 기사 1개당 평균 취재원 수는 3.3명, 뉴욕타임스는 12.1명, 더 타임스는 6.1명이다), 그것만으로 다양한 의견을 제공하고 있지 않다고 결론짓기는 어렵다. 부스터나(Busterna, 1988)가 지적했듯이, 민주주의 사회의 여론과 의견 다양성을 가늠하기 위해서는 관점viewpoint의 다양성을 들여다보아야 한다. 그런데 관점의 다양성을 분석한 결과는 한국 언론의 심각성을 더욱 적나라하게 보여준다. 한국 방송 매체의 약 59%, 신문 매체의 약 60%가 완전히 단일한 관점만을 제공하며, 사안에 대한 복합적 관점을 전달한 기사의 비율은 각각 23.3%(방송), 17.1%(신문)에 불과하다(<그림 6> 참고). 기사에서 다루는 이해당사자 수의 문제도 있다. 국내 일간지는 뉴욕타임스나 더 타임스에 비해 기사 하나에서 다루는 이해당사자의 수가 현저히 적다(<그림 7> 참고). 사안과 관련한 이해당사자들의 입장을 잘 반영하는 것만으로도 언론은 특정 이슈에 대한 사람들의 가치 판단에 도움을 줄 수 있다. 특정한 관점만을 보여주며 '대놓고' 편향적인 내용을 담고 있는 매체는 너무 많다. 이해당사자의 다양한 관점을 제공해줌으로써 언론은 불특정 다수의 매체 선동가demogogue와 구별될 수 있을 것이다.

한국 언론의 허술한 저널리즘 현실에도 불구하고 대중은 막연하게나마 언론을 믿고 기다려주고 있는 것 같다. <2020 언론수용자조사> 결과, 신문·방송과 같은 전통 미디어의 신뢰도가 3.54로 가장 높고(TV는 3.71점, 종이신문은 3.37점이었다.), 유튜브 등 온라인 동영상 플랫폼의 신뢰도는 2.96으로 가장 낮은 것으로 나타났다. 사람들은 포털이나 유튜브가 언론이라고 생각하며 그 정보를 소비하기도 하지만, 여전히 전통 미디어에서 제공하는 정보를 가장 신뢰할 수 있는 것이라 느

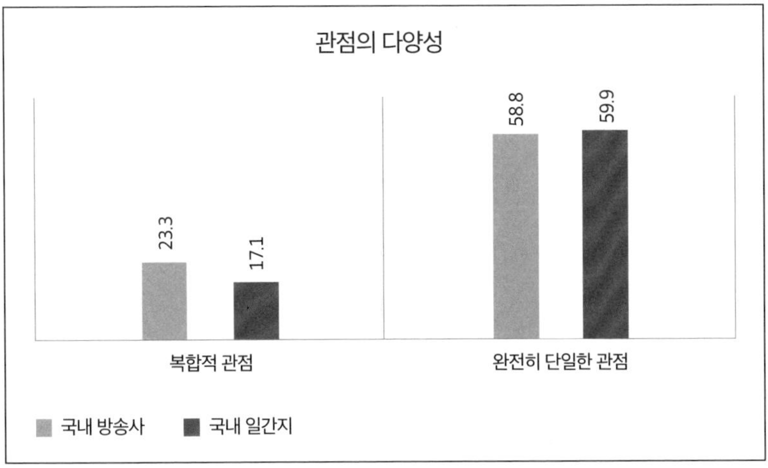

<그림 6> 국내 언론의 관점의 다양성

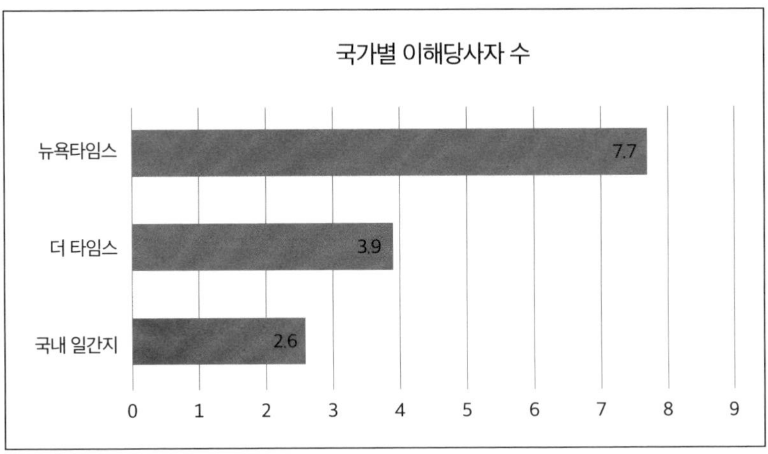

<그림 7> 국가별 기사 1개당 이해당사자 수

낀다. 대중의 신뢰와 기다림에 이제 언론이 응답해야 할 차례다. 신뢰할 수 있는 정보뿐만 아니라 다양한 정보를 다양한 관점으로 제공해야 할 저널리즘의 가치를 스스로 지켜야 할 때다.

5장

분야별 보도

헬스 저널리즘의 취재 관행

저널리즘 원칙의 사각지대

김지현

저널리즘은 '우리가 뉴스를 얻는 시스템이자 우리가 정보를 얻는 방식'이다(Rosenstiel & Kovach, 2001). 뉴스가 사람들의 일상생활에 주는 영향력을 고려할 때 정보의 정확성과 신뢰성, 균형성과 다양성 등과 같은 저널리즘 원칙은 저널리스트에게 '고려 사항'이 아니라 반드시 지켜야 할 '필수적인 것'이다. 그것이 건강 뉴스라면 더더욱 그렇다. 건강 정보는 건강과 직결된, 우리 생활과 가장 밀접한 뉴스 정보 중 하나지만 그동안 저널리즘 관련 논의에서는 찾아보기 힘들었던 분야다. 그 이유는 건강 뉴스를 다루는 부서가 고정적으로 배치되지 못한 언론사 내부 시스템의 문제에서부터 건강 정보는 정치·사회·경제 뉴스에 비해 뉴스 가치가 떨어진다는 인식, 사람들의 적은 관심도 등 다양한 요인들이 복합적으로 결합된 결과였던 것으로 보인다. 그런데 2010년을 전후로 사람들의 평균 수명이 100세 이상이 된다는 이른바 '호모

헌드레드homo hundred 시대'(United Nations, 2009)가 도래했고, 우리 한국 사회는 2017년에 65세 이상의 인구 비율이 전체 인구 중 14%가 넘으며 고령사회로 진입했다. 여기에 2020년 들어 베이비붐 세대[1]가 고령층으로 진입하면서 고령 인구 비율이 급등해, 2025년 전후로는 초고령사회super-aged society에 진입할 것이라고 한다(통계청, 2020). 사회의 고령화와 건강 수명의 증가, 개인의 건강한 삶을 중요하게 여기는 가치관 등이 맞물리면서 사람들은 이제 건강한 삶을 오랫동안 유지하기 위해 건강 정보에 많은 관심을 기울인다. 그런데 저널리즘적 관점에서 건강 뉴스에 대한 학술적·실무적 논의가 제대로 이루어지지 않아 우리는 건강 뉴스가 얼마나 신뢰할 수 있는지, 어떤 과정을 통해 만들어지는지에 대해서 아는 것이 거의 없다. 지금부터 우리가 잘 몰랐던 건강 뉴스[2]에 대한 이야기, '헬스 저널리즘'에 대한 이야기를 해보려 한다.

건강 뉴스는 '의학'이라는 학문의 영역에 속하는 전문 분야를 다룬다. 따라서 관련 지식이 많지 않은 일반인들에게 건강 뉴스는 건강 지침에 대한 중요한 정보원이 된다. 실제로 건강 뉴스는 건강 관련 지식을 증가시키고(Rains, 2007), 건강 문제에 대한 대처 능력을 학습하는

---

1 우리나라의 베이비붐 세대는 6.25 전쟁 이후인 1955년부터 1964년 무렵 태어난 세대를 말한다. 이 세대는 약 850만 명에 이른다. 2020년을 기준으로 1955년생은 약 70만 명이 만 65세가 되었다.

2 건강·의료 기사는 그 범위를 획정하기 어려울 정도로 방대한 내용이 포함된다. 의학, 식품, 건강보험 등의 의료 정책, 건강 생활 수칙, 재난적 감염병 등 다양한 주제가 복합적으로 다루어져 어디부터 어디까지를 건강 기사로 볼 것인가에 대한 학문적 합의는 아직 이루어지지 않았다. 언론사 내부적으로도 건강 기사를 다루는 부서가 따로 있다기보다는 보건, 사회, 경제, 과학 등 다양한 부서에서 동시다발적으로 다루고 있다. 이 글에서는 건강 뉴스를 '사람들의 건강과 관련한 모든 정보를 포괄하는 뉴스'로 정의한다.

데 도움을 주며(Rutten, Squiers, & Hesse, 2006), 실제 건강 행동이나 의사 결정에도 유의한 영향을 미친다(Baker, 2006; Dutta-Bergman, 2004). 그런 점에서 건강 뉴스가 어떤 내용을 어떻게 담고 있는지, 그 품질은 어떤지에 대한 문제는 매우 중요하고, 건강 뉴스를 담당하는 언론인은 정확하고 신뢰할 수 있는 정보를 균형적이고 다양한 관점으로 보도해야 한다(Schwitzer, Mudur, Henry, Wilson, Goozner, Simbra, Sweet, & Baverstock, 2005). 한마디로, 정보의 정확성, 균형성, 다양성, 심층성 등의 저널리즘 원칙이 더욱 예민하게 지켜져야 하는 분야가 바로 헬스 저널리즘이다.

좀 더 구체적으로 얘기해보자. 의학이라는 전문적인 영역을 다루지만, 누구나 쉽게 이해할 수 있는 정보를 생산해야 한다는 저널리즘의 기본 원칙은 건강 뉴스에도 예외 없이 적용된다. 덴처(Dentzer, 2009)의 지적대로 건강 뉴스는 기사 아이템과 용어, 내용 해석에 이르는 뉴스 생산의 전 과정에서 의학적 전문성을 필요로 하기 때문에 담당 기자는 기자로서의 전문성에 의학적 전문성을 더한 '이중적 전문성'을 지닐 것을 요구받지만, 국내 언론사의 순환적 인력 운용 체제에서 다양한 분야를 다루는 기자들이 의학적 지식을 갖추는 것은 거의 불가능하다. 물론, 현재 주류 언론사 대부분은 의학 전문가를 기자로 고용하고 있지만, 영세한 언론사들은 그마저도 어렵고, 의학전문기자가 있다고 해도 포괄적인 정보를 다루는 건강 뉴스의 특성상 불특정 다수의 기자들이 건강 기사를 보도하는 일이 더 많다. 주지하듯이 기자는 '전문적인 지식을 생산하는 주체라기보다는 정보를 제대로 선택하고 검증하여 전달하는 전문가'이기에(이재경, 2013), 건강 뉴스를 담당하는 기자에게는 국민들에게 필요한 건강 정보를 잘 파악하고, 관련 분야의 의학적 전문성이 있는 취재원을 충분히 취재해서 양질의 정보를 만드는 책무가 부여된다고 하는 것이 현실적이다.

정보 검증의 중요성은 두말할 필요가 없고, 건강 뉴스 담당 기자는 정보의 선택, 즉 아이템의 선택에도 주의를 기울여야 하는데, 그 이유는 그것이 사람들에게 전달되는 건강 정보의 다양성과 직결될 뿐만 아니라, 건강 뉴스를 통해 대중들에게 새로운 의료 기술이나 정책을 소개해줄 수 있고, 정책 수립자들에게 현재 중요한 건강 이슈가 무엇인가에 대한 아이디어를 제공해(McCauley, Blake, Meissner, & Viswanath, 2012) 관련 정책에 간접적으로 관여하게 되는 경우가 많기 때문이다(Pllips, Kanter, Bednarczyk, & Tastad, 1991). 그렇다면, 한국의 건강·의학 담당 기자들은 어떤 방식으로 건강 정보 아이템을 선택하고, 어떤 검증 과정을 거쳐 기사를 작성하고 있을까?[3]

건강·의학 담당 기자의 뉴스 생산 과정은 하루 수십 개의 이메일을 받으면서 시작되고, 정보를 찾아다닌다기보다는 앉아 있으면 정보가 기자를 따라오는 구조 속에서 이루어진다. 건강 담당 기자들이 "요즘은 출근해서 그냥 앉아 있으면 정보들이 쏟아져 들어오니까 그거 보고 쓰면 된다"고 설명할 정도다. 건강 뉴스가 출입처와 기자실 제도를 기반으로 생산된다는 점은 기자들이 병원, 정부 부처, 각종 학회에서 나오는 보도자료에 의존해 수동적으로 아이템을 선택하는 한국 언론사의 취재 관행을 그대로 담고 있다.

수동적 취재 시스템의 문제가 헬스 저널리즘의 영역에서 심각하게

3 이 글은 김지현(2017)의 박사학위 논문 『건강·의료뉴스 생산과정에 관한 연구: 의학전문기자의 이중적 직업 정체성을 중심으로』의 건강 뉴스 담당 기자 심층 인터뷰와 기사 내용 분석 결과를 기반으로 작성되었다.

받아들여져야 하는 이유는 첫째, 뉴스 수용자들에게 전달되는 정보 아이템이 극히 제한적일 수 있다는 점 때문이다. 다양한 정보를 발굴해 제공하기보다는 출입처 등에서 보내주는 정보 중에서 아이템을 취사 선택하다 보니 우리는 다른 언론사의 기사지만 거의 똑같은 내용을 담고 있는 건강 정보를 심심치 않게 목격하게 된다. 이는 궁극적으로 건강 정보의 불균형을 가져올 수 있는데, 국내 포털 사이트에 '폐암'이나 '유방암'을 검색하면, 관련 뉴스 정보가 각각 약 187,000건, 201,000건이나 추출되지만, '난소암'이나 '담도암' 관련 뉴스 정보는 각각 33,200건, 12,500건밖에 되지 않는다(2021년 1월 기준). 특정 질병은 정보가 넘쳐나서 문제고, 어떤 질병은 관련 정보를 찾기 힘들어서 문제가 되는 정보의 불균형과 편향성 문제는 기자들의 수동적 취재 관행 이외에도 질병 발병률이나 사람들의 관심도와 같은 복합적인 이유가 결합된 결과물일 것이다. 그럼에도 불구하고 저널리즘적 관점에서 기자들의 취재 관행이나 시스템의 문제가 결국 정보의 불균형을 가져올 수 있음을 지적하지 않을 수 없다.

건강 뉴스 생산 과정이 수동적인 취재 시스템을 기반으로 한다는 점은 제한적인 아이템 선정의 문제를 넘어 정보의 삼각검증 부재, 익명 취재원 문제로까지 이어지기도 한다. 자체적으로 건강·의료 정보를 해석하고 검증하기 힘든 기자들은 보도자료나 건강 정보를 제공받는 관행에 특히 취약하다. 정보의 정확성과 신뢰성을 확보하기 위해 공신력 있는 취재원에 의존할 수밖에 없기 때문이다. 실제로 일반 기자들은 대형병원이나 학회 등 '공신력 있는' 기관의 자료를 보도하는 비율이 의사 출신 기자보다 2배 이상 높다. 종합 일간지의 기자를 인터뷰한 내용은 이러한 현상을 단적으로 보여준다.

병원, 학회, 제약회사 이런 데서 간담회를 하죠. 간담회를 한다는 것은 내용 자체가 의미 있고 가치 있고 하니까 기사 가능성이 높아요. 전문기자 중에는 자기가 논문 검색해서 외국 저널을 찾아서 쓰기도 하는데… 저는 그렇게는 거의 안 하고, 논문 이런 것도 이제 주요 취재원들이 제공을 해주면 그때서야 그걸 제가 보고 '아, 이건 괜찮을 것 같다' 해서 기사를 쓰고. 출처 자체가 잘못된 거면 우리가 일말의 책임이 있지만. 그래서 출처의 공신력이 중요하죠.

물론, 공신력 있는 취재원의 자료가 '완전히' 잘못되었을 가능성은 많지 않다. 그러나 지난 2015년 메르스 사태 초기에 정부의 보도자료에 의존한 보도로 인해 발생한 수많은 오보와 사회적 혼란을 돌이켜보면 수동적 취재 시스템이 내포하고 있는 문제는 적지 않다. 기자들은 다양한 취재원을 접촉해 보도자료를 다시 검증해야 하지만, 그 과정이 누락되고 있는 것이다. 건강·의학 담당 기자들은 '의학은 여러 가지로 해석이 가능하기 때문에 삼각검증이 기본'이라고 설명하지만, 기자들이 실제 기사에서 활용하는 취재원은 뉴스 아이템 하나에 의료인 1명이거나, 평균 1.95명(개)에 불과하다.

건강 뉴스 담당 기자들을 인터뷰해보면, 기사 작성 시, 취재원 접촉의 어려움이 없다면서 그 이유로 주로 병원의 홍보팀 등과 연락하기 때문이라는 점을 꼽는다. 접촉이 쉬운 출입처 취재원은 기자들에게 매력적인 정보원이지만, 기자의 적극적인 취재 활동과 비판적인 관점을 유지하기 어렵게 만들기도 한다. 건강 뉴스 담당 기자들이 기사에서 활용한 취재원을 분석한 결과는 '병원 의사'나 이름을 밝히지 않은 익명의 '병원 관계자'가 많았다는 것을 보여주는데[4], '병원 관계자'는 병원의 홍보팀 직원인 경우가 많고, 기사에서 언급된 의사는 홍보팀에서 만든 자료에 등장하는, '직접 취재하지 않은' 취재원인 경우가 많다. 이메일을 통해 전달되는 다양한 자료를 매개로 한 기자와 취재원과의 공생 관계 속에서 저널리즘의 실명 보도 원칙과 직접 취재 원칙은 철저하게 무시된다.

기자들은 직접 취재원을 접촉할 경우, 주로 사용하는 방법으로 '인맥'을 꼽는다. 인맥을 활용한 취재는 기자로 하여금 '내가 취재해봤던 의사', 혹은 '내가 아는 기자가 아는 의사'를 이용하게 해 기자 사회 전체에서 활용하는 취재원의 폭이 좁아지게 되는 환경을 낳는다. 상황이 이렇다 보니, 대부분의 건강 뉴스 담당 기자들은 실제로 이것이 결국 한국 사회 전체의 건강 뉴스에서 제한적이고 편향된 취재원 사용이라는 문제를 가져올 수 있다고 우려한다. 편향된 취재원 풀의 문제는 뉴스의 외적 다양성 이외에도 내용 다양성, 관점의 다양성과도 직결되므로 기자와 언론사 조직 차원의 깊이 있는 논의가 필요하다.

건강·의학 담당 기자들을 심층 인터뷰하고, 실제 기사를 내용 분석한 결과를 전반적으로 살펴보면, 지금까지 한국사회의 헬스 저널리즘은 저널리즘 원칙의 사각지대에 놓여있었다는 점을 어렵지 않게 알 수 있다. 빌 코바치와 톰 로젠스틸(2001)은 『저널리즘의 기본 원칙*The elements of journalism*』에서 저널리즘의 첫 번째 목적이 '일반 공중이 자신을 스스로 통제하는 데 필요한 독립적이고, 신뢰할 만하며 정확하고 포괄적인 정보를 제공하는 것'이라고 명시했다. 건강 행위의 지침이 되

4 김지현(2017)의 논문 중 비의사 출신 기자들의 '메르스' 관련 기사를 내용 분석한 결과이다. 분석 결과 주로 사용된 취재원은 의사(30.4%)-정책 담당자(27.4%)-병원 관계자(22.2%) 순이었다.

는 건강 뉴스에서 저널리즘의 원칙이 지켜져야 함은 당연하다. 조직적 차원에서 구축된 '효율적인' 취재 시스템이 궁극적으로 저널리즘의 질적 저하를 가져오는 것은 아닌지, 헬스 저널리즘 전문가들의 진지한 고민이 시작되기를 바란다. 그러한 성찰을 기반으로 독립적인 취재 방식을 통한 적극적인 정보 검증 방안 등 기자 전문성을 충분히 발현할 수 있는 취재 시스템이 구축될 수 있을 것이다.

인포데믹 시대, 정확하게 취재하고, 균형적으로 보도하라

김지현

코로나와 관련한 거짓·허위 정보가 끊임없이 생겨나고 있다. 알코올로 입을 헹구면 코로나에 효과가 있다거나, 알벤다졸(구충제)을 복용하면 좋다는 등 최근까지도 알 수 없는 출처의 정보가 인터넷을 달군다. 루머확산모델(Liu & Chen, 2011)에서 지적하듯이 잘못된 정보는 확산 초기 소셜미디어를 통해 전파되고, 언론사라는 일대다 매체의 파급력과 높은 이슈 집중도를 매개로 불특정 다수에게도 전달된다. 이런 방식으로 잘못된 정보 확산 경로에서 언론사는 해당 이슈를 잘 몰랐던 사람들에게까지 정보를 전파하는 핵심적인 역할을 한다.

누구나 '이야기'를 만들어 확산시킬 수 있는 미디어 환경 속에서 정치, 경제, 사회, 연예 등 거의 모든 분야가 거짓·허위 정보와 전쟁을 치르고 있지만, 특히 사람들의 건강과 직결된 건강·의학 정보는 정보 수용자들의 직·간접적 관여도가 높아 그 확산과 전파가 빠르다. 여러 채널을 통해 유통되는 건강 정보는 비록 그것이 '터무니없는 잘못된 이야기'라 할지라도, 꽤 많은 경우 만성 질환, 급성 질환, 혹은 암과 같은 치명적 질환을 앓고 있는 사람들의 건강 행동에 직접적 영향을 줄 수 있기에 정보 자체가 내포한 결과론적 위험성이 매우 크다. 더욱이 의학 정보가 지니는 전문성으로 인해 일반인들은 직접적으로 원자료에 접근하거나 해석해서 의사 결정을 하기가 어렵다. 언론이 무분별하게 떠도는 잘못된 건강·의학 정보에 의한 국민의 불안과 혼란을 해소시킬 수 있는 사회적 기능을 이행해야 하는 일차적인 이유다.

즉, 언론은 어려운 의학 정보를 알기 쉽게 국민에게 제공해야 할 뿐만 아니라 다양한 관점의 연구 결과를 해석하거나 여러 이해 당사자들의 의견을 균형 있게 제시함으로써 국민의 건강 행동이 적절한 방향으로 이루어질 수 있도록 안내해주는 길잡이 역할을 해야 한다. 의학적 연구는 서로 상충하는 결과를 내놓는 경우가 비일비재하고(예를 들어, 커피가 건강에 좋은가, 그렇지 않은가에 대한 논란을 생각해보면 이해가 쉬울 것이다), 대부분의 질병과 질환은 개인이 어떤 가족력과 어떤 기저질환이 있는가에 따라 서로 다른 결과를 가져오며, 그 치료법도 달라질 수 있기 때문에 건강·의학 뉴스는 단편적인 내용보다는 심층적이고 맥락적인 정보를 제공해야 할 필요도 있다.

그런데 한국 사회의 건강·의학 기사는 국민의 건강 행동에 도움을 줄 수 있을 만큼의 충분한 분석과 해석을 제공하지 않을 뿐만 아니라 때에 따라서는 과연 이것이 정확한 정보인가 의심이 드는 정보를 아무렇지 않게 내보내고 있는 것처럼 보인다. 2019년, 폐암 말기 환자들에게 효과가 있다고 알려져 많은 암 환자들을 혼란에 빠뜨렸던 펜벤다졸 이슈와 관련한 언론 보도의 이야기다. 누군가에게는 말도 안 되는 이야기로 들렸을지 모르겠지만, 다른 선택지가 없는 말기 암 환자들에게 이 정보는 생명과 직결된, 꼭 검증이 필요한 '정보'였기에, 펜벤다졸 관련 언론사의 보도 행태는 많은 아쉬움을 남겼다.

펜벤다졸 효과에 대한 정보 유통 경로는 대략 이렇다. 2019년 유튜브를 시작으로 개 구충제인 펜벤다졸이 폐암 말기 환자들에게 효과가 있다는 정보가 퍼졌고, 처음에는 별 반응을 얻지 못하다가 유명인의 '셀프 임상 후기'가 기폭제가 되어 사회적으로 큰 주목을 받자 언론사들도 해당 내용을 앞다투어 보도했다. 그 과정에서 언론사는 펜벤다졸이 암 환자에게 어떤 영향을 가져오는가, 진짜 복용해도 괜찮은 것인가, 부작용은 없는가, 펜벤다졸을 복용해 암이 완치되었다는 주장에는 과학적인 근거가 있는 것인가 등을 직접 취재해 정보를 검증하기보다는 유명인 이슈에 편승해 소셜미디어 내용을 그대로 복사해서 붙여넣기 하는 수준으로 기사를 작성하는 보도 행태를 보였다. 또, 말기 암 환자의 갈급한 마음을 이용해, 잘못된 건강 행동을 부추길 수 있는 위험천만한 선정적인 제목을 붙여 보도하는 등 취재에 기반한 정확한 '사실'을 담지도, 취재원의 정보를 비판적 관점으로 검증하지도 않았다.

<표 1>은 유명인이 펜벤다졸을 복용해 효과를 보고 있다는 내용을 담은 몇몇 기사의 제목이다. 기사의 대부분은 유명인의 페이스북 글을 그대로 복사해 붙여놓은 내용이어서, 언론사 이름만 다를 뿐 내용에는 차이를 보이지 않았다. 해당 기사가 작성되기 전인 2019년 10월과 11월 초, 식약처와 의사협회 등 유관기관에서는 암 환자가 개 구충제를 복용했을 경우 발행할 수 있는 부작용과 위험성을 경고했다. 펜벤다졸은 철저하게 동물을 대상으로 한 약물이며, 같은 원리로 암세포를 죽이는 항암제가 이미 활발하게 사용되고 있고, 사람이 장기 복용할

<표 1> 펜벤다졸 관련 선정적 기사 제목 예시 Ⅰ

기사 제목	언론사	날짜
폐암 투병 김철민 “펜벤다졸 복용 11주차, 기적이 일어나고 있다”	조선일보	2019.12.26
폐암 김철민, 펜벤다졸 9주 복용했더니… “암수치 줄었다”	한국일보	2019.12.06
폐암 투병 김철민, 개 구충제 복용 9주차 “모두 정상”	국민일보	2019.12.06
'폐암 말기' 김철민 "구충제 복용 7주차, 혈액 검사 정상“	중앙일보	2019.11.20
“피검사 정상, 기적 일어나” … ‘폐암 4기 투병’ 김철민, 펜벤다졸 복용 근황 공개	한국일보	2019.11.21
‘폐암 4기’ 김철민, 개 구충제 복용 근황 “기적이…”	서울신문	2019.11.13
김철민, 펜벤다졸 복용 6주차 근황 “기적이 일어나고 있다”	국민일보	2019.11.12

경우 간 수치를 올리는 등 암 치료에 도움이 되지 않는다는 내용이었다. 이 내용은 암 환자의 생명과 직결된 정보였기에, 펜벤다졸 기사에서 가장 중요한 핵심적인 메시지 중 하나였다. 일부 기사에서는 보건당국의 경고 메시지를 기사 말미에 담았으나, 제목 어디에도 부작용에 대한 언급은 찾아보기 힘들었다. 또, 해당 기사에서 등장하는 김철민 씨는 항암과 방사선 치료 등 다른 치료를 병행하면서 펜벤다졸을 복용한 상황이었으나, 이 기사들 중 김철민 씨가 펜벤다졸만 복용한 것이 아니라 항암 치료를 병행했다는 내용을 담은 기사는 2건에 불과했다. 물론, 제목에서는 해당 내용을 알 수 없었다.

<표 2>는 펜벤다졸을 복용하며 후기를 공유하던 유튜버의 사망 기사다. 제목 읽기에 익숙한 요즘의 뉴스 소비자들이 이 기사들을 접하고 나면 자칫 유명인이 펜벤다졸을 복용하고 기적이 일어났으며, 펜벤다졸을 복용하던 암 환자의 사망은 펜벤다졸 때문이 아니라는 점만 알게 될 뿐이다.

건강 정보는 대 공중 직접 커뮤니케이션 성격을 띠기에 기사 자체가

<표 2> 펜벤다졸 관련 선정적 기사 제목 예시 II

기사 제목	언론사	날짜
개 구충제로 암 치료하던 유튜버 사망…유족 "펜벤다졸 때문 아냐"	동아일보	2019.11.15
개 구충제'로 암 치료하던 유튜버 사망…유족 "펜벤다졸 때문은 아니다"	조선일보	2019.11.15
'개 구충제'로 암 치료하던 유튜버 사망… 유족 "구충제 탓 아냐"	한국일보	2019.11.15

설득적 메시지가 되며, 설득 메시지는 관여도가 높은 사람일수록 효과를 발휘한다. 건강·의학 기사의 제목을 작성하는 기자가 신중해야 하는 이유는 첫째도 둘째도, 제목 자체가 정보 수용자들에게 미치는 직접적 영향력이 크기 때문임을 기억해야 한다. 전후 맥락 없이 펜벤다졸을 복용한 후, 모든 수치가 정상이 되었다는 '사실'은 건강·의학 정보로서 어떤 가치도 지니지 못한다. 주장과 의견에 대한 검증이 기자의 업무다. 모든 약에는 부작용이 있게 마련이니, 펜벤다졸의 효과에 대한 기사를 작성하기 위해서는 유명인이 제시한 검진 결과 중 폐암과 관련한 수치가 어떤 것인지, 그는 펜벤다졸만 복용한 것인지, 그것이 정말로 효과가 있다고 말할 수 있는지, 복용 후 부작용을 겪은 사례는 없는지를 독자적이고 적극적으로 취재했어야 했다. 그래야 정보 소비자들의 합리적인 의사 결정에 도움을 줄 수 있는 정보로 기능할 수 있기 때문이다. 단편적 사실이나 특정인의 주장, 경험만을 전달하는 언론은 소셜미디어의 아류라는 냉정한 평가를 받을 수밖에 없다.

소셜미디어 '받아쓰기'뿐만 아니라 보도자료 '받아쓰기'도 펜벤다졸 보도에서 드러난 건강·의학 기사의 또 다른 문제다. 이 역시 취재의 부재 문제와 무관하지 않다. 2019년 10월, 의사협회와 식약처가 펜벤다졸 복용의 위험성을 경고하는 보도자료를 냈을 때, 우리 언론은 일제히 해당 내용을 보도했다(<표 3> 참조). 기사의 핵심 내용은 펜벤다졸

<표 3> 펜벤다졸 부작용 기사 제목 예시

기사 제목	언론사	날짜
'강아지 구충제' 암 치료 논란…"아직은 근거 부족"	KBS	2019.11.08
의협 "동물구충제 펜벤다졸, 항암효과 근거 없어…복용 권장 안 해"	동아일보	2019.11.07
의사협회도 "개구충제 암 치료 근거없다"…"정부가 임상해달라" 청원도	국민일보	2019.11.07
암환자들 "효과 봤다" 품절된 동물구충제…의협 "근거 없다"	중앙일보	2019.11.07
동물용 구충제가 말기암 치료제? 보건당국 "의학적 근거 없어 위험"	한겨레	2019.10.29
동물용 구충제 찾는 암 환자들…식약처 "복용 금지" 경고	SBS	2019.10.29

<표 4> 펜벤다졸 임상시험 취소 관련 기사 제목 예시

기사 제목	언론사	날짜
국립암센터, 개 구충제 항암 효과 임상시험 취소… "가치 없다"	조선일보	2020.01.09
개 구충제 임상 준비하던 국립암센터 "가치 없어 취소"	동아일보	2020.01.09
개 구충제 항암 간증 속…암센터 "임상시험 가치도 없다" 왜	중앙일보	2020.01.10

에 대해 알려진 효과가 '근거 부족'이라는 것이었다. 내용도 제목도 '근거 부족'이라는 메시지에 충실하게 작성되었다. 여기에서 기자는 무엇을 취재했을까? 2020년 1월 국립암센터에서 임상시험을 취소했다는 내용을 보도할 때도 마찬가지였다(<표 4> 참조). 같은 암으로 투병을 하고 있는 환자의 경험담이 강력한 근거가 되어 수많은 환자들이 혹시나 하는 마음에 자신의 몸에 임상시험을 하고, 일부 의사들이 이슈에 편승해 복용량까지 자체적으로 제공하고 있는 와중에 언론은 펜벤다졸을 복용하지 말아야 하는 근거로 '근거 부족'이라는 내용만 전달한 것이다. 근거를 제시해주어야 하지만, 기사에서 보여준 근거란, '근거 없음'을 반복할 뿐이었다. 임상시험을 해달라는 국민청원이 등장할 만큼 암 환자들에게는 사실 검증이 중요했지만, 언론에서 전면적으로 내세운 '가치 없다'는 원론적인 일갈은 암 환자들의 불안과 절박함을 해소

시키기보다는 전문가에 대한 불신과 공분을 가중시키는 꼴이 됐다.

건강·의학 기사를 생산하는 기자는 의학 전문가와 국민, 정보 제공자와 정보 수용자를 연결시켜주는 커뮤니케이션 중추다. 따라서 헬스 저널리스트는 권위 있는 기관의 의견과 가치를 무비판적으로 수용하거나 단순히 전달하는 것이 아닌, 건전한 비판 정신으로 취재원의 정보를 객관적으로 평가할 수 있어야 하며, 필요하다면 분석과 해석을 제시해 국민의 의사 결정이 적절한 방향으로 이루어질 수 있도록 설득적인 메시지를 만들어 전달해야 한다. 일반인들은 펜벤다졸이라는 용어 자체도 어렵고, 그것이 왜 안 된다는 것인지를 의학적으로 이해하는 것도 어렵다. 의학적 정보를 전달하는 기자는 좋은 커뮤니케이터 communicator여야 한다. 건강과 관련한 루머 전달이나 일방적 통보가 아닌, 바람직한 건강 행동을 위한 설득적 커뮤니케이션을 효과적으로 이행하기 위해서는 탄탄한 정보 검증을 통한 이해, 정보 수용자를 중심으로 한 기사 작성이 기반 되어야 한다.

국립암센터의 임상시험 취소 보도에서 국립암센터 담당자는 "아무리 전문가가 이야기해도 믿지 않는다"며 답답한 마음을 전했다. 그러나 우리가 기억해야 할 것은 의사와 같은 의학 전문가는 건강 정보에 관한 한 가장 신뢰받는 정보원이라는 점이다. 그럼에도 정작 암 환자들 사이에서 펜벤다졸 이슈를 종결시켜준 것은 전문가들의 의견과 권고사항을 전달한 언론이 아닌, 결과적으로 펜벤다졸이 암세포를 죽이지 못했음을 밝히며, 복용을 중단한다는 유명인의 경험 메시지였다. 펜벤다졸 이슈를 촉발시킨 것도, 종결시킨 것도 결국은 유명인의 셀프 임상, 직접 경험담이었다. 이 과정에서 언론은 무엇을 했는가? 유명인의 소셜미디어 내용을 옮기고, 유관기관의 경고를 일방적으로 옮기는 것

말고, 국민의 건강과 관련한 의사 결정에 도움을 주기 위해 저널리스트로서 어떤 고민을 했으며, 어떤 취재를 했는가?

잘못된 정보가 전염병처럼 퍼지면서 사회적 불안과 혼란을 초래한다는 인포데믹 시대다. 뉴스 기사가 전염병 취급을 받아서야 되겠는가? 건강·의학 기사의 신뢰성을 확보하고, 국민의 의사 결정과 건강 행동에 긍정적인 영향을 줄 수 있는 정보를 제공하는 방법은 생각보다 어렵지 않다. 저널리즘의 원칙대로, 정확하게 취재하고, 균형적으로 보도하자.

조국 정국과 여론조사 보도

정치 갈등 국면마다 넘쳐나는 여론조사 보도의 허실

김경모

여론은 민주 정치 과정을 구성하는 핵심 요소다. 여론조사는 과학적 조사 방법을 사용해 여론을 정확하게 포착하고 이해하려는 노력의 일환이다. 그러나 무형의 여론을 가시화하는 일상의 통로는 여론조사 보도다. 사회 구성원들은 여론조사 보도를 통해 민의가 무엇이고 그 향방이 어디를 향하는지 확인할 수 있고, 또 이를 정치 과정으로 되먹임 한다. 여론조사 보도는 저널리스트와 정치 엘리트, 그리고 시민이 모두 중요하게 여기고 주목도가 높은 정치 정보다.

2019년 여름, 모든 이슈를 빨아들이는 블랙홀처럼 이른바 '조국 사태'가 나라를 둘로 갈랐다. 2-3개월 내내 정치 논란의 중심을 차지하자 엄청난 분량의 뉴스가 쏟아졌다. 이례적일 만큼 넘쳐난 여론조사 보도도 여기에 포함된다. 선거 여론조사 보도의 오·남용과 기사 품질은 이미 상당수 연구와 글을 통해 지적된 바 있다. 문제는 조국 사태를 둘러싼 여론조사 보도에서도 동일한 문제가 고스란히 반복되고 있었다는 점이다.

표본조사는 산출한 통계량statistic으로 모집단의 상응하는 모수parameter를 정확하게 추정하는 것이 핵심 목표다. 추정 모수는 확률(신뢰수준)로 정의되고 구간(신뢰구간/오차범위)으로 표현된다. 여론조사도 표본조사라는 점에서 이 원리는 동일하게 적용된다. 그런데 조국 정국과 관련한 여론조사 기사를 접하다 보면 대부분의 기자는 조사의 결과 지표를 구간interval 개념이 아니라 점point 개념으로 이해하는 것 같은 인상을 받는다. 점으로서 수치의 변동에 집착하면서 실제 일어나지 않은 단기 변화를 과도하게 해석하려는 기사와 자주 마주치기 때문이다. 일반적인 선거철처럼 조사지표(지지율, 선호도, 찬반비율 등)의 추세 변화에 주목하는 기사가 조국 갈등 국면에서 유난히 눈에 띄었다. 그러나 시점을 달리하는 조사 결과를 일정한 넓이(오차범위)를 지닌 띠 모양의 구간이 아닌 점의 이동으로 잘못 보면서 결과를 해석하기 때문에 빈번하게 관찰되는 해석 오류가 여전했다.

몇 가지 예를 들어보자. 오차범위 안의 미미한 지표 변화에 불과한데도 지난번 대비 이번 조사에서 얼마가 '올랐다' 또는 '내렸다'는 식으로 마치 수치 변동이 사실인 것처럼 단정적으로 표현한다. 지표 변동을 다루는 방식도 주식시세를 알리는 기사를 보는 듯하다. '하락세를 마감하고 반등', '상승세에 제동' 같은 표현이 거리낌 없이 등장한다. 조사 시점 근처의 특정 사건과 이슈의 발생이 그런 지표 변동의 직접 원인인 것처럼 인과 해석하는 데 부주의한 경우도 다반사다. 심히 우려되는 지점은 조사 결과의 의미를 정치적 이해관계가 뚜렷한 정당 관계자와 여·야 정치인의 입을 빌려 해석하는 경우다. 자기 좋은 쪽으로 수치를 자의적이고 정략적으로 호도하도록 내버려두는 무책임한 보도 사례다.

여론조사 추세 보도에서 여러 조사 회사의 자료를 하나의 시계열로 통합해 보여주는 방식도 조심해야 할 사안이 많다. 조사 방법(표본크기, 표본구성비, 질문표현, 질문순서, 오차보정, 유무선 비율 등)이 서로 달라 지표의 의미를 동일선상에 놓고 단순 비교하는 것이 곤란하기 때문이다. 지지율을 묻는 동일 질문이라도 응답의 선택지 구성이 엄연히 서로 다른 조사의 결과 수치를 같이 비교하는 것도 문제 있긴 마찬가지다. 특정 질문의 주요 응답만큼 비중이 높은데도 모름과 무응답 항목을 적절한 설명 없이 한데 묶은 수치를 보여주거나, 질문 항목의 응답 순위가 통계적으로 유의미하지 않은 결과까지 관행적으로 '~ 순이었다', '~가(이) 뒤를 이었다'는 식의 순위 표현을 아무렇지 않게 사용하는 사례도 적지 않다. 이 모두 조사 방법이 요청하는 통계 기준에서 보자면 그냥 넘어가기 어려운 오류를 담고 있는 기사들이다. 조사 수치가 마치 객관적 사실이나 실제 차이인 것처럼 유권자들이 오인하기 딱 좋도록 만들기 때문이다. 수치는 일단 활자화하면, 사람들이 이를 진실이라고 믿어버리도록 만드는 묘한 힘이 있다.

상당한 비용이 들어가는 여론조사의 수치가 별다른 변화도 없이 밋밋한 결과를 보여준다면 아마도 뉴스 가치가 없고 독자와 시청자의 주목도도 떨어진다고 기자들은 생각하는 모양이다. 그러나 조사의 결과 지표를 구간 개념으로 정확하게 이해하고 해석의 표현에 주의한다면 위와 같은 오류투성이의 기사 작성은 최소화할 수 있다.

조사마다 추출되는 표본이 다르므로 통계치는 조사마다 다를 수밖에 없다. 조사 때마다 표본구성비 역시 다르므로 추세 분석은 물론 하위표본 분석도 그 차이를 감안하는 것이 정석이다. 표본구성비를 고려한 가중치 부여를 통해 통계 수치를 보정해야 하는 것이다. 성, 연령, 지역(권역)은 인구센서스 자료를 토대로 표본구성비를 대조할 수 있어 보정이 용이하다. 조사 회사도 보정 지표를 제공한다. 하지만 정당 지지층, 정치 성향 같은 변수는 표본구성비에 대한 기준이 따로 없어 오차 보정이 쉽지 않다. 따라서 계층집단 간 차이가 진짜 차이인지, 그 추세가 실제 변화를 반영한 것인지, 그냥 기사만 봐선 정확하게 판단 내리기 어려운 때가 많다.

여론조사의 랜덤표본이 충분한 크기라면 하위표본의 구성비 문제는 생각보다 심각하지 않을 수 있다. 하지만 대부분 조사는 인구비례할당에 따른 다단계 군집이나 무작위생성 표집틀의 임의 전화걸기방식 RDD: random digital dialing으로 표본을 추출한다. 그런데 타당한 유무선 비중의 기준이 딱히 정해진 바 없고, 실제로 응답률이 높은 편도 아니다. 확률 표본 원칙을 따르는 랜덤표본의 필요충분조건이 완벽하게 갖춰진 현실이 아니라는 것이다. 이 같은 제반 사정을 감안하면 하위표본 분석은 적절한 보정작업을 거치는 것이 안전하다. 예컨대, 정치 성향이나 정당 지지층별로 대통령 국정수행 지지도, 장관 임명 찬반, 또는 검찰 수사 정당성에 대한 의견 분포를 비교하는 상황을 가정해보자. 조국 정국 동안 시민들이 무수히 접했던 대표적인 여론조사 기사 유형이다. 여기서 여러 계층으로 나눠지는 하위표본의 오차한계는 전체표본의 그것과 다르다. 하위표본 구성은 조사마다 다르고, 또 가중치 부여를 통한 지표 보정이 가능한 변수와 그렇지 않는 변수도 제각각이다. 문제는 보정 확인이 어려운 변수의 계층 간 조사 결과를 비교하면서 하위(계층)표본이 아니라 전체표본의 표본오차(오차한계)에 해석의 기준을 기대고 있는 것은 아닌지 의심스런 기사가 너무 많다는 점이다. 전국 단위의 전체표본이 500명 정도인 표본조사 결과를 인용한 보도라면 결코 이 문제를 피해가기 어렵다. 정치 성향 집단, 특히 중도층의 민심 변화에 주목했던 여러 기사 역시 적절한 표본오차 보정에 따라 조심스럽게 결과 수치를 해석했는지 되돌아볼 필요가 있다.

조국 정국 내내 여론조사 보도는 대통령 국정수행 지지도 하락과 여야의 정당 지지율 격차 변화에 상당한 관심을 보였다. 장관 임명 찬반 의견과 함께 유독 대통령 지지도와 정당 지지율 변화에 기사가 집중됐던 현상은 무엇을 말하는 것일까? 조사 회사가 일일/주간 단위로 발표하는 지지율 변동은 장기적 관점에서 보면 추세를 가늠할 유용한 자료다. 하지만 오차범위 안을 맴도는 단기간의 수치 변화는 사실상 큰 의미를 부여하기 힘들다. 그럼에도 대다수 보도는 사태와 맞물린 이슈와 사건이 수치 변동에 어떤 영향을 미치는지 연관성을 찾고 의미를 끼워 맞추느라 바쁘기만 했다. 이렇게 변화가 미미한 한두 주 정도의 단기 변동 자료를 매번 조국 사태와 연결시켜 기사화하는 짧은 호흡의 보도 관행에선 어떤 집단적 강박이 감지된다. 과학의 권위에 기댄 여론조사 보도라는 창구를 빌려 '민심 이반'과 '국론 분열'을 기정사실화하고, 또 이를 현저하게 부각시킴으로써 청와대와 정치권에 모종의 정치적 압박을 가하는 메시지를 쉴 새 없이 던지는 것이다. 사설이나 칼럼, 논평 같은 의견 기사와 또 다른 차원의 전략적인 정치 보도다. 그렇지 않다면 이번 사태 동안 이틀이 멀다하고 여론조사 보도가 넘쳐난 현상을 달리 설명하기 어렵다. 한마디로, 정치 갈등 국면에서 여론조사 보도가 전략 커뮤니케이션 도구처럼 오용됐던 것이다.

장관 조기 사퇴라는 결과의 지점에서 되돌아보면 보도의 누적 효과는 컸다. 하지만 그저 그런 품질의 여론조사 보도 양산이라는 대가를 치러야 했다. 대다수 기사는 조사 회사가 정기적으로 조사하는 항목의 응답 결과를 넘겨받아 정치공학 관점에서 활용한 유형에 불과했다. 쟁점과 관련해 언론사가 주도적으로 질문을 만들고, 창의적으로 개발한 문항을 연관 변수와 교차 분석한 색다른 기사를 찾아보기 힘들었다. 천편일률적인 기사 형식으로 유사 지표의 변동에만 프레임을 맞추는 좁은 시야에 갇힌 채 방법론 오류마저 비슷하게 반복되는 패턴도 매체를 가릴 것 없었다. 그저 '지지율 하락의 심리적 마지노선이라는 대선 득표율에 얼마나 빨리 도달하나', '여야의 지지율 격차가 언제 역전되나', 서로 앞다퉈 보도한 또 하나의 뒤틀린 경마 보도 관행을 목격한 것 말고, 시민들은 조국 사태의 여론조사 보도에서 어떤 유용한 정치 여론 정보를 확인할 수 있었을까?

과학적 조사로 산출한 객관적 수치를 보여주니까 여론조사 기사는 마치 사안을 객관적으로 보도하는 것처럼 보인다. 하지만 여론조사 보도는 정치 현실을 재구성한다. 같은 조사 결과라도 수치 해석이 달라지면 그만큼 현실의 정치적 의미도 달라지는 것이다. 본격적인 선거철이 다가오면, 그리고 또 다른 정국에서 또 다른 쟁점이 회오리치면, 조사 회사에서 넘겨받은 지지율의 등락에 주목하는 여론조사 보도가 또다시 넘쳐날 것이 분명하다. 식견 풍부한 시민informed citizen을 양성하고 국민의 알권리를 북돋는 저널리즘의 대의는 슬그머니 사라진다. 정치권과 감응하며 언론이 자기 존재감을 드러내고픈 쪽으로 여론조사 보도가 정략 도구화하거나 여론의 이름으로 되레 정쟁을 부추기는 폐해는 이미 심각하다. 엉성한 관행에 매몰된 여론조사 보도를 차분하게 성찰하고 가야 할 이유가 여기에 있다.

21대 총선 여론조사 보도의 현주소

판박이 여론조사 보도와 댓글 반응의 정치 혐오

김경모

21대 국회의원을 뽑는 총선은 온 나라가 코로나19 방역 비상으로 긴장하는 가운데 마무리됐다. 방역 상황에 버금갈 만큼 총선은 언론 매체의 주목을 받을 수밖에 없다. 넘쳐난 여론조사와 여론조사 보도 역시 선거라는 주요 정치 이벤트를 구성하는 핵심 요소로 한자리를 차지했다. 그렇지만 선거 여론조사 보도는 민주 선거 제도의 구성 요소로서 총선 과정에서 제대로 그 역할을 수행했을까?

253개에 달하는 지역구마다 관심사와 이슈, 민심의 추세가 동일할 수 없다. 그럼에도 어찌된 일인지 253개의 다른 지역구를 다루는 선거 여론조사 기사가 하나같이 비슷하다 못해 판박이처럼 서로 닮았다. 똑같은 조사 항목에 보고서식 수치 나열, 심지어 따분하고 재미없는 기사 전개까지 빼닮았다. 그저 지역구명과 후보 이름, 조사 수치만 다르다. 오차범위 내에서 치열하게 각축을 벌이는 관심 지역의 경쟁 추이 정도가 조금 흥미를 끌 뿐이다. 지역구 여론조사 기사만 놓고 보면, 유권자는 선거 국면, 지역과 후보, 매체에 관계없이 닮은꼴 기사를 마주하다 어느새 선거가 끝나버린 형국이다. 이른바 '선거 여론조사(보도)의 외주화'가 낳은 불편한 진실이다.

공식 선거일이 시작된 2020년 4월 2일(목)부터 여론조사 공표가 허용된 9일(목)까지 보도된 지역구 여론조사 기사 가운데 무작위로 35건을 추출해 몇 가지 특성과 패턴을 살펴봤다. 조사 표본수가 작아 섣부른 일반화는 어렵다. 하지만 전국 단위 선거를 치를 때마다 매번 지적됐던 문제가 21대 총선에서도 어김없이 드러났다. 분석 대상 기사의 제목은 한 건도 예외 없이 해당 선거구의 후보 간 경쟁 대결에 초점을 맞췄고, 거의 다 판세 분석에 주력했다. 주요 후보의 지지율 수치를 제목으로 내세운 기사가 모두 24건(68.6%). 전체의 2/3를 넘었다. 웬만한 선거 보도 지침마다 피하라는 권고가 무색할 정도다. 수치 제목 기사는 프레이밍 효과의 위험성 때문에 선거 캠페인 과정에서 불공정 보도 시비를 낳을 우려가 있다. 그에 반해, 좋은 선거 보도라면 반드시 알려야 할 유익한 선거 정보(후보의 자질과 능력, 공약과 정책, 지역 이슈에 대한 입장 비교 등)를 제목으로 올리는 기사는 단 한 건(2.9%)에 불과했다.

물론 항상 문제만 드러나는 것은 아니다. 지역구 여론조사 보도가 얼마나 좋은 선거 보도의 요건을 갖추고 있는지 살펴봤다. 28건(80%)은 주요 후보를 빠짐없이 취급했고, 그나마 후보 자질 정보를 제공하는 기사도 12건(34.3%)이었다. 경마 보도 경향은 피할 수 없었지만, 조사 수치의 해석에서 심각한 오류를 드러낸 왜곡·과장 보도(2건, 5.7%)나 지역·연고주의나 계파 갈등을 편파적으로 강조하는 불공정·갈등 보도(1건, 2.9%)의 비율은 현저히 낮았던 긍정적인 측면도 관찰됐다.

그럼에도 기사 본문에서 후보 공약 정보를 제공하거나 정책과 지역 이슈에 대한 후보의 입장을 소개하는 기사가 각각 2건씩(5.7%)에 불과한 것은 아쉬운 대목이었다.

여론조사 보도의 기본 목적은 유권자가 올바른 판단과 합리적인 선택을 하도록 유익한 선거 정보를 제공하는 일이다. 하지만 누구나 다 아는 문제는 여론조사 기사가 전형적인 경마 보도의 틀에서 벗어나지 못한다는 점이다. 누가 선두를 달리고, 주요 후보 간의 지지율 격차가 얼마인지, 누가 당선 가능성이 더 높은지, 어느 비례정당이 더 득표할 것인지, 마치 치열한 레이스 현장을 중계하듯 경쟁과 대결을 부추기는 기사 일색이라는 것이다. 그 대가는 좀 우울하다. 과학적 조사 과정이 무색하게 총선 국면의 지역 다양성과 고유성을 살필 수 있는 살아 있는 선거 정보는 어둠 속에 묻혔기 때문이다. 253개에 달하는 지역구마다 주된 관심사와 민원, 지역 이슈와 형편이 같을 수 없다. 지역구 유권자가 올바른 선택을 하는 데 필요한 선거 정보도 결코 같을 수 없다는 뜻이다. 그러나 지역구별 후보자의 자질과 공약에 대한 지역 주민의 이해와 평판도, 지역구 기반의 고유 관심사와 이슈에 대한 유권자 집단별 의견 분포 같은 현장 밀착형 조사 정보, 지역구 민심의 저변을 들춰내는 살아 있는 판세 정보는 한 대목을 찾아보기 어려웠다. 인지도 높은 인물과 특정 지역구 중심으로 여론조사가 편중되는 보도 관행은 전국 단위 매체일수록 더 심했다. 정작 유용한 심층 정보는 빠진 채 대권 연계성, 직업 대결, 공천 반발과 무소속 출마, 지지율 분산, 선후배/리턴매치, 특이 이력, 이른바 '아빠 찬스'같이 흥미 요소를 양념처럼 가미하는 구태도 여전했다. 지역구 여론조사 보도를 통해선 언론 미디어가 상업적 가치를 벗어나 다원주의 사회의 어떤 가치와 시민적 요청을 다양하게 담고자 했는지 확인할 수 없었다는 말이다.

사실 이런 수준의 여론조사 보도라면 조사 회사가 넘긴 수치 정보를 입력해 로봇 기자가 기사를 작성해도 그리 문제될 것 없어 보인다. 스포츠 중계, 기상예보, 주식시황 등 수치를 사용하는 여러 분야에서 이미 괜찮은 로봇 기사를 접하는 현실 아닌가? 대부분의 지역구 여론조사 기사는 조사 결과 수치를 기계적으로 대입해 판에 찍어내듯 제출한 한두 장짜리 메모 수준이다. 냉정하게 말해, 게으르기 그지없다. 여전히 기사 제목에서 지지율 수치를 제시하면서 유권자의 주목을 끌려 한다. 판세를 분석한 수치 정보 외의 다양한 선거 정보는 수용자가 직접 품을 팔아 다른 기사와 사이트에서 찾아야 한다. 이들 정보를 유권자가 일일이 여론조사 기사와 연결해야 선거 국면이 겨우 이해된다. 눈에 띄는 몇 편의 추세 분석 기사는 민감하게 다뤄야 할 방법론적 문제를 걸러내지 않았다. 정밀한 해석은 아직도 부족하다. 여론조사 기사 쪼개기 관행도 여전하다.

비록 기사 35건의 약식 분석에 따른 추론이지만, 21대 총선의 지역구 여론조사 보도는 관습에 매몰된 기사 작성을 되풀이했을 뿐이다. 유용한 선거 정보를 효과적으로 전달하는 데 성공하지 못했다고 평가해야 할 것 같다. 그렇다고 모든 선거 기사가 다 엉망이라는 뜻은 아니다. 다만 유용한 선거 정보를 담은 좋은 기사와 기계적 여론조사 기사가 따로 논다는 것이 문제다. 일반적으로 후보의 공약이나 정책 입장 소개, 지역의 현안과 특수 이슈들은 다른 포맷의 선거 기사에서 다룬다. 현장성이 강하고 내용도 다채로워 충분히 관심과 흥미를 이끈다. 하지만 여론조사 기사는 객관성과 공정성의 기계적 형식에 갇힌 채 수치더미에서 헤어나지 못하기 일쑤다. 그저 무미건조하게 수치를 나열하는 진부한 포맷으로 일관하기 때문이다. 경마 프레임에만 집착할 뿐 스타일이나 양식에 변화를 주는 기사 실험은 적어도 선거 여론조사 보도에선 발견하기가 쉽지 않다.

조사 회사로부터 조사 결과를 넘겨받아 기계로 찍어내듯 만든 여론조사 기사에선 죽은 수치만 발견된다. 살아 숨 쉬는 선거 현장은 접하기 힘들다. 지역 선거구의 구석구석을 발로 뛰며 현안에 대한 의견 분포의 원인을 현장에서 찾아내고, 지역 민심이 조사 수치와 상동하거나 어긋나는 지점은 없는지, 추세 변화가 있다면 지역 구성원별로 어떤 사유가 있는 것인지, 조사 결과와 현장을 연결해 수치의 의미를 분석하고 풍부하게 해설하는 땀내 나는 기사는 만나기 어렵다. 한마디로, 통계와 현장이 따로 노는 것이다. 그러나 현장을 찾아 발로 뛰며 수집한 정보를 여론조사 기사에 접목하지 말란 법은 없다. 선거철 대목을 맞은 여론조사 회사만 배불린다는 오해 아닌 오해를 가뜩이나 재정도 어려운 언론 매체가 뒤집어쓸 이유도 없다.

그렇다면 판에 박힌 품질 낮은 여론조사 기사를 양산할 이유가 없다. 유권자의 현명한 판단과 선택에 유용한 선거 정보와 여론조사 결과를 결합해 얼마든지 좋은 기사를 만들어낼 수 있기 때문이다. 예를 들어, 21대 총선 동안 KBS 제주총국은 후보의 지지율 대신 공약과 정책, 지역 현안과 주민 관심사를 중심으로 지역 민심이 어떻게 돌아가는지 여론 분포를 조사한 결과를 연이어 보도했다. 선거 여론조사 보도의 모범을 지역 차원에서 구현하고자 애쓴 사례로 꼽을 만하다. 짧은 분량의 기계적인 여론조사 기사 포맷을 언제까지 고수할 일이 아니다. 극소수지만, 몇몇 언론 매체는 학계 연구자와 협업해 새로운 질문 방식과 항목을 개발하고 과학적인 여론 분석 결과를 이채롭게 기사화하는 변화를 선보이기도 했다.

여론조사 공표가 금지되는 시점과 투표일이 다가오면서 여러 매체는 지역구 차원을 넘어 전체 선거구도의 거시 판세를 분석하는 추세조사 보도를 쏟아냈다. 그러나 정당 지지율 변화를 추적하는 기사라고 해서 지역구 여론조사 기사와 별반 다르지 않았다. '정권 심판 대 야당 심판', '좌우 진영 대결' 같은 전략 프레임부터 바탕에 깔고 정치 공학 셈법으로 결과 수치의 추세를 해석하기에 골몰했다. 정파 대립, 정권 중간평가, 이념 갈등의 대결 구도 부각 같은 정치 공학적 시각은 오직 세력 결집과 이탈의 판도에 주목하는 조사 수치의 범주화만 유도한다. 결과적으로, 한국 사회의 여론조사 생태계, 특히 언론의 여론조사 보도가 거대 양당체제와 지역주의 강화라는 정치 현실의 퇴행적 재구성에 일조하는 역할을 했다는 비판적 평가에서 벗어나기 어렵다. 선거의 본질에 집중해 민주적 가치와 한국 정치 발전의 지향점이라는 의의를 선거 여론조사 보도의 형식에선 어떻게 담아낼 것인가 한번이라도 숙고해봤는지 의심스런 것이다.

선거가 매개된 정치 현실 재구성 과정에서 선거 여론조사 보도의 부정적 영향은 심각하게 고민해야 할 과제다. 과학적 조사 결과로서 선거 국면의 다양한 측면과 지역구별 고유 특색을 객관적인 판세 정보로 전달하는 좋은 보도는 이미 뒷전으로 밀렸다. 그렇다면 '누가 앞서는지, 누가 당선 가능성이 더 높은지' 예측하는 경마 보도는 어떤 부작용을 낳을까? 당연히 종합적인 정밀 분석이 뒤따라야 하겠지만, 우선 지역구 선거 여론조사 기사에 붙은 유권자의 댓글 반응을 살펴봤다.

한마디로, 섬뜩하다. 댓글 작성자 대부분은 자신이 지지하는 후보와 정당에 대해선 막무가내의 지지와 선호를 표출하지만 반대하는 후보와 정당에 대해선 막말과 혐오 발언을 주저하지 않는다. 욕설과 비속어가 난무하고, 비하와 폄훼, 인신공격까지 서슴지 않는다. 특정 지역(주민)에 대한 배타적 적대감과 세대 간 비방, 특정 후보에 대한 성차별적 언사나 인격 멸시도 어렵지 않게 읽을 수 있다. 사실과 어긋난 허위 정보와 근거 없는 주장도 여럿 눈에 띈다. 댓글 품질을 살피는 지표인 문장 유형에도 주목해보자. 의견과 주장의 논거가 분명한 논증 문장argument이 거의 없다. 일방적인 지지 아니면 이유 없는 비판과 무조건 반대만 드러내는 유인가 문장valence statement이 절대다수를 차지한다. 기사에 관계없이 여론조사의 신뢰성을 대놓고 의심하고, 여론조사 보도에 대한 불신과 여론조사 무용론을 주장하는 반응이 빠지지 않는다. 유달리 가슴 아픈 지점이다.

과학적인 조사 결과의 객관적 수치 정보에 유권자들은 왜 이렇게 격하고 감정적인 반응을 보일까? 왜 자신의 이성을 접어두고 형편없는 수준의 댓글 품질을 보일까? 물론 여론조사 기사에 댓글을 다는 사람들이 유권자 전체를 대표하는 것은 아니다. 그렇게 반응하는 이유를 모두 여론조사 보도 탓으로 돌릴 수도 없다. 반응의 의미나 패턴을 유의해서 새겨야 한다는 뜻이다. 하지만 이 같은 댓글 반응은 한국 정치의 저급성이 초래하는 여러 단층의 갈등과 반목만큼이나 한국 언론의 저低품질이 초래하는 정치 불신과 냉소주의가 우리 사회에 만연하다는 방증이 아닐까? 역설적이게도, 선거 여론조사 보도를 어떻게 개선해야 할지 언론계의 자성과 대안 모색을 촉구하는 상당수 유권자의 속내는 아닐까?

범죄 보도와 법조 출입처 취재의 문제점

낡은 관행과 과감히 이별하라

김경모

전통적인 강력 범죄나 권력형 정치 비리는 물론, 신종 경제사범의 등장, 디지털 지능형 범죄의 만연같이 범죄가 날로 고도화하고 있다. 사회적 해악에 대한 경각심을 높이고 사회 안정에 기여한다는 점에서 범죄 보도(법조 보도)는 언론 미디어로선 결코 소홀할 수 없는 주제 영역이다. 환경감시의 일환으로 저널리즘의 공공성과 공익성에 부합하고 공중의 관심과 주목도 높아 상업적 가치도 크다.

범죄 보도는 검·경찰의 수사에서 법원의 재판에 이르는 전 과정을 다룬다. 경찰의 내사부터 강제 수사, 검찰의 공소 제기와 유지, 그리고 법정 공방과 법원 판결까지 범죄 관련 사안 전반이 법조 뉴스의 보도 대상이다(박성호·윤영민, 2016). 때로 범죄와 비리 혐의를 먼저 포착한 언론의 탐사·고발 보도로 범죄 수사가 본격화하기도 한다. 정치적 외압이나 뒷거래 영향으로 수사기관이 비리를 제대로 밝히지 못할 상황에선 공적 책무성을 앞세운 언론이 공론화를 주도하기도 한다. 권력 감시와 여론 조성을 통해 민주적으로 문제를 제기하고 사안의 실체적 진실에 접근하고자 언론이 나서는 것이다. 그러나 수사기관과 법원이 국가형벌권을 관장하는 주체라는 의미에서 범죄 뉴스의 핵심 취재원으로 부상하고, 언론은 공론화 과정에서 근본적으로 이들과 극심한 정보 비대칭 관계에 놓일 수밖에 없다. 사법부 독립 신화에 기댄 사법 체계의 권위주의와 기밀주의도 여기에 한몫한다(심석태, 2014). 이런 처지에서 범죄 뉴스의 안정적인 생산과 공급을 위해 선택하는 언론계의 조직적 대처는 범죄를 주무로 다루는 권력기관, 이른바 법조 출입처를 중심으로 시공간적 뉴스망spatio-temporal news net을 펼치는 일이다. 범죄 관련 사건과 이슈를 단독(특종) 보도하려는 극심한 매체 경쟁 속에서 인력과 자원을 출입처를 중심으로 고정 배치함으로써, 또 혐의 포착에서 판결에 이르는 지루한 법적 공방 과정에서 뉴스 가치가 부각되는 특정 시점의 의제를 집중적으로 뉴스 소재로 삼음으로써 범죄 관련 법조 뉴스 특유의 취재 보도 관행과 기사 스타일이 자리 잡는 것이다.

출입처 위주의 기자단 운영이 주류 언론의 독특한 뉴스 생산 방식이라는 점은 누구나 아는 사실이다. 범죄 뉴스의 제작 역시 이와 무관하지 않다. 특징적인 것은 범죄 뉴스의 생산을 둘러싼 법조 출입처 취재원과 기자의 상호작용, 그리고 이와 결부된 취재 보도 관행이 사회의 사법 체계(또는 '정치의 사법화')라는 거시-구조적 맥락의 영향권 아래서 작동한다는 점이다. 범죄 뉴스의 품질을 감안하면, 적어도 검찰 수사와 범죄 보도의 긴장과 담합, 수사기관 형벌권과 범죄 혐의자 인격권의 갈등, 범죄 보도와 범죄 혐의자 인격권의 침해, 언론 매체 간의 과열 경쟁과 정파 갈등이라는 각 국면의 관계마다 취재 보도 관행이 작용하는 방식과 결과에 유의할 필요가 있다.

이렇게 취재 보도 관행의 측면에서 볼 때 범죄 보도에서 드러나는 품질의 수준을 냉철하게 주시하는 것이 중요하다. 관련 연구를 정리하면서 이승선과 김연식(2009)은 한국 언론의 범죄 보도 특성을 네 가지로 요약했다: ① 범죄혐의 중심, ② 폭로 중심, ③ 선정성, ④ 심각한 인격권 침해 동반. 아마도 권력형 비리나 당파적 정쟁과 무관하지 않은 '정치의 사법화' 추세, 사건·사고 보도 틀에 친숙한 사회부 기사 스타일의 온존과 탐사형 기획·특집의 편성 강화, 범죄 불감증의 사회적 만연 같은 여러 요인이 이 같은 특성이 자리 잡는 데 영향을 미쳤을 것이다.

하지만 범죄 보도에 영향을 미치는 사회적 맥락 요인은 아무래도 범죄와 처분을 규정하는 관련 법체계와 그 운용이 핵심이라 할 수 있다. 민주 법치 사회에서 범죄 혐의자에 대한 수사기관의 수사와 공소 제기 그리고 법원의 판결에 따른 법적 처분은 법률 제도에 기초하며 이를 따라야 한다. 물론 언론 미디어도 이런 맥락에서 이탈할 수 없다는 전제에서 범죄 뉴스를 만들고, 이를 통해 국민의 알권리를 구현해야 한다. 문제는 헌법과 법률이 보장하는 법익과 권리가 범죄 수사와 재판 그리고 이를 둘러싼 취재 보도 과정에서 서로 충돌하는 경우가 잦다는 점이다.

한국 언론의 법조 보도는 출입처로서 '검찰 보도의 과다와 법원 보도의 과소'라는 양적 불균형이 두드러진다(박성호·윤영민, 2016; 박영흠, 2020). 검찰과 법원으로 법조 출입처가 대별됨에도 관습적인 뉴스 가치 판단과 속보 경쟁 때문에 언론은 혐의 내사 단계부터 범죄 보도로 시선을 돌린다. 기소 전 단계에서 수사기관은 브리핑과 보도자료로 피의사실을 공표하고, 경쟁에 내몰린 대다수 언론은 이를 의심 없이 받아쓰거나 중계하기에 바쁘다. 특종과 단독의 압박 속에서 상당수 출입기자는 사실 확인과 검증에 소홀하고, 접촉한 취재원도 익명 처리가 다반사다. 혐의와 피의사실에 불과함에도 마치 유죄를 예단하는 듯한 부주의한 표현과 근거 부족한 추측을 일삼는 경우도 빈번하다(양재규, 2017). 이를 두고 현직 법조 출입기자들은 과다한 법조 업무량에 비해 부족한 인원과 시간 제약을 한목소리로 호소한다(박영흠, 2020).

그러나 법률적 관점에서, 이 같은 범죄 보도는 형법이 규정한 피의사실공표 금지를 위배하는 데 언론이 동조한다는 우려를 낳는다. 무엇보다 헌법이 강조하는 무죄추정의 원칙을 경시하는 태도를 드러낸다는 비판이 심각하다(문재완, 2020). 물론 언론이 직접적인 적용 대상이 아니라는 점, 불명확한 보호 법익 논란이나 사실상 사문화한 현실 등에 비춰, '피의사실공표죄'를 둘러싼 법 해석이 국민의 알권리를 충족하려는 언론 자유를 제약하는 방향이어서는 곤란하다. 그러나 '표현의 자유' 뒤에 숨어서 혐의사실을 선정적으로 보도하거나 범죄 자체와 범죄 관련자를 엄격히 구분하지 못하는 보도태도도 위험하긴 마찬가지다. 피의사실 공표에 부주의하고 무죄추정 원칙을 존중하지 않을 경우, 범죄 보도에는 법익 침해의 소지가 상존할 수밖에 없다. 명예, 초상권, 성명권, 사생활 보호 같은 인격권을 침해하거나 형사 절차의 공정성을 훼손할 가능성을 항상 경계할 필요가 있다는 것이다(이승선 · 김연식, 2009).

그렇다면, 범죄 보도의 기사 내용과 스타일은 어떠한가? 2000년부터 2014년까지 지상파 방송 3사의 법조 뉴스를 체계적으로 내용 분석한 박성호와 윤영민(2016)은 두드러진 패턴을 제시했다. 몇 가지를 요

약해보자: 분석 대상 710건 가운데 ① 분석 중심 기사는 6.8%. 해설과 분석이 실종됐다. ② 복합적 관점의 기사는 11.7%. 검찰이 기사의 주어이자 관점을 지배한다. ③ 기사당 사운드바이트는 0.82개. 다양한 이해관계자의 목소리가 실종됐다. ④ 주체 불명 술어 표현 기사가 64%. 사실의 엄밀성과 증거·근거 제시가 부실하다. ⑤ 피의자 무죄추정 기사 톤은 35.5%. 공정한 재판을 받을 권리 등 인격권 침해가 우려된다. ⑥ 기소 후 법원 기사는 10.4%. 정작 중요한 결과에는 무관심하다. 한마디로, 보도 시점, 취재원 활용, 기사 톤 모두 검찰 중심으로 흘러 불편부당성도 미흡하다. 이처럼 경험적인 계량 분석 결과는 방송 법조 기사의 품질이 방송 뉴스 일반의 품질에도 미치지 못한다는 실정을 뼈아프게 지적한다.

이 같은 보도 현실, 곧 검찰의 일거수일투족을 이벤트 중심으로 보도하는 '사건수사의 사건화'(박성호·윤영민, 2016)는 2019년의 '조국 사태'에서도 그대로 반복됐던 것 같다. 한국언론학회와 한국기자협회가 공동으로 마련했던 연말 세미나에서 권석천 중앙일보 논설위원은 법조 보도가 지닌 문제의 핵심을 '전지적 검찰 시점'이라고 재치있게 꼬집었다(권석천, 2019). 가령, 수사 편의일 뿐인 출국금지 조치를 대서특필하는 보도는 대상자가 마치 큰 죄를 지은 것 같은 인상을 던진다. 피의자는 수사 초기부터 범죄자 취급을 받는 불이익에 빠질 수 있다. 보도가 무죄추정 원칙에 충실했는지 의문이 들 법하다. 더욱이, 피의자의 구속영장이 기각되면 하나같이 '검찰 수사에 차질 예상'이라는 상투적 문구가 뒤따른다고 지적한다. '구속을 해야 옳다'는 검찰 주장과 시각을 은연중에 강화하는 관행이라는 것이다. 따라서 '검찰 취재가 아니라 검찰 관점만으로 보는 것이 문제'라는 그의 진단은 정확하다. 그리고 ‘피의사실이 공표돼도 반드시 언론이 이를 검증하고 가려내야 한다’는 처방은 효과가 분명할 수밖에 없다. 법조 뉴스의 품질을 규정하는 근간이자 출발점이기 때문이다. 그렇다면 범죄 보도의 현실을 어떻게 바꿔야 할까?

권 위원의 성찰은 수십 년째 이어진 낡은 인식과 스타일부터 버릴 것을, 그래서 한참 뒤처진 관행과 과감하게 이별할 것을 강조한다. 물론 법원과 공판 중심 보도 같은 제도와 관행 차원의 법조 보도 개선책은 이미 많은 사람이 제언한 바 있다(박영흠, 2020; 박희봉·한동섭, 2020). 공판 과정에 주력하려는 법조 보도의 변화 움직임이 일부 없는 것도 아니다. 그러나 법조 현장에선 편집국의 고루한 의식이나 여의치 않은 취재 여건을 탓하며 관행 개선을 주저하는 분위기가 여전히 지배적이다.

그래서 권 위원은 기사 문투 바꾸는 것부터 시작하자고 주문한다. 여기 옮겨본다. ① 혐의는 검찰의 주장일 뿐이므로 확인하고 검증한다. ② 진술을 인용 보도하지 않고 직접 당사자를 취재한다. ③ 피의자 입장을 검찰 입장과 최대한 병렬해서 제시한다. ④ 구시대적인 스케치 기사는 쓰지 않는다. ⑤ 익명 취재원과 ‘정보 불확실’ 술어는 사용하지 않는다. ⑥ 사실과 의견을 분리한다. ⑦ 취재 과정을 성실하고 투명하게 설명한다. ⑧ 선정적이고 자극적인 보도를 피한다. ⑨ 재판 단계의 보도 비중을 늘리는 데 유념한다.

사실, 권 위원의 제언은 알 만한 언론인은 다 아는 얘기 아닌가? 마음만 고쳐먹으면 당장 실천할 수 있는 일 아닌가?

정정기사는 정직성의 징표

배정근

뉴스가 본질적으로 가지고 있는 속성은 '불완전성'이다. 그때그때 벌어진 일들을 시간의 제약 속에서 제한된 정보의 조각들을 맞추어 보도를 하는 일이 더 일상에 가깝기 때문이다. 따라서 뉴스 제작에서 오보와 실수는 피하기 어려운 숙명적 굴레이다. 기사의 경쟁이 과거 하루 단위 시대에서 실시간 분초 단위로 바뀌어 '즉시성'의 채찍질이 심해지고 있는 온라인 뉴스 환경에서는 더욱 그러하다. 그렇다면 매일 수많은 불완전한 뉴스들을 생산하는 언론이 취해야 할 태도는 무엇일까? 수집한 정보의 진실성을 여러 자료와 증언을 비교하며 철저하게 검증하고, 그렇게 완성된 기사라도 오류 여지가 많음을 인식하면서 신중하고 조심스럽게 보도해야 할 것이다. 그리고 보도 이후에 실수와 오류가 발견된다면 즉시 바로잡아야 마땅할 것이다.

그러나 한국 언론의 보도 관행은 반대로 '완전성'을 표방한다. 자신들은 모든 것을 알고 있는 듯 전지적 관점에서 설명하고, 주장하며 보도 내용이 진실이라는 확신을 주려는 듯 단호하게 단정적으로 보도한다. 그렇기 때문에 좀처럼 실수를 인정하려고 하지 않고, 잘못된 보도에 대해서는 최대한 덮고 넘어가려고 애를 쓴다. 이런 태도는 자신과 독자의 관계를 정보제공자와 수용자의 일방적 관계로 인식하고, 자신들이 모든 것을 판단하고 가르치려는 권위의식 속에서 나타나게 된다. 그러나 뉴스의 진위를 누구나 쉽게 확인할 수 있고, 집단지성에 의한 정보 검증이 가능한 시대에 이렇게 실수를 감추려는 관행은 시대착오적이다.

오보와 정정기사에 대한 학술적 연구들을 살펴보면, 국내 언론의 정정보도는 언론중재법이 시행된 2005년 이후 꾸준히 증가하고 있으며, 정정기사 유형은 이름, 숫자, 장소 같은 단순 사실 오류가 대부분(75%)을 차지했다(윤지희 · 이건호, 2011). 2018년 언론중재위원회에 제기된 언론조정 청구의 50%는 정정보도 요구였으며, 이 가운데 3분의 1이상은 오류가 인정되어 시정권고가 내려졌다. 오래전 연구이기는 하지만 한국과 미국 주요 신문의 정정보도를 비교한 임양준의 연구(2007)에 따르면 비슷한 지면을 발행하는 뉴욕타임스는 조선일보에 2배, 샌프란시스코크로니컬은 한겨레의 10배 차이가 날 정도로 국내 신문이 정정보도에 인색했다. 또한 정정보도 내용에서도 오보의 원인을 소명하고 사과를 하는 해외 신문과 달리 국내 신문은 원인과 책임 소재, 사과를 밝히는 내용이 극히 적었다. 사실관계 중심의 객관적 오류를 주로 수정할 뿐 해외 신문에서는 자주 발견되는 기사 내용의 논리적 오류, 편향 등 주관적 오류는 거의 다루지 않는다는 것이다.

국내 기자들은 오보가 발생하는 원인을 자신들의 실수로 돌리는 경향이 강하다. 언론인 의식조사에 따르면 오보의 원인을 묻는 복수응답 질문에 '기자의 사실 미확인 또는 불충분한 취재'라는 대답이 91.2%로 가장 많았다. 다음으로 '정보원 측의 부정확한 정보 제공'(52.7%), '특종에 대한 욕심'(41.7%)이 뒤를 이었다(한국언론진흥재단, 2019). 흥미로운 점은 10년 전인 2009년에 이뤄진 같은 조사에서 기자의 잘못이라고 자책하는 응답이 84.2%로 다소 적었다는 사실이다. 그 10년 사이에 기자들의 업무 강도가 늘어나고 온라인에서 속보 경쟁이 더욱 치열해진 변화와 무관치 않아 보인다.

실제로 24시간 뉴스를 생산하는 온라인 환경이 되면서 충분한 사실 확인 없이 잘못된 보도를 냈다가 뒤늦게 삭제하는 사례는 일상이 되었다. 타사의 잘못된 기사를 그대로 베껴 썼다가 줄줄이 오보를 하는 광경도 흔하다. 코로나19 발생 초기인 2020년 3월 YTN은 단독 보도라며 마스크를 사기 위해 약국 앞에서 줄을 서 있던 70대 노인이 사망했다고 보도했으나 사실이 아닌 것으로 밝혀져 3시간 후 바로잡고 사과를 했다. 그러나 이 보도를 그대로 따라 썼던 다른 언론사들은 아무런 해명도 없이 기사를 삭제했을 뿐이다(금준경, 2020).

오보기사는 단독이나 특종기사에서 자주 나타나는 경향이 있다. 특종에 대한 욕심이 앞서고, 혹시 타사에 정보가 누설될 수 있다는 불안감에 오히려 확인 절차를 생략하는 경우가 많기 때문이다. 2018년 11월 연합뉴스가 보도한 정세현 전 통일부 장관의 방북 오보가 대표적이다. 이 기사는 중국 선양의 한 교민의 말을 빌려 "정세현 전 통일부 장관이 비공개로 북한을 방문 중인 것으로 알려졌다"고 보도하면서 구체적인 북한 입국 항공편까지 제시했다. 그러나 정 전 장관은 그 시각에 집에 있었다고 한다. 그에게 확인 전화 한 통만 했어도 피할 수 있는 어이없는 오보를 한 것이다(김창룡, 2018).

오보와 정정보도는 해당 언론의 신뢰도에 부정적 영향을 미치는 것이 상식적이지만 꼭 그렇지는 않다. 미국뉴스편집인협회American Society of News Editors는 정정 보도의 의미를 "당신의 실수를 독자도 알게 하고 싶다는 점을 독자에게 알려주라"는 묘한 설명을 한다. 자신의 오류를 감추지 말고 오히려 적극적으로 알리라는 역발상이다. 그 까닭은 누군가 자신의 실패와 허물을 솔직하게 털어놓게 되면 친근감을 느끼게 되듯이 언론이 자발적으로 실수를 고백하고 바로잡는 정정보도는 언론을 더 인간적이고 신뢰할 수 있는 대상으로 여기게 하기 때문이다. 실제로 1999년 미국뉴스편집인협회가 신문 독자를 대상으로 조사한 연구에 따르면, 78%의 응답자는 정정보도를 보았을 때 신문에 관해 "더 좋게 느끼게 되었다"고 답했다고 한다(Silverman, 2014).

정정보도의 이런 순기능을 그대로 실천해 보이는 기사 하나가 2021년 1월 3일 뉴욕타임스 온라인에 실렸다. 이 신문에는 <Times Insider>라는 난이 있어 신문 제작 과정에서 벌어지는 내부의 이야기를 진솔하면서도 흥미롭게 소개하는데, 이날은 편집과 교열을 담당하는 카피에디터copy editor 데이비드 벡시David Vecsey가 교열 작업의 고충에 대해 썼다. 그는 새벽 3시에 자다가도 벌떡 일어나거나, 화창한 휴무일에 공원에서 유모차를 끌고 있다가 불현듯 자신이 이름 등을 잘못 표기한 사실을 깨닫고 좌절에 빠지곤 하는 것이 이 직업의 일상이라고 설명한다. 그는 지난해 12월 6일자 지역면에 보도된 기사의 사진 설명을 쓰면서(미국에서는 사진 설명이 카피에디터의 몫) 톰 우달Tom Udall 뉴멕시코주 상원의원의 지역구를 유타주로 표기하는 실수를 범했다. 스스로 짐작건대 'Udall'이라는 이름 때문에 첫 음이 비슷한 'Utah'를 연상하게 된 것 같다고 해명하면서 자신이 5년 후 인터넷에서 주문한 물품을 받으면 분명히 해당 기사가 들어간 신문으로 포장됐을 것이라고 익살을 부리기도 했다. 유머와 진정성이 적절히 버무려진 이 기사를 읽은 독자는 보다 완벽한 기사를 위한 기자들의 숨은 노력과 직업적 애환을 알게 되면서 더 친밀감을 느끼게 됐을 것이다.

아무리 사소한 실수라도 틀린 것이 발견되면 언제든 반드시 정정해야 한다는 엄격한 규칙을 가지고 있는 뉴욕타임스는 벡시의 오류를 정정한 12월 9일자에 모두 11건의 정정기사를 게재했다. 그중에는 이미 4개월이나 지난 8월 1일자에 실린 영국 영화감독 알란 파커Alan Parker의 사망 기사의 오류를 최근에야 발견했다며 수정한 것이 있었다. 그의 작품 '피난민'(Evacuees, 1974년)을 설명하면서 유태인 소년들이 2차 대전 중에 런던에서 탈출하는 과정을 다룬 TV 영화라고 썼는데, 실은 런던이 아니라 맨체스터라고 바로잡았다.[5]

뉴욕타임스 같은 저명한 해외 언론들의 정정보도 방침correction policy은 대체로 비슷하다. 첫째로 오류가 확인된 기사는 크든 작든 즉시 바로잡으며, 둘째 어떤 내용이 왜 바뀌었는지를 독자가 파악할 수 있도록 충실히 설명해야 한다. 셋째, 정정 사실은 온라인과 오프라인 동시에 게재하며, 수시로 수정이 가능한 온라인 기사는 수정 또는 업데이트될 때마다 이를 표시한다. 넷째, 기사의 오류가 매우 심각한 내용이거나 너무 많을 경우에는 편집자 주editor's note를 달아 정중하게 사과하고 상세히 설명한다.

5 https://www.nytimes.com/2020/12/09/pageoneplus/corrections-dec-9-2020.html

대표적 사례로 워싱턴포스트는 2019년 7월 미국 남부 흑인들의 농장 소유권 문제를 다룬 프리랜서 기자의 기사에서 사소하지만 많은 오류가 드러나자 본사 기자가 기사를 전면 재작성하면서 무려 15가지의 정정사항을 기사 맨 앞에 줄줄이 나열한 일이 있다.[6] 이 보도는 지금까지도 미 언론계에서 최악의 정정보도 사례로 놀림을 받기도 하지만, 보도의 정확성을 위해서라면 수모를 감수하면서라도 원칙을 지키겠다는 의지를 보였다는 호평도 많았다. 미국에 비해 신문에 대한 자율 규제 전통이 강한 영국의 가디언에서는 기사 정정이 독자 불만을 처리하는 독립적인 내부 옴부즈맨인 독자편집인readers' editor의 몫이다. 독자편집인은 독자들이 제기한 불만들을 조사하고 확인하고 필요한 경우 정정을 편집국에 요청하는 역할을 한다.

그런 점에서 최근 국내 주요 일간지들이 정정보도란을 고정으로 운영하면서 오보가 발생할 경우 신속히 정정하고 사과를 하는 변화를 보이는 점은 매우 고무적이다. 예를 들어 2020년으로 창간 100주년을 맞은 조선일보는 1986년 '김일성 피살설'을 비롯한 역대 대표적 오보를 소개하며 사과한 데 이어 6월 1일부터는 종합면 2면에 정정보도 고정란을 만들어 운영하고 있다. 조선일보는 '오보로 현실을 중대하게 왜곡하거나 타인의 명예에 상처를 입힌 경우' 등 5가지 정정 원칙을 제시했다. 중앙일보도 12월 31일 송년호에서 1개 면을 할애해 한 해 동안 발생한 오보 가운데 대표적 사례 9건을 분야별로 공개하고 바로잡았다. 대형 오보가 발생할 경우 자체 조사를 거쳐 그 과정을 공개하

---

6 https://www.washingtonpost.com/lifestyle/food/black-families-once-lived-off-their-southern-farmland-their-descendants-are-struggling-to-hold-onto-it/2019/07/22/37b3132a-a975-11e9-86dd-d7f0e60391e9_story.html

고, 사안에 걸맞은 수준의 정정과 사과보도를 하는 것도 새로운 관행으로 자리 잡고 있다. 한겨레는 2019년 10월 윤석열 당시 검찰총장이 건설업자 별장에서 접대를 받았다는 의혹을 제기한 바 있으나 6개월 이상이 지난 5월 22일자 1면에 잘못된 보도임을 인정하고 사과보도를 했다. 자체 진상조사를 통해 밝혀진 보도 경위와 문제점을 2개면에 걸쳐 크게 보도하는 파격적인 보도는 과거 언론의 관행과는 사뭇 다른 모습이었다.

기사 정정의 메인 무대는 온라인이다. 기사량에서 비교가 되지 않을뿐더러 기록성과 전파성 등으로 인해 최근 기사는 물론 과거 기사에 대해서도 독자들의 수정 요구가 쏟아지고 있기 때문이다. 뉴욕타임스는 2017년 한 해 5,000건의 기사 정정을 했다고 밝힌 적이 있다.[7] 뉴욕타임스는 종이신문 제작을 마감하는 시간에 맞춰 온라인에 같은 내용을 게재하는 방식을 취하고 있다. 또 온라인에는 정정기사를 별도로 모아두는 페이지가 있다.

온라인 기사에 대한 정정 기준을 세우려면 먼저 온라인 기사를 어떻게 수정할 것인지에 대한 원칙부터 마련해야 한다. 국내 언론에서는 온라인에 게재되는 기사는 수시로 수정해도 된다는 생각이 있지만, 저명한 해외 언론에서는 온라인 기사도 종이신문 기사와 똑같은 수준의 완결성을 요구한다. 따라서 원문을 수정할 경우에는 기사가 어떻게 바뀌었는지를 표시하고 설명해야 한다. 이른바 '기사 수정 이력제'이다.

하루에도 수많은 기사들이 쏟아지는 상황에서 단순한 표기 오류를

---

7 https://www.nytimes.com/2018/06/07/reader-center/corrections-how-the-times-handles-errors.html

일일이 정정하기 어려운 것이 현실이고, 대다수 언론이 그렇게 넘어가고 있다. 그러나 사실을 생명으로 하는 언론에 사소한 사실과 큰 사실에 차이가 있을 수는 없다. 그런 점에서 기사 정정은 아무리 많더라도 결코 부끄러운 것이 아니라 시민에게 보다 솔직해지는 정직성의 징표이다.

숫자의 신화에 빠진 한국 저널리즘

형식적 객관성을 위장한 진실의 누락

이완수

기자들이 기사를 쓸 때 가장 신경 쓰는 부분은 사실의 객관적인 전달에 있다. 기자들은 누구나 알고 있는 명백한 사실조차 제3자의 말을 인용한다. 자신이 쓴 기사가 주관적 편견이나 의도를 배제했다는 인상을 주기 위해서이다. 우리는 이러한 보도 관행을 '전략적 의례strategic ritual'로서의 형식적 객관주의라고 부른다(Tuchman, 1972). 형식적 객관주의의 또 다른 예가 뉴스에서 숫자를 사용하는 방식이다. 기자들은 "숫자는 거짓말을 하지 않는다figure don't lie"는 일종의 믿음을 갖고 있다. 기자들은 이런 사회적 믿음에 근거해 뉴스를 전달할 때 숫자를 자주 사용한다. 숫자나 통계는 그것의 옳고 그름을 떠나 "사실의 객관적 증거"로 받아들여지곤 한다. 숫자는 다른 어떤 진술문statement보다 사람들에게 정확하다는 느낌을 준다. 숫자나 통계는 복잡한 사회적 현상을 체계적이고 압축적으로 전달하는 데 있어 어떤 수단보다 유용한 것이 사실이다. 문제는 기자들이 뉴스를 보도할 때 숫자를 분별없이 남발하거나 오용한다는 점에 있다. 과학 저널리스트인 콘과 코프도 『뉴스와 숫자*news & numbers*』라는 책에서 기자들은 숫자나 통계적 데이터를 과도하게 부풀리거나 단순화시켜 사실을 왜곡시킨다고 말한다(Cohn & Cope, 2012: p. 5).

나는 한국 저널리즘이 많은 문제가 있지만, 그 가운데서도 숫자의 지나친 오남용이 특히 문제라고 생각한다. 그 좋은 예가 2021년에 일어난 코로나19 팬데믹 관련 보도이다. 한국 기자들은 이 기간에 코로나19와 백신 접종 문제를 보도하면서 엄청난 숫자와 통계 데이터를 쏟아냈다. 언론들은 코로나와 백신 접종 의제를 보도하는 과정에 많은 경우 숫자나 통계 데이터만으로 기사를 구성해 전달했다. 한마디로 '숫자의 홍수flood of numbers'가 코로나와 백신 공론장을 휩쓸고 갔다. 우리는 이 과정에서 뉴스를 읽고 있는지, 아니면 '숫자의 웅덩이'에 빠져 허우적거리고 있는지 헷갈릴 정도였다. 코로나 바이러스 확진자 보도를 하면서 언론이 오랫동안 기저 숫자base number로 삼아온 '500명'이라는 숫자 신화를 이해하기 어렵다. 기자들은 당시 코로나 확진자 숫자가 500명을 넘어서면 사태를 매우 심각하게 받아들이고, 큰 난리가 난 것처럼 보도했다. 정부도 "코로나 확진자 500명 넘어"라는 언론 보도가 나오기가 무섭게 강력한 방역 대책을 발표하곤 했다. 시간이 한참 지나 그 숫자가 '1,000명'수준으로 올라갔지만 기자들이 특정 숫자를 위험 기준치로 정한 근거가 무엇인지 우리는 여전히 알지 못한다. 확진자 500명, 1,000명이라는 숫자가 어떤 의미와 맥락에서 중요한지 알 수 없다. 언론이 어느 날 500명, 1,000명의 숫자를 불쑥 들이밀었고, 우리는 그것을 넘어서면 안 되는 "위험신호"쯤으로 믿는 황당한 상황이 벌어졌다.

저널리즘에서 숫자 사용은 물론 필요하고 중요하다. 뉴스에서 숫자는 상황을 명확히 드러내거나 사실을 객관적으로 보여주는 데 유용하다. 불확실해 보이는 사실도 숫자로 표시하면 뭔가 타당하고 확실한 것처럼 보인다. 어떤 주장을 정당화하는 데 사실 숫자만큼 편리한 것도 없다(Witsen, 2020). 현대 사회에서 많은 정보가 숫자나 통계 자료로 제공되는 취재 현실도 무시할 수 없다. 숫자나 통계는 언어나 말로는 표현하기 어려운 거시적 현상을 설명할 때 유리하다.

문제는 뉴스에서 숫자가 모든 것을 다 말해주지 않는다는 점이다. 숫자의 나열이 사실이나 진실의 증거가 될 수 없다. 반대로 숫자라는 가면假面 속에 진실이 가려지는 경우가 더 많다. 우리가 팬데믹 기간에 매일 읽고 보았던 코로나19 상황만 봐도 그렇다. 언론은 하루가 멀다 하고 감염자 수, 감염률, 감염자 증감, 백신 접종자 수, 백신 접종률, 백신 접종 증가, 사망자 수를 중계 방송하듯이 전했다. 그렇다고 이들 숫자가 코로나의 실체를 보여주거나 위험과 예방을 위한 결정적 정보는 아니었다. 2022년도에 치러질 대통령 선거를 앞두고 잇따라 발표되고 있는 후보자 지지율 숫자도 마찬가지이다. 지지율이 그 후보자의 능력을 나타내는 것은 아니다. 지지율이 높다고 해서 그 후보의 자질이 뛰어나거나 더 괜찮다는 보장은 없다. 그런데도 기자들은 지지율 숫자를 마치 후보자의 자질을 대변하는 것처럼 강조해 보도한다.

뉴스 속 숫자는 때때로 사실을 왜곡하거나 문제를 심각하게 만든다(Cohn & Cope, 2012). 숫자가 도드라지면 실체와 맥락은 안개처럼 사라져버린다. 사안의 인과관계를 알 도리도 없다. 숫자로 열거되는 사실의 단순 전달은 숫자 이외의 모든 실체를 덮어버리기 쉽다. 숫자는 객관적으로 보여 믿음을 주지만 우리가 실제 알고자 하는, 또는 알 필요가 있는 진실에 다가가는 징검다리는 아니다. 우리가 알고 싶은 것은 '드러난 숫자'가 아니라, '숨어 있는 현실'이기 때문이다. 무엇보다 기자들이 숫자 정보를 제대로 해석하고 쓴다는 보장이 없다. 데이터 저널리즘data journalism을 주창한 미국 노스캐롤라이나대학교 필립 마이어Phillip Meyer 교수조차 기자들은 통계적 데이터를 잘못 해석해 사실을 왜곡하는 경우가 적지 않다고 말한다. 미국의 한 연구에서도 기자들이 숫자를 의심 없이 사용함으로써 "의심스럽고 뒷받침되지 않는 사실조차 마치 사실처럼 전달하는 역설이 일어난다"고 말한다(Maier, 2002).

이런 배경에는 기자들이 숫자를 지나치게 부풀리거나 단순화하는 관습이 도사리고 있다(Cohn & Cope, 2012). 숫자가 지니는 객관성을 내세워 과도하게 의미를 해석함으로써 사실의 편향과 왜곡이 일어난다. 뉴스에서 숫자나 통계 정보만으로 사실의 맥락과 배경을 모두 알기 어렵다. 뉴스 속 숫자는 때로 불필요한 갈등을 초래하거나 혼란이나 논쟁을 유발하는 원인이 되기도 한다. 기자가 기저율base rate을 무시하고 단순히 사망률을 제시하면 사람들은 위험을 실제보다 더 크게 느끼게 된다. 마찬가지로 언론이 공표하는 특정 후보에 대한 지지율 숫자가 모든 국민의 실제 의사를 반영했다고 말하기 어렵다. 맥락이 없는 숫자나 통계만으로는 "현실의 그림picture of reality"을 제대로 전달할 수 없다(Cohn & Cope, 2012).

숫자 뉴스의 과도한 생산은 특히 한국 기자들에게 심하게 나타나는 현상 가운데 하나이다. 그것은 한국 언론계에 퍼져 있는 속보 경쟁과 뉴스의 양적 생산에 무게를 두는 내부 관행과 무관치 않다. 한국 기자 사회는 어떤 뉴스를 썼는가 하는 점보다 얼마나 빨리, 그리고 더 많이 기사를 썼는가 하는 점을 중시한다. 특히 뉴스 생산 환경이 디지털로 바뀌면서 기자들은 기사의 깊이에 몰입하기보다 기사의 양적 생산에 더 매달린다. 매일 일정한 건수의 뉴스를 생산해야 하는 한국 기자들에게 숫자나 통계 자료만큼 유용한 것도 없다. 이러한 빈틈을 노려 정부나 기업과 같은 정보원들은 기삿거리에 굶주린 기자들에게 자신들의 홍보용 통계자료를 던져준다. 이 과정에 기자들은 숫자나 통계의 이면에 숨어 있는 사실과 진실을 찾아 나서기보다는 숫자나 통계를 단순히 보도하는 전달자에 머문다. 통계 자료를 과학적 방법으로 분석해 현실을 입체적으로 조명하는 탐사 보도의 단계로 나아가지 못함은 물론이다. 한국 언론들이 생산한 뉴스가 온통 숫자와 통계로 뒤범벅이 된 데는 바로 기자들의 이런 손쉬운 보도 태도가 자리하고 있다고 볼 수 있다.

뉴스를 숫자나 통계로 구성하는 한 맥락과 배경을 담은 수준 높은 저널리즘을 기대하기 어렵다. 숫자나 통계는 사실과 진실이라는 퍼즐을 맞춰가는 과정에 필요한 하나의 조각에 불과하다. 숫자를 나열하고, 통계 데이터를 제시했다고 해서 그것이 반드시 객관적이거나 정확하다거나 현실을 입체적으로 보여준다는 보장은 없다. 기자들 사이에는 "숫자는 거짓말을 하지 않는다"는 일종의 믿음이 깔려 있지만, 그것은 어떤 면에서 신화에 불과하다. 숫자에 대한 사람들의 무지는 우리가 생각하는 것보다 훨씬 심각하다. 신문, 텔레비전, 인터넷, 유튜브와 같은 대중 매체들이 숫자 정보를 쏟아내고 있지만, 사람들은 누구나 이를 제대로 추론하거나 계산하기 어려워한다. 그것은 무엇보다 사람들이 지니고 있는 인지적 한계 때문이다. 행동경제학자인 트버스키와 카네만(Tversky & Kahneman, 1974)은 불확실한 정보일수록 사람들은 이성적이고 합리적인 분석 방법으로 접근하기보다는 직관적이고 비이성적인 휴리스틱heuristic한 방법으로 접근한다고 말한다. 숫자 정보에 대한 해석 오류의 가능성은 늘 있을 수밖에 없다. 그것은 정보 소비 주체인 일반 대중이나 정보 구성 주체인 기자나 마찬가지이다.

숫자가 때로는 사실을 말해줄지 모른다. 하지만 진실을 다 말해주지는 않는다. 진실을 밝히는 일은 숫자의 제시가 아니라 숫자의 이면에 숨어 있는 의미를 되짚고, 상호 인과관계를 따지고, 동태적 맥락을 제시함으로써 가능하다. 뉴스 속에 숫자를 모래알처럼 뿌려놓고, 그것이 객관적 사실이고, 부인할 수 없는 진실이라고 말할 수는 없다. 한국 기자들은 이제 숫자의 신화에서 벗어나야 한다. 객관성을 위장한 숫자에 빠져 진실을 놓치는 오류를 범해서는 안 된다. 기자들이여, 숫자를 늘 의심하라.

참고문헌

강아영(2020. 9. 9.). "조선일보 · KBS 오보의 공통점 '게이트키핑 오류, 당사자 반론 부실'". 『한국기자협회보』. URL: http://journalist.or.kr/m/m_article.html?no=48183

강준만(2016). 『생각과 착각』. 서울: 인물과 사상사.

강현석(2019. 1. 28.). "로비스트 박수환 문자 ① 고위언론인의 채용청탁", 『뉴스타파』.

권석천(2019). "기자가 본 조국 전 장관 보도". 한국언론학회 · 한국기자협회 공동세미나 『조국 보도를 되돌아보다』 자료집.

금준경(2020. 3. 14.). "마스크 사려던 노인 사망? YTN 뉴스1 한국경제 오보". 『미디어오늘』. URL: http://www.mediatoday.co.kr/news/articleView.html?idxno=205858

금준경 · 정민경(2021. 7. 9.) "연합뉴스 기사 2000여건 하루만에 포털에서 삭제". 『미디어오늘』. URL: http://www.mediatoday.co.kr/news/articleView.html?idxno=214334

김경모(2019). "부록: 언론 키워드 개념편". 권혜진 외, 『현장 기자를 위한 체크리스트』(223-240쪽). 서울: 한국언론진흥재단.

김경모 · 김지현 · 박재영 · 배정근 · 이나연 · 이완수 · 이재경(2020). 『텔레비전 뉴스의 품질: 국내외 방송사의 텔레비전 뉴스 비교연구』. 서울: 이화여자대학교출판문화원.

김경모·박재영·배정근·이나연·이재경(2018). 『기사의 품질: 한국일간지와 해외 유력지 비교연구』. 서울:이화여자대학교출판문화원.

김동규·김경호(2005). "국내 신문사 취재 조직체계와 관행에 대한 질적 연구". 『언론과학연구』, 5권 2호, 33-68.

김동원·김지연(2017). "디지털시대의 게이트키핑에 관한 탐색적 연구". 『문화산업연구』, 17권 3호, 29-37.

김준경·정민경(2021. 7. 9.). "연합뉴스 기사 2000여 건 하루 만에 포털에서 삭제". 『미디어오늘』. URL: http://www.mediatoday.co.kr/news/articleView.html?idxno=214334

김지현(2017). 『건강·의료뉴스 생산과정에 관한 연구: 의학전문기자의 이중적 직업 정체성을 중심으로』. 연세대학교 커뮤니케이션대학원 박사학위 논문.

김지현·김용찬·심민선·박기호(2018). "의학전문기자의 전문성과 언론사 조직 내에서의 업무 자율성: 이중적 직업 정체성의 전략적 이용". 『한국언론학보』, 62권 1호, 7-35.

김창룡(2018. 11. 29.). "게으른 기자들의 오보 행렬". 『PD저널』. URL: http://www.pdjournal.com/news/articleView.html?idxno=62632

김창숙(2019). 『사실 확인인가, 사실 만들기인가: 한국 신문 사실 확인 관행 연구』. 이화여자대학교 대학원 언론홍보영상학과 박사학위 논문.

______(2020). "의례적, 방어적, 의도적: 한국 주요 신문 데스크의 사실확인을 중심으로 한 게이트키핑 관행 연구". 『한국언론학보』, 64권 5호, 5-45.

______(2020). "한국 신문 사실확인 관행 연구: 주요 일간지 사회부 취재 기자를 중심으로". 『언론정보연구』, 57권 3호, 286-335.

김창숙·최지향(2021). "왜 한국 신문의 문제적 사실 확인 관행은 고쳐지지 않는가?: 사회부 취재기자와 에디터의 심층 인터뷰를 통해 나타난 구조적 원인 분석". 『언론과 사회』, 29권 2호, 5-57.

남재일(2008). "한국 객관주의 관행의 문화적 특수성: 경찰기자 취재관행의 구조적 성격". 『언론과학연구』, 8권 3호, 233-270.

남재일·박재영(2020). "한·미 탐사보도 성격 비교 연구". 『언론과학연구』, 20권 3호, 5-45.

도모노 노리오(2007). 『행동경제학』. 서울: 지형

문재완(2020). "범죄보도와 무죄추정원칙". 『언론과 법』, 19권 2호, 77-113.

박서연(2020. 9. 3.). "9년 전 침수사진 '폭우현장' 오보경위는 간접제보 때문". 『미디어오늘』. http://www.mediatoday.co.kr/news/articleView.html?idxno=209099

박성호·윤영민(2016). "방송 법조뉴스의 품질 연구". 『한국방송학보』, 30권 4호, 83-120.

박영회(2009). "검찰의 한 마디, 그리고 검찰기사 작성법". 『관훈저널』, 111, 86-93.

박영흠(2020). "법조뉴스 생산관행 연구". 『한국언론정보학보』, 통권 101호, 268-304.

박재영(2020). 『뉴스 스토리: 내러티브 기사의 작법과 효과』. 서울: 이채.

박재영·이완수(2007). "인용(quotation)과 취재원 적시(attribution)에 대한 한미 신문비교". 『한국언론학보』, 51권 6호, 439-468.

박재영·이완수(2007). 『한국 신문의 1면 기사: 뉴스평가지수를 적용한 신문별, 연도별(1990-2007) 비교』. 서울: 한국언론진흥재단.

박재영·이완수·노성종(2009). "한·미신문의 의견기사에 나타난 한국 기자와 미국 기자의 사고습관 차이". 『한국언론학보』, 53권 5호, 268-290.

박재영·허만섭·안수찬(2020). 『언론사 출입처 제도와 취재 관행 연구』. 서울: 한국언론진흥재단.

박진우(2019). 『가짜뉴스 수용과 전파에 영향을 미치는 심리적 요인들에 대한 연구』. 한양대학교 박사학위 논문.

박형재(2018. 10. 8.). “돈 주고 지면 사는 정책홍보, 언제까지 계속?”. 『더피알』. URL: http://www.the-pr.co.kr/news/articleView.html?idxno=41090

박희봉 · 한동섭(2020). “범죄보도에서 알 권리와 인격권의 조화”. 『언론과 법』, 19권 1호, 97-145.

방송통신위원회(2014). 『스마트미디어시대 방송저널리즘 평가척도 기준정립 연구』. 방송통신위원회.

스토리오브서울 미디어취재팀(2019). “A씨를 찾아서”. www.storyofseoul.com 5월 27일 게재.

심석태 외(2014). 『방송뉴스 바로 하기』. 서울: 컬처룩.

______(2014). “언론의 관점에서 본 한국의 사법부”. 『언론과 법』, 13권 2호, 1-30.

심인보 · 김경래(2021). 『죄수와 검사: 죄수들이 쓴 공소장』. 서울: 뉴스타파.

안수찬(2021). 『저널리즘의 새로운 과거와 오래된 미래: 복제보도와 원천보도』. 고려대학교 대학원 미디어학과 박사학위 논문.

양재규(2017). “범죄수사 관련 보도자료의 기사화와 법적 문제점”. 『미디어와 인격권』, 3권 1호, 179-210.

엄지원(2014. 5. 21.). 세월호 취재기자 4명의 독백… “우린 모두 ‘기레기’였다”. 『한겨레21』. URL: https://m.hani.co.kr/arti/society/society_general/637999.html#cb

오해정 · 김경모(2020). “공영방송 TV뉴스의 익명 취재원 이용: KBS <뉴스 9>와 BBC <10시 뉴스>의 비교 분석”. 『한국언론학보』, 64권 1호, 49-90.

윤지희 · 이건호(2011). “한국 5개 종합일간지 오보 정정의 특성에 대한 고찰: 2000~2009년 정정보도 유형에 따른 빈도, 형식, 내용을 중심으로”. 『한국언론학보』, 55권 4호, 27-53.

이승선 · 김연식(2009). “범죄보도로 인한 인격권의 침해와 문제점”. 『사회과학연구』, 19권 가을호, 65-94.

이완수 · 박재영(2013). “방송뉴스의 언어와 표현: 뉴스언어의 객관성과 공정성을 중심으로”. 『방송과 커뮤니케이션』, 14권 1호, 5-45.

______(2017). “세월호 재난사고 보도사진에 나타난 문화심리학적 편향성: <조선일보>와 <한겨레>의 비교를 통해”. 『언론과 사회』, 25권 4호, 59-105.

이윤희 · 조연하(2017). “TV뉴스의 익명 취재원 보도에 대한 방송 기자의 인식 연구: 취재원 표기 및 편집 방식, 동기, 효과를 중심으로”. 『한국언론학보』, 61권 5호, 241-273.

이재경(2013). “한국형 기자제도”. 『한국 언론의 품격』, 105-139. 서울: 나남.

______(2004). “한국 TV뉴스양식과 취재 시스템”. 한국언론학회 연구보고서 및 기타 간행물, 67-106.

______(2018). “퀄리티 저널리즘과 기사 품질 평가의 기준”. 『기사의 품질』. 서울: 이화여자대학교출판문화원.

이재경 외(2019). 『현장기자를 위한 체크리스트』. 서울: 한국언론진흥재단.

이재진(2019. 4. 4). “‘질 수 없는 선거 졌다’ 얼굴 빨개지는 오보”. 『미디어오늘』. URL:http://www.mediatoday.co.kr/news/articleView.html?mod=news&act=articleView&idxno=147660

이충재 · 김정기(2015). “종합일간지 편집국장의 편집권에 대한 인식 연구: 10개 일간지 전 · 현 편집국장을 대상으로”. 『한국언론학보』, 59권 6호, 165-186.

임양준(2007). “한국과 미국 일간신문의 정정보도 기사 비교연구”. 『한국언론정보학보』, 통권37호, 204-236.

임태섭(1999). “보도 교양 언어의 문제와 개선 방안”. 한국방송학회 주최 토론회 발표문, 1-40.

장도영(2009). 『텔레비전의 현실 재구성: 건군 제60주년 국군의 날 퍼레이드의 경우』. 고려대학교 대학원 언론학과 석사학위 논문.

정낙원 · 정선호 · 이나연 · 백강희(2016). “방송정책과 관련한 자사기이기주

의 보도 실태 분석: 광고총량제, 중간광고, 지상파UHD/700MHz할당, 종편특혜성 정책을 중심으로". 한국언론진흥재단 세미나.
정민경(2020. 8. 13.). "KBS '검언유착 오보' 이사회 지상중계···6개의 주요장면". 『미디어오늘』. URL: http://www.mediatoday.co.kr/news/articleView.html?idxno=208721
정철운(2014. 5. 21.). "YTN→KBS→중앙일보···기자들의 연이은 반성문, 왜 썼나". 『미디어오늘』. URL:http://www.mediatoday.co.kr/news/articleView.html?idxno=116704
조선노보(2021). "'디지털 근육' 키울 콘텐츠 실험해야". 『조선노보』, 1437호, 1면.
킹스 칼리지 블라우 교수 블로그: https://adrianblau.wordpress.com/2014/03/24/the-curse-of-quotation-marks-on-the-bbc-website/#more-1251
통계청(2020). 『2020 고령자통계 보고서』.
한국기자협회(2019). 제51회 한국기자상 심사평. URL: http://journalist.or.kr/news/section2.html?p_num=3
한국언론진흥재단(2017). 『한국의 언론인 2017』. 서울: 한국언론진흥재단.
______(2018). 『한국언론연감 2018』. 서울: 한국언론진흥재단.
______(2019). 『2019 한국의 언론인』. 서울: 한국언론진흥재단.
______(2020). 『2020 언론수용자의식조사.』 서울: 한국언론진흥재단.
______(2011). 『세상을 편집하라: 신문편집의 이론과 실제』. 서울: 한국편집기자협회.
황치성(2008). 『갈등 이슈 보도의 새로운 접근』. 서울: 한국언론재단.

Arendt, H. (1967). "Truth and politics". *Between past and future.* Penguin books. 227-264.
Baker, D. W. (2006). "The meaning and the measure of health

literacy". *Journal of general internal medicine, 21*(8), 878-883.

Beinart, Peter. (2016). "The Death of 'He Said, She Said' Journalism: The NewYork Times responds to a candidate who breaks all the rules by discarding some of its own". *The Atlantic*, September 19, 2016.

Boorstin, D. J. (1962). *The Image: A guide to pseudo-events in America*. New York: Harper.

Borden, S. & Pritchard, M. (2001). "Conflict of Interest in journalism. In M. Davis & A. Stark (Eds.), *Conflict of Interest in the Professions.* Oxford University Press.

Busterna, J. C. (1988). "Television station ownership effects on programming and idea diversity: Baseline study". *Journal of Media Economics, 1*(2), 63-74.

Cohn, V. & Cope, L. (2012). *News and numbers: A writer's guide to statistics*. John Wiley & Sons.

Dailey, L., Demo, L., & Spillman, M. (2005). "The convergence continuum: A model of studying collaboration between media newsroom". *Atlantic Journal of Communication, 13*(3), 150-168.

Dentzer, S. (2009). "Communicating medical news-pitfalls of health care journalism". *New England Journal of Medicine*, 360(1), 1-3.

Dovelli, R. (2011). *Die kunst des klaren denkens*. 두행숙 (역)(2012). 『스마트한 생각들』. 서울: 걷는나무.

Dutta-Bergman, M. J. (2004). "Primary sources of health information: Comparisons in the domain of health attitudes, health cognitions, and health behaviors". *Health communication, 16*(3), 273-288.

Entman, R.(1985). "Newspaper competition and first amendment ideals: Does monopoly matters?". *Journal of Communication, 35*(3), 147-165.

Ettema, J. S., Glasser, T. L., & Glasser, T. (1998). *Custodians of conscience: Investigative journalism and public virtue*. Columbia University Press.

Evans, J. S. B. & Stanovich, K. E. (2013). "Dual-process theories of higher cognition: Advancing the debate". *Perspectives on Psychological Science, 8*(3), 223-241.

Fowler, R. (2013). *Language in the News: Discourse and Ideology in the Press*. Routledge.

Geary, J. (2019). *Political polarization and the press*. 서울: 삼성언론재단.

Gigerenzer, G. (2015). *Calculated risks: How to know when numbers deceive you*. Simon and Schuster.

Kahneman, D. (2011). *Thinking, fast and slow*. Macmillan.

Karr, Mia C. (2015). "Greenhouse Talks 'He Said, She Said' Journalism". *Harvard Crimson*. November 19, 2015.

Kovach, B. & Rosenstiel, T. (2011). *Blur: How to know what's true in the age of information overload*. Bloomsbury Publishing USA.

Kovach, B. & Rosenstiel, T. (2014). *The elements of journalism*. 3rd edition, New York: Crown.

______(2021). *The elements of journalism, revised and updated 4th edition: What newspeople should know and the public should expect*. Crown Publishing Group(NY).

Kuo, S. H. & Nakamura, M. (2005). "Translation or transformation? A case study of language and ideology in the Taiwanese press".

Discourse & Society, 16(3), 393-417.

Lang, K. & Lang, G. E. (1953). "The unique perspective of television and its effect: A pilot study". *American Sociological Review, 18*(1), 3-12.

Lau, R. R. & Redlawsk, D. P. (2001). "Advantages and disadvantages of cognitive heuristics in political decision making". *American Journal of Political Science*, *45*(4), 951-971.

Lee, N., Baek, K., Pae, J. K., Jeong, S. H., & Jung, N. (2018). Self-coverage for public interest or self-promotion: How media cross-ownership structures affect news content in South Korea.

Lippmann, W. (1922). *The Public Opinion*.

_____(1965). *Public opinion*. New York: The Free Press, 1965, p. 226.

Lischka, J. A. (2019). "A badge of honor? How the *New York Times* discredits President Trump's fake news accusations". *Journalism Studies*, *20*(2), 287-304.

Liu, D. & Chen, X. (2011, November). "Rumor propagation in online social networks like twitter - a simulation study". In 2011 Third International Conference on Multimedia Information Networking and Security (pp. 278-282). IEEE.

Maier, S. R. (2002). "Numbers in the news: A mathematics audit of a daily newspaper". *Journalism Studies, 3*(4), 507-519.

Masnick, Mike. (2014). Podcast. "Real Reporting Is About Revealing Truth; Not Granting 'Equal Weight' To Bogus Arguments. Journalism from the nyt-failures dept. Wed, Aug 20th 2014 9:10pm.

McBride, K. B. & Rosenstiel, T. (2014). *The news ethics of journalism: Principle for the 21st century.* Sage Publications.

McCauley, M. P., Blake, K. D., Meissner, H. I., & Viswanath, K. (2012). "The social group influences of US health journalists and their impact on the newsmaking process". *Health education research,* cys086.

McDonald, W. (Ed.) (2016). *The New York Times Book of the dead: 320 Print and 10,000 digital obituaries of extraordinary people.* New York: Black Dog & Leventhal. 윤서연 외 (역) (2019). 『뉴욕타임스 부고 모음집』. 서울: 인간희극.

Newman, N. (2019). *Digital News Reports 2019.* Oxford: Reuters Institute for the Study of Journalism.

Nichols, Bill. (2006). "What to Do About Documentary Distortion? Toward a Code of Ethics". *Might Time.* volume 2.

Organization of News Ombudsman(2010). "Anonymous sources the root of all evil?" Posted by admin on June 22, 2010.

Panis, K., Van den Bulck, H., Verschraegen B. (2015). "Does media cross-ownership translate into cross-promotion?" *Journalism Studies, 16*(6), 868-886.

Patterson, Phillip & Wilkins, Lee(1991). Media Ethics: Issues and Cases. second edition. Madison, Wisconsin:Brown and Benchmark.

Patterson, T. E.(2013). *Informing the news.* Vintage.

Phillips, D. P., Kanter, E. J., Bednarczyk, B., & Tastad, P. L. (1991). *Importance of the lay press in the transmission of medical knowledge to the scientific community.*

Rains, S. A. (2007). "Perceptions of traditional information sources and use of the world wide web to seek health information:

findings from the health information national trends survey". *Journal of health communication, 12*(7), 667-680.

Redmond, J. W. (2006). "Issues in Human Relations Management", In A. B. Albarran, S. M. Chan-Olmsted, & M. O. Wirth (Eds.), *Handbook of Media Management and Economic* (pp. 115-144). London: Routledge.

Rich, Carole. (2005). *Writing and Reporting News*. 4th edition. Belmont: Wadsworth.

Rosen, J. (2015). "Good Old Fashioned Shoe Leather Reporting", PressThink, URL: http://pressthink.org/2015/0

Rosenstiel, T. & Kovach, B. (2001). *The elements of journalism: What newspeople should know and the public should expect*. Crown publishers.

Rutten, L. J. F., Squiers, L., & Hesse, B. (2006). "Cancer-related information seeking: hints from the 2003 Health Information National Trends Survey (HINTS)". *Journal of Health Communication, 11*(s1), 147-156.

Santin, M. & Rubira, R. (2014). "Promotional practices in news programs: The case of Spanish public television". *International Journal of Communication, 8,* 810–829.

Scanlan, C. (2013). "How journalists can become better interviewers". *Poynter. Viitattu, 24*, 2020.

Schudson, M. (1981). *Discovering the news: A social history of American newspaper*. New York: Basic Books. 박경우 · 여은호 (역) (2019). 『뉴스의 발견: 미국 신문의 사회사』. 서울: 커뮤니케이션북스.

______(2008). *Why democracies need an unlovable press*. Cambridge, Polity.

_____(2014). *The sociology of news*. New York, NY: W.W. Norton & Company.

Schwitzer, G., Mudur, G., Henry, D., Wilson, A., Goozner, M., Simbra, M., … & Baverstock, K. A. (2005). "What are the roles and responsibilities of the media in disseminating health information?". *PLoS medicine*, 2(7), e215.

Shafer, Jack. (2016). "In Defense of 'He Said/She Said' Journalism: Why we must give the devil his due," *The politico magazine*, September 23, 2016.

Shirky, C. (2013). "Truth without scarcity, ethics without force". In *The new ethics of journalism: Principles for the 21st century*. SAGE/CQ Press.

Shoemaker, P. & Reese, S.(1991). *Mediating the Message: theories of influences on mass media content*. New York: Longman.

Shoemaker, P. J. & Reese, S. D. (1996). *Mediating the message: Theories of influence on mass media content* (pp. 781-795). White Plains, NY: Longman.

Sigal, L. V. (1986). "Sources make the news". In R. K. Manoff & M. Schudson (Eds.), *Reading the news* (pp. 9-37). NY: Pantheon Books.

Silverman, C. (2014). "Corrections and Ethics: Greater accuracy through honesty". In K. McBride & T. Rosenstiel (Eds.), *The new ethics of journalism: Principles for the 21st century*. 임영호 (역) (2015). 『디지털시대의 저널리즘 윤리』. 서울: 한국언론진흥재단.

Simon, H. A. (1957). *Models of man; social and rational*.

Singer, J. B. (2008). "The journalist in the network: A shifting rationale for the gatekeeping role and the objectivity norm".

Blanquerna School of Communication and International Relations, (23), 61-76.

SPJ Ethics Committee Position Papers. "Anonymous Sources," https://www.spj.org/ethics-papers.asp.

Stocking, S. H. & Gross, P. H. (1989). *How do journalists think? A proposal for the study of cognitive bias in newsmaking*. ERIC Clearinghouse on Reading and Communication Skills, 2805 E. 10th St., Smith Research Center, Suite 150, Bloomington, IN 47405.

Szalavitz, M. (2010. 10. 1). "30 Years Since 'Jimmy's World': The Media and Drugs". URL:https://healthland.time.com/2010/10/01/30-years-since-the-phony-heroin-addict-article-the-media-still-blows-it-on-drugs/

The New York Times (2003. 5. 11.). "CORRECTING THE RECORD; Times Reporter Who Resigned Leaves Long Trail of Deception". URL:https://www.nytimes.com/2003/05/11/us/correcting-the-record-times-reporter-who-resigned-leaves-long-trail-of-deception.html

_____(2004). Ethical Journalism: A handbook of values and practices for the news and editorial departments.

Tuchman, G. (1972). "Objectivity as strategic ritual: An examination of newsmen's notions of objectivity". *American Journal of Sociology*, *77*(4). 660-679.

Turow, J. (1994). Hidden conflicts and journalistic norms: The case of self-coverage. *Journal of communication*, 44(2), 29-46.

Tversky, A. & Kahneman, D. (1974). "Judgment under uncertainty: Heuristics and biases". *Science, 185*(4157), 1124-1131.

United Nations (2009). *Population Ageing and Development 2009.*

Van Witsen, A. (2020). *How Daily Journalists Verify Numbers and Statistics inNews Stories: Towards a Theory*. Michigan State University.

Waisbord, S. (2018). "Truth is what happens to news: On journalism, fake news, and post-truth". *Journalism Studies, 19*(13), 1866-1878.

Wilkins, L. (1995). "Covering antigone: Reporting on conflict of interest". *Journal of Mass Media Ethics, 10*(1), 23–36.

Williams, D. (2002). "Synergy bias: Conglomerates and promotion in the news". *Journal of Broadcasting & Electronic Media. 46*(3), 453–472.

Willis, W. J., Willis, J., Norwood, A., Walsh, M., & Owen, P. (2003). *The human journalist: Reporters, perspectives, and emotions*. Greenwood Publishing Group.

Zelizer, B. (1993). "Journalists as interpretive communities". *Critical Studies in Media Communication, 10*(3), 219-237.

본문 출처

김경모(2019). “뉴스 신뢰도의 출발점, 취재원: 익명 취재원 비율 KBS 28%, BBC 6%… 실명보도 훈련하는 조직문화 정착돼야”. 『신문과 방송』, 4월호, 86-89.

______(2019). “조국 정국과 여론조사 보도: 경마식 보도 버리고 여론 추세 짚는 보도 지향해야”. 『신문과 방송』, 11월호, 97-100.

______(2020). “제21대 총선 여론조사 보도: 로봇 기자가 쓴 듯 닮은꼴 경마보도만 가득”. 『신문과 방송』, 5월호, 113-116

______(2020). “범죄 보도와 법조 출입처 취재 보도 관행: 검찰 관점 전달하기에 급급… ‘검찰 신화’ 방조 비판에 주목해야”. 『신문과 방송』, 12월호, 147-150.

김지현(2019). “헬스 저널리즘: 저널리즘 원칙의 사각지대”. 『신문과 방송』, 7월호, 99-101.

______(2020). “방송 영상의 익명성: 모자이크로 범벅된 뉴스···적절한 사용 기준 만들어야”. 『신문과 방송』, 8월호, 101-104.

______(2021). “편향적 기사: 선동가 된 언론, 다양한 관점 전달한 기사 5건당 1건뿐”. 『신문과 방송』, 3월호, 89-92.

박재영(2019). “인터뷰 기사와 진실 검증: 삼각확인 없는 기사, 저널리즘 원칙 망각한 것”. 『신문과 방송』, 5월호, 92-96.

______(2019). “사실 기사와 의견 기사의 구분: 데스크 칼럼, 선진 언론에 없는 돌연변이”. 『신문과 방송』, 12월호, 105-110.

______(2020). “‘겉핥기’는 이제 그만: 독자는 사건의 ‘속살’을 원한다”. 『신문과 방송』, 2월호, 58-60.

______(2020). “왜 저널리즘 원칙인가? 기자의 ‘지적 양심’ 일깨우는 각성

제". 『신문과 방송』, 3월호, 24-27.

______(2020). "언론의 대안 제시: 세상을 바꾸는 원천은 '시민의 분노'". 『신문과 방송』, 6월호, 101-104.

______(2021). "스토리텔링 하우투: 사건 아닌 사람 속에 이야기가 담겨 있다". 『신문과 방송』, 4월호, 121-125.

______(2021). "보도자료: 보도자료는 기사가 아니다". 『신문과 방송』, 1월호, 114-117.

배정근(2019). "정직하고 투명한 인용: 사실 확인, 기사 인용 원칙부터 확실히 지키자". 『신문과 방송』, 1월호, 104-107.

______(2019). "직접 인용 제목의 폐해: 정치권 막말 발언의 불쏘시개". 『신문과 방송』, 8월호, 97-100.

______(2020). "발신지 표시(Dateline): 발로 뛰는 정직한 취재의 시작". 『신문과 방송』, 2월호, 126-129.

______(2020). "취재원과 거리두기: 언론을 언론답게 하는 건 취재 대상으로부터의 독립". 『신문과 방송』, 9월호, 104-107.

이나연(2019). "타사 기사 인용과 독자적 취재 원칙: 베끼기 관행 이제 그만…인용 때도 검증·추가 취재는 기본". 『신문과 방송』, 2월호, 94-97.

______(2019) "사실과 의견 분리: 기사로부터 한 걸음 떨어져라". 『신문과 방송』, 9월호, 94-98.

______(2020). "언론의 자사 보도(Self-coverage): 낯 뜨거운 자기 자랑, 스스로 해치는 정통성". 『신문과 방송』, 4월호, 119-124.

______(2020). "방송 영상의 정확성: 절대로 창작하지 마라". 『신문과 방송』, 10월호, 87-91.

이완수(2019). "올바른 뉴스 언어, 표현, 문장: 뉴스 객관성, 문장과 표현이 좌우… 감정·가치 편향 배제해야". 『신문과 방송』, 3월호, 88-91.

______(2019). "질문이 사라진 한국의 젊은 기자들: 그들은 저널리스트인가? 타이피스트인가?". 『신문과 방송』, 10월호, 108-112.

______(2020). “주장만 있는 기사: 의견은 자유지만 사실은 신성하다”. 『신문과 방송』, 3월호, 103-105.
______(2020). “주장과 해석에 매몰된 한국 저널리즘: ‘합리화하는 기자’ 아닌 ‘합리적인 기자’ 지향해야”. 『신문과 방송』, 11월호, 105-111.
이재경(2019). “탈진실 사회와 저널리즘의 역할”. 『언론중재』, 가을호, 78-81.
______(2019). “윤리적 기사의 조건: 개별 행위보다 중요한 한국 언론 구조의 문제들”. 『언론중재』, 겨울호, 118-123.
______(2019). “도덕적 저격의 조건: 투명성”. 『언론중재』, 봄호, 96-99.
______(2019). “한국 언론의 익명 취재원 사용 관행: 독자 신뢰보다 취재원 프라이버시?”. 『언론중재』, 여름호, 94-97.
______(2019). “제목 인용부호 사용의 현주소: 관행적 따옴표 사용 뒤에 숨은 언론의 책임 회피와 선정주의”. 『신문과 방송』, 6월호, 100-103.
______(2020). “익명 취재원 문제: 저널리즘 좀먹는 만악의 뿌리”. 『신문과 방송』, 1월호, 104-106.
______(2020). “He said, she said 저널리즘: 한국 언론, ‘단순 전달자’에서 벗어난 ‘진실의 검증자’여야”. 『신문과 방송』, 7월호, 97-100.
______(2021). “국내 뉴스의 영상 · 음성 변조 실태: 모자이크 · 재연 · 음성 변조 저널리즘 신뢰 끌어내리는 편법”. 『신문과 방송』, 2월호, 92-97.

찾아보기

버릴 관행, 지킬 원칙

취재 보도 바로 세우기

펴낸날 1판 1쇄 2021년 10월 29일
지은이 좋은 저널리즘 연구회 기획,
김경모 · 김지현 · 김창숙 · 박재영 · 배정근 · 이나연 · 이완수 · 이재경
펴낸이 이승아
펴낸곳 이화여자대학교출판문화원
주소 서울특별시 서대문구 이화여대길 52(우 03760)
등록 1954년 7월 6일 제9-61호
전화 02) 3277-2965(편집), 02) 362-6076(마케팅)
팩스 02) 312-4312
전자우편 press@ewha.ac.kr
홈페이지 www.ewhapress.com
책임 편집 민지영
본문 디자인 신성기획

ISBN 979-11-5890-443-2 94300
ISBN 979-11-5890-279-7 (세트)

값 25,000원

* 잘못된 책은 구입처에서 바꾸어 드립니다.